해커스 주택관리사

주택관리사 1위 해커스
한경비즈니스 선정 2020 한국품질만족도 교육(온·오프라인 주택관리사) 부문 1위 해커스

해커스 주택관리사 **2차 출제예상문제집 공동주택관리실무**

단원별 문제풀이 단과강의 30% 할인쿠폰

4A643678FD7559C9

해커스 주택관리사 사이트(house.Hackers.com)에 접속 후 로그인
▶ [나의 강의실 – 결제관리 – 쿠폰 확인] ▶ 본 쿠폰에 기재된 쿠폰번호 입력

1. 본 쿠폰은 해커스 주택관리사 동영상강의 사이트 내 2025년도 단원별 문제풀이 단과강의 결제 시 사용 가능합니다.
2. 본 쿠폰은 1회에 한해 등록 가능하며, 다른 할인수단과 중복 사용 불가합니다.
3. 쿠폰사용기한 : **2025년 9월 30일** (등록 후 7일 동안 사용 가능)

무료 온라인 전국 실전모의고사 응시방법

해커스 주택관리사 사이트(house.Hackers.com)에 접속 후 로그인
▶ [수강신청 – 전국 실전모의고사] ▶ 무료 온라인 모의고사 신청

* 기타 쿠폰 사용과 관련된 문의는 해커스 주택관리사 동영상강의 고객센터(1588-2332)로 연락하여 주시기 바랍니다.

해커스 주택관리사 인터넷 강의 & 직영학원

인터넷 강의
1588-2332
house.Hackers.com

강남학원
02-597-9000
2호선 강남역 9번 출구

[강남서초교육지원청 제10319호 해커스 공인중개사·주택관리사학원] | 교습과목, 교습비 등 자세한 내용은 https://house.hackers.com/gangnam/에서 확인하실 수 있습니다.

house.Hackers.com

해커스 주택관리사

주택관리사 1위 해커스
한경비즈니스 선정 2020 한국품질만족도 교육(온·오프라인 주택관리사) 부문 1위 해커스

수많은 합격생들이 증명하는
해커스 스타 교수진

| 민법 | 관리실무 | 관계법규 | 시설개론 | 회계원리 | 관계법규 |
| 민희열 | 김성환 | 조민수 | 송성길 | 강양구 | 한종민 |

합격생 송*섭 님

주택관리사를 준비하시는 분들은 해커스 인강과 함께 하면 반드시 합격합니다.
작년에 시험을 준비할 때 타사로 시작했는데 강의 내용이 어려워서 지인 추천을 받아 해커스 인강으로 바꾸고 합격했습니다. 해커스 교수님들은 모두 강의 실력이 1타 수준이기에 해커스로 시작하시는 것을 강력히 추천합니다.

합격생 송*성 님

해커스를 통해 공인중개사 합격 후, 주택관리사에도 도전하여 합격했습니다.
환급반을 선택한 게 동기부여가 되었고, 1년 만에 동차합격과 함께 환급도 받았습니다.
해커스 커리큘럼을 충실하게 따라서 공부하니 동차합격할 수 있었고,
다른 분들도 해커스커리큘럼만 따라 학습하시면 충분히 합격할 수 있을 거라 생각합니다.

1588.2332　　　　house.Hackers.com

해커스 주택관리사

주택관리사 1위 해커스
한경비즈니스 선정 2020 한국품질만족도 교육(온·오프라인 주택관리사) 부문 1위 해커스

오직, 해커스 회원에게만 제공되는
6가지 무료혜택!

전과목 강의 0원

회계원리 강양구 | 관리실무 김성환 | 관계법규 조민수 | 시설개론 송성길 | 민법 민희열 | 관계법규 한종민

스타 교수진의 최신강의
100% 무료 수강
* 7일간 제공

합격에 꼭 필요한 교재 무료배포
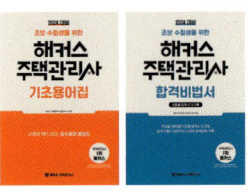

최종합격에 꼭 필요한
다양한 무료배포 이벤트
* 비매품

기출문제 해설특강

전과목 해설 무료

시험 전 반드시 봐야 할
기출문제 해설강의 무료

전국모의고사 8회분 무료
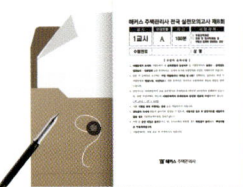

실전모의고사 8회와
해설강의까지 무료 제공

개정법령 업데이트 서비스

해커스 주택관리사 (house.Hackers.com) | 개정자료 게시판

계속되는 법령 개정도
끝까지 책임지는 해커스!

무료 합격전략 설명회

한 번에 합격을 위한
해커스의 합격노하우 무료 공개

주택관리사 1위 해커스
지금 무료가입하고 이 모든 혜택 받기

1588.2332　　　house.Hackers.com

해커스
주택관리사

출제예상문제집

2차 공동주택관리실무

김성환 교수

약력

현 | 해커스 주택관리사학원 공동주택관리실무 대표강사
　　 해커스 주택관리사 공동주택관리실무 동영상강의 대표강사

전 | 국토교통부 인재개발원 주택관리사 과정 강사 역임
　　 국방부, 한국금융연수원(KBI), 인천광역시 공동주택관리실무 전임강사 역임
　　 한서대학교 사회교육원 공동주택관리실무 전임 강사

저서

공동주택관리실무(기본서), 해커스패스, 2025
공동주택관리실무(문제집), 해커스패스, 2025
기초입문서(공동주택관리실무) 2차, 해커스패스, 2025
핵심요약집(공동주택관리실무) 2차, 해커스패스, 2025
기출문제집(공동주택관리실무) 2차, 해커스패스, 2025

2025 해커스 주택관리사 출제예상문제집
2차 공동주택관리실무

초판 1쇄 발행	2025년 4월 4일
지은이	김성환, 해커스 주택관리사시험 연구소
펴낸곳	해커스패스
펴낸이	해커스 주택관리사 출판팀
주소	서울시 강남구 강남대로 428 해커스 주택관리사
고객센터	1588-2332
교재 관련 문의	house@pass.com
	해커스 주택관리사 사이트(house.Hackers.com) 1:1 수강생상담
학원강의	house.Hackers.com/gangnam
동영상강의	house.Hackers.com
ISBN	979-11-7244-927-8(13590)
Serial Number	01-01-01

저작권자 ⓒ 2025, 해커스 주택관리사
이 책의 모든 내용, 이미지, 디자인, 편집 형태는 저작권법에 의해 보호받고 있습니다.
서면에 의한 저자와 출판사의 허락 없이 내용의 일부 혹은 전부를 인용, 발췌하거나 복제, 배포할 수 없습니다.

주택관리사 시험 전문,
해커스 주택관리사(house.Hackers.com)

해커스 주택관리사

· 해커스 주택관리사학원 및 인터넷강의
· 해커스 주택관리사 무료 온라인 전국 실전모의고사
· 해커스 주택관리사 무료 학습자료 및 필수 합격정보 제공
· 해커스 주택관리사 문제풀이 단과강의 30% 할인쿠폰 수록

합격을 좌우하는
최종 마무리,

핵심 문제 풀이를
한 번에!

공동주택관리실무 과목은 다양하고 광범위한 내용을 포함하고 있어, 수험생들이 빠르게 이해하고 체계적으로 정리할 수 있도록 돕고, 궁극적으로 시험 합격으로 나아갈 수 있도록 구성하였습니다.

본 공동주택관리실무 출제예상문제집은 다음과 같은 세 가지 주요 특징을 가지고 있습니다.

1 개정 법령의 완벽한 문제 반영
최근 개정된 공동주택관리법령의 내용을 철저히 반영하여 현장에서 실제 법령을 집행하는 과목의 특성을 충실히 살렸습니다. 특히 법령의 개정과 신설 사항에 신속하게 대응할 수 있도록 최신 개정 법령을 빠짐없이 반영하였습니다.

2 출제 지문 내용의 완벽한 정리
실제 시험 기출문제가 관련 법규를 바탕으로 출제되는 점을 고려하여, 세부 내용까지 법령의 근거를 철저히 반영하고 최근 개정 사항을 상세히 해설로 정리하였습니다. 또한 각 문제의 지문을 법령에 근거하여 충실하게 분석하고 해설하였습니다.

3 출제 유형에 따른 예상문제
기출문제 분석을 통해 도출된 출제 패턴을 반영하여, 주택관리사(보) 자격시험에 출제될 가능성이 높은 문제 유형을 엄선하여 수록하였습니다. 이를 통해 수험생들은 실제 시험에 대비할 수 있는 자신감을 키울 수 있을 것입니다.

더불어 주택관리사(보) 시험전문 **해커스 주택관리사(house.Hackers.com)** 에서 학원강의나 인터넷 동영상강의를 함께 이용하여 꾸준히 수강한다면 학습효과를 극대화할 수 있습니다.

본 수험서는 수험생들의 실력 향상과 시험 준비에 가장 적합한 최적의 학습 도구임을 확신하며, 본 교재로 학습하신 수험생 여러분의 합격을 진심으로 기원합니다.

2025년 3월
김성환, 해커스 주택관리사시험 연구소

이 책의 차례

이 책의 특징 … 6	주택관리사(보) 시험안내 … 10
이 책의 구성 … 7	학습플랜 … 12
주택관리사(보) 안내 … 8	출제경향분석 및 수험대책 … 14

제1편 | 행정실무

제1장 주택의 정의 및 종류	18
제2장 공동주택관리법의 총칙	22
제3장 공동주택의 관리방법	24
제4장 입주자대표회의 및 관리규약	36
제5장 관리비 및 회계운영	53
제6장 공동주택의 전문관리	64
제7장 공동주택관리 분쟁조정	77
제8장 대외업무관리	81
제9장 공동주택관리법령상 벌칙	85
제10장 임대주택의 관리	87
제11장 공동주거관리이론	98
제12장 사무 및 인사관리	100

제2편 | 기술실무

제1장	시설관리 및 행위허가	144
제2장	하자담보책임	159
제3장	건물관리	170
제4장	설비관리	179
제5장	환경관리	245
제6장	안전관리	261

이 책의 특징

01 전략적인 문제풀이를 통하여 합격으로 가는 실전 문제집

2025년 주택관리사(보) 시험 합격을 위한 실전 문제집으로 꼭 필요한 문제만을 엄선하여 수록하였습니다. 매 단원마다 출제 가능성이 높은 예상문제를 풀어볼 수 있도록 구성함으로써 주요 문제를 전략적으로 학습하여 단기간에 합격에 이를 수 있도록 하였습니다.

02 실전 완벽 대비를 위한 다양한 문제와 상세한 해설 수록

최근 10개년 기출문제를 분석하여 출제포인트를 선정하고, 각 포인트별 자주 출제되는 핵심 유형을 대표예제로 엄선하였습니다. 그리고 출제가 예상되는 다양한 문제를 상세한 해설과 함께 수록하여 개념을 다시 한번 정리하고 실력을 향상시킬 수 있도록 하였습니다.

03 최신 개정법령 및 출제경향 반영

최신 개정법령 및 시험 출제경향을 철저하게 분석하여 문제에 모두 반영하였습니다. 또한 기출문제의 경향과 난이도가 충실히 반영된 고난도·종합 문제를 수록하여 다양한 문제 유형에 충분히 대비할 수 있도록 하였습니다. 추후 개정되는 내용들은 해커스 주택관리사(house.Hackers.com) '개정자료 게시판'에서 쉽고 빠르게 확인할 수 있습니다.

04 교재 강의·무료 학습자료·필수 합격정보 제공(house.Hackers.com)

해커스 주택관리사(house.Hackers.com)에서는 주택관리사 전문 교수진의 쉽고 명쾌한 온·오프라인 강의를 제공하고 있습니다. 또한 각종 무료 강의 및 무료 온라인 전국 실전모의고사 등 다양한 학습자료와 시험 안내자료, 합격가이드 등 필수 합격정보를 확인할 수 있도록 하였습니다.

이 책의 구성

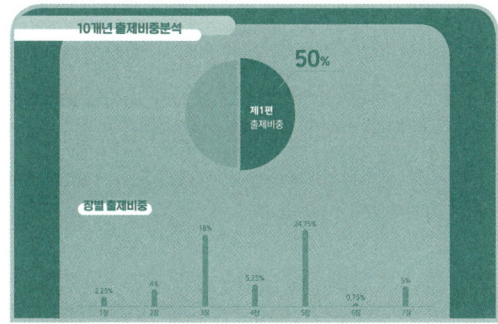

출제비중분석 그래프

최근 10개년 주택관리사(보) 시험을 심층적으로 분석한 편별·장별 출제비중을 각 편 시작 부분에 시각적으로 제시함으로써 단원별 출제경향을 한눈에 파악하고 학습전략을 수립할 수 있도록 하였습니다.

대표예제

주요 출제포인트에 해당하는 대표예제를 수록하여 출제 유형을 파악할 수 있도록 하였습니다. 또한 정확하고 꼼꼼한 해설 및 기본서 페이지를 수록하여 부족한 부분에 대하여 충분한 이론 학습을 할 수 있도록 하였습니다.

다양한 유형의 문제

최신 출제경향을 반영하여 다양한 유형의 문제를 단원별로 수록하였습니다. 또한 고난도·종합 문제를 수록하여 더욱 깊이 있는 학습을 할 수 있도록 하였습니다.

주택관리사(보) 안내

주택관리사(보)의 정의

주택관리사(보)는 공동주택을 안전하고 효율적으로 관리하고 공동주택 입주자의 권익을 보호하기 위하여 운영·관리·유지·보수 등을 실시하고 이에 필요한 경비를 관리하며, 공동주택의 공용부분과 공동소유인 부대시설 및 복리시설의 유지·관리 및 안전관리 업무를 수행하기 위하여 주택관리사(보) 자격시험에 합격한 자를 말합니다.

주택관리사의 정의

주택관리사는 주택관리사(보) 자격시험에 합격한 자로서 다음의 어느 하나에 해당하는 경력을 갖춘 자로 합니다.

① 사업계획승인을 받아 건설한 50세대 이상 500세대 미만의 공동주택(「건축법」 제11조에 따른 건축허가를 받아 주택과 주택 외의 시설을 동일 건축물로 건축한 건축물 중 주택이 50세대 이상 300세대 미만인 건축물을 포함)의 관리사무소장으로 근무한 경력이 3년 이상인 자
② 사업계획승인을 받아 건설한 50세대 이상의 공동주택(「건축법」 제11조에 따른 건축허가를 받아 주택과 주택 외의 시설을 동일 건축물로 건축한 건축물 중 주택이 50세대 이상 300세대 미만인 건축물을 포함)의 관리사무소 직원(경비원, 청소원, 소독원은 제외) 또는 주택관리업자의 직원으로 주택관리 업무에 종사한 경력이 5년 이상인 자
③ 한국토지주택공사 또는 지방공사의 직원으로 주택관리 업무에 종사한 경력이 5년 이상인 자
④ 공무원으로 주택 관련 지도·감독 및 인·허가 업무 등에 종사한 경력이 5년 이상인 자
⑤ 공동주택관리와 관련된 단체의 임직원으로 주택 관련 업무에 종사한 경력이 5년 이상인 자
⑥ ①~⑤의 경력을 합산한 기간이 5년 이상인 자

주택관리사 전망과 진로

주택관리사는 공동주택의 관리·운영·행정을 담당하는 부동산 경영관리분야의 최고 책임자로서 계획적인 주택관리의 필요성이 높아지고, 주택의 형태 또한 공동주택이 증가하고 있는 추세로 볼 때 업무의 전문성이 높은 주택관리사 자격의 중요성이 높아지고 있습니다.
300세대 이상이거나 승강기 설치 또는 중앙난방방식의 150세대 이상 공동주택은 반드시 주택관리사 또는 주택관리사(보)를 채용하도록 의무화하는 제도가 생기면서 주택관리사(보)의 자격을 획득시 안정적으로 취업이 가능하며, 주택관리시장이 확대됨에 따라 공동주택관리업체 등을 설립·운영할 수도 있고, 주택관리법인에 참여하는 등 다양한 분야로의 진출이 가능합니다.
공무원이나 한국토지주택공사, SH공사 등에 근무하는 직원 및 각 주택건설업체에서 근무하는 직원의 경우 주택관리사(보) 자격증을 획득하게 되면 이에 상응하는 자격수당을 지급받게 되며, 승진에 있어서도 높은 고과점수를 받을 수 있습니다.
정부의 신주택정책으로 주택의 관리측면이 중요한 부분으로 부각되고 있는 실정이므로, 앞으로 주택관리사의 역할은 더욱 중요해질 것입니다.

① 공동주택, 아파트 관리소장으로 진출
② 아파트 단지 관리사무소의 행정관리자로 취업
③ 주택관리업 등록업체에 진출
④ 주택관리법인 참여
⑤ 주택건설업체의 관리부 또는 행정관리자로 참여
⑥ 한국토지주택공사, 지방공사의 중견 간부사원으로 취업
⑦ 주택관리 전문 공무원으로 진출

주택관리사의 업무

구분	분야	주요업무
행정관리업무	회계관리	예산편성 및 집행결산, 금전출납, 관리비 산정 및 징수, 공과금 납부, 회계상의 기록유지, 물품구입, 세무에 관한 업무
	사무관리	문서의 작성과 보관에 관한 업무
	인사관리	행정인력 및 기술인력의 채용·훈련·보상·통솔·감독에 관한 업무
	입주자관리	입주자들의 요구·희망사항의 파악 및 해결, 입주자의 실태파악, 입주자 간의 친목 및 유대강화에 관한 업무
	홍보관리	회보발간 등에 관한 업무
	복지시설관리	노인정·놀이터 관리 및 청소·경비 등에 관한 업무
	대외업무	관리·감독관청 및 관련 기관과의 업무협조 관련 업무
기술관리업무	환경관리	조경사업, 청소관리, 위생관리, 방역사업, 수질관리에 관한 업무
	건물관리	건물의 유지·보수·개선관리로 주택의 가치를 유지하여 입주자의 재산을 보호하는 업무
	안전관리	건축물설비 또는 작업에서의 재해방지조치 및 응급조치, 안전장치 및 보호구설비, 소화설비, 유해방지시설의 정기점검, 안전교육, 피난훈련, 소방·보안경비 등에 관한 업무
	설비관리	전기설비, 난방설비, 급·배수설비, 위생설비, 가스설비, 승강기설비 등의 관리에 관한 업무

주택관리사(보) 시험안내

응시자격

1. **응시자격**: 연령, 학력, 경력, 성별, 지역 등에 제한이 없습니다.
2. **결격사유**: 시험시행일 현재 다음 중 어느 하나에 해당하는 사람과 부정행위를 한 사람으로서 당해 시험시행일로부터 5년이 경과되지 아니한 사람은 응시 불가합니다.
   - 피성년후견인 또는 피한정후견인
   - 파산선고를 받은 사람으로서 복권되지 아니한 사람
   - 금고 이상의 실형을 선고받고 그 집행이 종료되거나(집행이 끝난 것으로 보는 경우 포함) 집행을 받지 아니하기로 확정된 후 2년이 지나지 아니한 사람
   - 금고 이상의 형의 집행유예를 선고받고 그 유예기간 중에 있는 사람
   - 주택관리사 등의 자격이 취소된 후 3년이 지나지 아니한 사람
3. 주택관리사(보) 자격시험에 있어서 부정한 행위를 한 응시자는 그 시험을 무효로 하고, 당해 시험시행일로부터 5년간 시험 응시자격을 정지합니다.

시험과목

구분	시험과목	시험범위
1차 (3과목)	회계원리	세부과목 구분 없이 출제
	공동주택시설개론	• 목구조 · 특수구조를 제외한 일반 건축구조와 철골구조, 장기수선계획 수립 등을 위한 건축적산 • 홈네트워크를 포함한 건축설비개론
	민법	• 총칙 • 물권, 채권 중 총칙 · 계약총칙 · 매매 · 임대차 · 도급 · 위임 · 부당이득 · 불법행위
2차 (2과목)	주택관리관계법규	다음의 법률 중 주택관리에 관련되는 규정 「주택법」, 「공동주택관리법」, 「민간임대주택에 관한 특별법」, 「공공주택 특별법」, 「건축법」, 「소방기본법」, 「소방시설 설치 및 관리에 관한 법률」, 「화재의 예방 및 안전관리에 관한 법률」, 「전기사업법」, 「시설물의 안전 및 유지관리에 관한 특별법」, 「도시 및 주거환경정비법」, 「도시재정비 촉진을 위한 특별법」, 「집합건물의 소유 및 관리에 관한 법률」
	공동주택관리실무	시설관리, 환경관리, 공동주택 회계관리, 입주자관리, 공동주거관리이론, 대외업무, 사무 · 인사관리, 안전 · 방재관리 및 리모델링, 공동주택 하자관리(보수공사 포함) 등

* 시험과 관련하여 법률 · 회계처리기준 등을 적용하여 정답을 구하여야 하는 문제는 시험시행일 현재 시행 중인 법령 등을 적용하여 그 정답을 구하여야 함
* 회계처리 등과 관련된 시험문제는 한국채택국제회계기준(K-IFRS)을 적용하여 출제됨

시험시간 및 시험방법

구분	시험과목 수		입실시간	시험시간	문제형식
1차 시험	1교시	2과목(과목당 40문제)	09:00까지	09:30~11:10(100분)	객관식 5지 택일형
	2교시	1과목(과목당 40문제)		11:40~12:30(50분)	
2차 시험	2과목(과목당 40문제)		09:00까지	09:30~11:10(100분)	객관식 5지 택일형 (과목당 24문제) 및 주관식 단답형 (과목당 16문제)

*주관식 문제 괄호당 부분점수제 도입
 1문제당 2.5점 배점으로 괄호당 아래와 같이 부분점수로 산정함
- 3괄호: 3개 정답(2.5점), 2개 정답(1.5점), 1개 정답(0.5점)
- 2괄호: 2개 정답(2.5점), 1개 정답(1점)
- 1괄호: 1개 정답(2.5점)

원서접수방법

1. 한국산업인력공단 큐넷 주택관리사(보) 홈페이지(www.Q-Net.or.kr/site/housing)에 접속하여 소정의 절차를 거쳐 원서를 접수합니다.
2. 원서접수시 최근 6개월 이내에 촬영한 탈모 상반신 사진을 파일(JPG 파일, 150픽셀×200픽셀)로 첨부합니다.
3. 응시수수료는 1차 21,000원, 2차 14,000원(제27회 시험 기준)이며, 전자결제(신용카드, 계좌이체, 가상계좌) 방법을 이용하여 납부합니다.

합격자 결정방법

1. **제1차 시험**: 과목당 100점을 만점으로 하여 모든 과목 40점 이상이고, 전 과목 평균 60점 이상의 득점을 한 사람을 합격자로 합니다.
2. **제2차 시험**
    - 1차 시험과 동일하나, 모든 과목 40점 이상이고 전 과목 평균 60점 이상의 득점을 한 사람의 수가 선발예정인원에 미달하는 경우 모든 과목 40점 이상을 득점한 사람을 합격자로 합니다.
    - 2차 시험 합격자 결정시 동점자로 인하여 선발예정인원을 초과하는 경우 그 동점자 모두를 합격자로 결정하고, 동점자의 점수는 소수점 둘째 자리까지만 계산하며 반올림은 하지 않습니다.

최종 정답 및 합격자 발표

시험시행일로부터 1차 약 1달 후, 2차 약 2달 후 한국산업인력공단 큐넷 주택관리사(보) 홈페이지(www.Q-Net.or.kr/site/housing)에서 확인 가능합니다.

학습플랜

전 과목 8주 완성 학습플랜

일주일 동안 2과목을 번갈아 학습하여, 8주에 걸쳐 2차 전 과목을 1회독할 수 있는 학습플랜입니다.

구분	월 주택관리 관계법규	화 공동주택 관리실무	수 주택관리 관계법규	목 공동주택 관리실무	금 주택관리 관계법규	토 공동주택 관리실무	일 복습
1주차	1편 1장~ 2장 문제 07	1편 1장~ 1편 3장 문제 05	1편 2장 대표예제 04~ 3장 문제 09	1편 3장 대표예제 03~ 1편 4장 대표예제 06	1편 3장 문제 10~ 문제 33	1편 4장 대표예제 07~ 문제 14	
2주차	1편 4장~ 문제 26	1편 4장 주관식 문제~ 5장 문제 05	1편 4장 문제 27~1편 주관식 문제 40	1편 5장 문제 27~ 6장 문제 06	1편 주관식 문제 41~2편 1장	1편 6장 대표예제 14~ 7장	
3주차	2편 2장~4장	1편 8장~ 10장 문제 04	2편 5장	1편 10장 대표예제 20~ 12장 문제 03	2편 6장~ 2편 주관식 문제	1편 12장 대표예제 24~ 문제 14	
4주차	3편 1장	1편 12장 대표예제 27~ 문제 26	3편 2장~3장	1편 12장 대표예제 32~ 12장 주관식 문제 19	3편 4장	1편 12장 주관식 문제 20~2편 1장 문제 05	
5주차	3편 5장~ 3편 주관식 문제 24	2편 1장 대표예제 36~ 1장 주관식 문제	3편 주관식 문제 25~ 4편 문제15	2편 2장	4편 대표예제 51~ 4편 주관식 문제	2편 3장~ 4장 문제 06	
6주차	5편 대표예제 55~ 문제 27	2편 4장 문제 07~ 문제 30	5편 문제 28~ 6편 문제 12	2편 4장 대표예제 48~ 문제 47	6편 대표예제 62~ 7편 문제 12	2편 4장 대표예제 53~ 문제 56	
7주차	7편 주관식 문제~ 8편 문제 22	2편 4장 대표예제 55~ 문제 67	8편 주관식 문제~ 9편	2편 4장 대표예제 58~ 4장 주관식 문제 15	10편	2편 4장 주관식 문제 16~37	
8주차	11편~ 12편 문제 05	2편 4장 주관식 문제 38~ 5장 문제 03	12편 문제 06~ 13편 문제 12	2편 5장 대표예제 65~ 5장 주관식 문제	13편 문제 13~ 14편 주관식 문제	2편 6장	

* 이하 편/장 이외의 숫자는 본문 내의 문제번호입니다.

공동주택관리실무 3주 완성 학습플랜

한 과목씩 집중적으로 공부하고 싶은 수험생을 위한 학습플랜입니다.

구분	월	화	수	목	금	토	일
1주차	1편 1장 ~ 3장 문제 08	1편 3장 대표예제 05~ 4장 문제 14	1편 4장 주관식 문제~ 5장	1편 6장~ 7장 문제 03	1편 7장 주관식 문제~ 10장 문제 05	1편 10장 주관식 문제~ 12장 문제 10	1주차 복습
2주차	1편 12장 대표예제 26~ 문제 26	1편 12장 대표예제 32~ 12장 주관식 문제	2편 1장	2편 2장~ 3장 문제 04	2편 3장 주관식 문제~ 4장 문제 21	2편 4장 대표예제 46~ 문제 42	2주차 복습
3주차	2편 4장 대표예제 52~ 문제 58	2편 4장 대표예제 56~ 문제 72	2편 4장 주관식 문제 01~27	2편 4장 주관식 문제 28~5장 문제 03	2편 5장 대표예제 65~ 5장 주관식 문제	2편 6장	3주차 복습

학습플랜 이용 Tip

- 본인의 학습 진도와 상황에 적합한 학습플랜을 선택한 후, 매일·매주 단위의 학습량을 확인합니다.
- 목표한 분량을 완료한 후에는 ☑과 같이 체크하며 학습 진도를 스스로 점검합니다.

[문제집 학습방법]
- '출제비중분석'을 통해 단원별 출제비중과 해당 단원의 출제경향을 파악하고, 포인트별로 문제를 풀어나가며 다양한 출제 유형을 익힙니다.
- 틀린 문제는 해설을 꼼꼼히 읽어보고 해당 포인트의 이론을 확인하여 확실히 이해하고 넘어가도록 합니다.
- 복습일에 문제집을 다시 풀어볼 때에는 전체 내용을 정리하고, 틀린 문제는 다시 한번 확인하여 완벽히 익히도록 합니다.

[기본서 연계형 학습방법]
- 하루 동안 학습한 내용 중 어려움을 느낀 부분은 기본서에서 관련 이론을 찾아서 확인하고, '핵심 콕! 콕!' 위주로 중요 내용을 확실히 정리하도록 합니다. 기본서 복습을 완료한 후에는 학습플랜에 학습 완료 여부를 체크합니다.
- 복습일에는 한 주 동안 학습한 기본서 이론 중 추가적으로 학습이 필요한 사항을 문제집에 정리하고, 틀린 문제와 관련된 이론을 위주로 학습합니다.

출제경향분석 및 수험대책

제27회(2024년) 시험 총평

제27회 공동주택관리실무의 전반적인 난이도는 지난해에 비해 다소 어렵게 출제되었습니다. 이번 시험은 기본적인 문제 50%, 난이도를 조절하기 위한 문제 50% 정도의 비율로 출제되었습니다.

공동주택 국가화재안전성능기준, 전기차와 관련된 문제 등 공동주택 실무환경에서 최근 이슈가 되는 내용이 출제되었습니다. 특히 계산문제의 경우 난도를 높인 문제가 출제되어서 체감 난도는 더 높았을 것으로 생각됩니다.

주택관리사(보) 시험처럼 상대평가로 합격을 결정짓는 시험에서는 과년도의 기출문제를 기본적으로 학습하여야 하고, 난도가 높은 문제들을 해결할 수 있도록 기본 이론 내용을 철저하게 이해하면서 단계별로 중요도 및 출제빈도가 높은 내용들을 정확하게 숙지하는 것이 중요하다는 것을 보여준 시험이었습니다.

제27회(2024년) 출제경향분석

	구분	제18회	제19회	제20회	제21회	제22회	제23회	제24회	제25회	제26회	제27회	계	비율(%)
행정실무	주택의 정의 및 종류		1									1	0.25
	공동주택관리법의 총칙		1		2				1		2	6	1.5
	공동주택의 관리방법		1			2	1	1	1		1	7	1.75
	입주자대표회의 및 관리규약	2	4	3	3	3	1	2	2	2	4	26	6.5
	관리비 및 회계운영	2	1	1		1	2	3	2	1	3	16	4
	공동주택의 전문관리	6		2		3	1	1	2	3	1	19	4.75
	공동주택관리 분쟁조정				1	1			1			3	0.75
	대외업무관리			1					1	2		4	1
	공동주택관리법령상 벌칙		1					1				2	0.5
	임대주택의 관리	2	3	3	4	2	2	3	2	2	2	25	6.25
	공동주거관리이론	1	1	1	2							5	1.25
	사무관리 및 인사관리	4	3	5	7	7	7	7	8	7	7	62	15.5
기술실무	시설관리 및 행위허가	2	2	2	1		3		1	1	1	13	3.25
	하자담보책임	2	1	1			2	1		2		9	2.25
	건물의 관리	3		1	2	2	3	2	2	3	4	22	5.5
	설비관리	16	16	18	16	15	16	14	10	11	10	142	35.5
	환경관리		3	1	2	3	1	4	6	4	4	28	7
	안전관리		2	1		1	1	1	1	2	1	10	2.5
	총계	40	40	40	40	40	40	40	40	40	40	400	100

제28회(2025년) 수험대책

최근 공동주택관리실무 시험 문제의 흐름은 실무적인 내용을 관계 규정에 맞추어 묻는 문제가 대다수를 이루고 있습니다. 이것은 정확한 정답을 도출하려는 출제의도로 보입니다. 그러므로 공동주택관리실무를 공부하는 수험생들은 실무와 연관성이 깊은 법적 규정을 정확하고 폭넓게 숙지하여 학습해야 합니다.

❶ 행정실무

공동주택관리법령상 공동주택 관리방법에서는 자치관리, 위탁관리와 혼합주택단지, 임대주택단지, 의무관리대상 전환 공동주택과 입주자대표회의, 관리규약, 관리사무소장의 업무 등과 사업자 선정 및 회계감사 등 공동주택관리에 필요한 내용이 주로 출제되고, 사무·인사관리 분야에서는 산재보험, 고용보험, 국민연금, 건강보험 등 4대 사회보험에 대한 문제가 집중적으로 출제되므로 4대 사회보험 처리절차를 정확히 학습하고 교재에 언급된 가장 기본적인 내용들을 확실히 습득하고 이해하여야 합니다.

❷ 기술실무

건축물 유지보수와 관련하여 하자담보책임과 장기수선계획, 장기수선충당금과 관련된 규정을 이해하고, 장기수선계획 수립기준의 수선주기를 철저히 학습하도록 합니다. 이 외에 부대시설 및 복리시설의 최소 설치기준 등도 출제 빈도가 높으므로 확실한 대비가 필요합니다.

건축설비 분야는 가장 많은 문제가 출제되는 부분으로 각종 설비 설치의 법적 기준을 묻는 문제가 출제되므로 급수설비, 배수설비, 전기설비, 소방설비, 난방설비, 통기설비 등 각종 설비의 역할과 법적 설치규정을 잘 살펴보아야 합니다.

환경 및 안전분야는 최근 환경에 관한 관심이 높아지고 있어 층간소음이나 실내공기질에 대한 내용과 공동주택관리법령상 안전관리의 내용은 반드시 숙지하도록 합니다.

10개년 출제비중분석

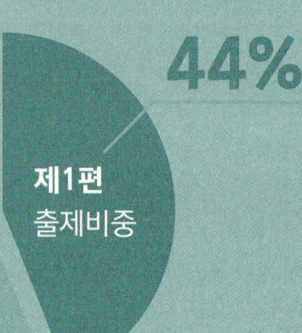

제1편 출제비중 **44%**

장별 출제비중

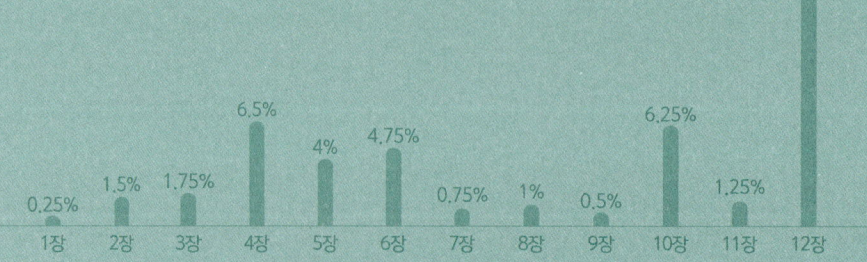

1장	2장	3장	4장	5장	6장	7장	8장	9장	10장	11장	12장
0.25%	1.5%	1.75%	6.5%	4%	4.75%	0.75%	1%	0.5%	6.25%	1.25%	15.5%

제1편 행정실무

제 1 장 주택의 정의 및 종류
제 2 장 공동주택관리법의 총칙
제 3 장 공동주택의 관리방법
제 4 장 입주자대표회의 및 관리규약
제 5 장 관리비 및 회계운영
제 6 장 공동주택의 전문관리
제 7 장 공동주택관리 분쟁조정
제 8 장 대외업무관리
제 9 장 공동주택관리법령상 벌칙
제10장 임대주택의 관리
제11장 공동주거관리이론
제12장 사무 및 인사관리

제1장 주택의 정의 및 종류

대표예제 01 \ 주택법령상 주택 ★★

주택법령에서 사용하는 정의로 옳은 것을 모두 고른 것은?

㉠ '주택'이란 세대(世帶)의 구성원이 장기간 독립된 주거생활을 할 수 있는 구조로 된 건축물의 전부 및 일부 또는 그 부속토지를 말하며, 아파트, 연립주택, 다세대주택으로 구분한다.
㉡ '공동주택'이란 건축물의 벽·복도·계단이나 그 밖의 설비 등의 전부 또는 일부를 공동으로 사용하는 각 세대가 하나의 건축물 안에서 각각 독립된 주거생활을 할 수 있는 구조로 된 주택을 말하며, 그 종류와 범위는 아파트, 연립주택, 다세대주택, 기숙사를 말한다.
㉢ '국민주택규모'란 주거의 용도로만 쓰이는 면적(이하 '주거전용면적'이라 한다)이 1호(戶) 또는 1세대당 85제곱미터 이하인 주택(수도권정비계획법에 따른 수도권을 제외한 도시지역이 아닌 읍 또는 면 지역은 1호 또는 1세대당 주거전용면적이 100제곱미터 이하인 주택을 말한다)을 말한다.
㉣ '공구'란 하나의 주택단지에서 대통령령으로 정하는 기준에 따라 둘 이상으로 구분되는 일단의 구역으로, 사업계획승인 및 착공신고를 별도로 수행할 수 있는 구역을 말한다.
㉤ '도시형 생활주택'이란 300세대 미만의 국민주택규모에 해당하는 주택으로서 대통령령으로 정하는 주택을 말한다.

① ㉠, ㉡
② ㉡, ㉢
③ ㉡, ㉣
④ ㉢, ㉣
⑤ ㉢, ㉤

해설 | 주택법령상 용어의 정의로 옳은 것은 ㉢, ㉤이다.
㉠ '주택'이란 세대(世帶)의 구성원이 장기간 독립된 주거생활을 할 수 있는 구조로 된 건축물의 전부 또는 일부 및 그 부속토지를 말하며, <u>단독주택과 공동주택으로 구분</u>한다.
㉡ '공동주택'이란 건축물의 벽·복도·계단이나 그 밖의 설비 등의 전부 또는 일부를 공동으로 사용하는 각 세대가 하나의 건축물 안에서 각각 독립된 주거생활을 할 수 있는 구조로 된 주택을 말하며, 그 종류와 범위는 <u>아파트, 연립주택, 다세대주택</u>을 말한다.
㉣ '공구'란 하나의 주택단지에서 대통령령으로 정하는 기준에 따라 둘 이상으로 구분되는 일단의 구역으로, <u>착공신고 및 사용검사</u>를 별도로 수행할 수 있는 구역을 말한다.

기본서 p.23
정답 ⑤

01 주택법령상 아파트형 주택의 요건으로 옳은 것을 모두 고른 것은?

㉠ 세대별로 독립된 주거가 가능하도록 욕실 및 부엌을 설치할 것
㉡ 지하층에는 세대를 설치하지 아니할 것. 다만, 건축법에 따른 건축위원회의 심의를 받은 경우에는 지하 1층까지 세대를 설치할 수 있다.
㉢ 구조, 화재, 소방 및 피난안전 등 관계법령에서 정하는 안전기준을 충족할 것

① ㉠
② ㉡
③ ㉢
④ ㉠, ㉡
⑤ ㉡, ㉢

고난도

02 주택법령상 도시형 생활주택에 대한 설명으로 옳은 것은?

① 아파트형 주택의 세대별 주거전용면적은 50제곱미터 이하이다.
② 단지형 연립주택은 연립주택이다. 다만, 건축법에 따라 건축위원회의 심의를 받은 경우에는 주택으로 쓰는 층수를 5개 층까지 건축할 수 있다.
③ 하나의 건축물에는 도시형 생활주택과 그 밖의 주택을 함께 건축할 수 있는 것이 원칙이다.
④ 도시형 생활주택과 주거전용면적이 85제곱미터를 초과하는 주택 1세대를 함께 건축하는 경우 ③의 예외로 불가능하다.
⑤ 하나의 건축물에는 단지형 연립주택 또는 단지형 다세대주택과 아파트형 주택을 함께 건축할 수 없으나 예외적으로 국토의 계획 및 이용에 관한 법률 시행령에 따른 준주거지역 또는 상업지역에서 건축하는 경우는 가능하다.

정답 및 해설

01 ① 주택법령상 아파트형 주택의 요건으로 옳은 것은 ㉠이다.
㉡ 지하층에는 세대를 설치하지 아니할 것
㉢의 경우 공동주택관리법에 따른 세대구분형 공동주택의 요건이다.

02 ② ① 아파트형 주택의 세대별 주거전용면적은 국민주택 규모 이하이다.
③④⑤ 1. 하나의 건축물에는 도시형 생활주택과 그 밖의 주택을 함께 건축할 수 없다. 다만, 다음의 어느 하나에 해당하는 경우는 예외로 한다.
가. 도시형 생활주택과 주거전용면적이 85제곱미터를 초과하는 주택 1세대를 함께 건축하는 경우
나. 국토의 계획 및 이용에 관한 법률 시행령에 따른 준주거지역 또는 상업지역에서 아파트형 주택과 도시형 생활주택 외의 주택을 함께 건축하는 경우
2. 하나의 건축물에는 단지형 연립주택 또는 단지형 다세대주택과 아파트형 주택을 함께 건축할 수 없다.

제1장 주관식 기입형 문제

01 주택법령상 준주택의 범위와 종류이다. (　) 안에 들어갈 용어를 쓰시오.

> 주택법에 따른 준주택의 범위와 종류는 다음 각 목과 같다.
> 가. 건축법 시행령 [별표 1] 제2호 라목에 따른 기숙사
> 나. 건축법 시행령 [별표 1] 제4호 거목 및 제15호 다목에 따른 (　　)
> 다. 건축법 시행령 [별표 1] 제11호 나목에 따른 노인복지시설 중 노인복지법 제32조 제1항 제3호의 노인복지주택
> 라. 건축법 시행령 [별표 1] 제14호 나목에 따른 오피스텔

02 주택법 시행령상 공구의 구분 기준에 관한 설명이다. (　) 안에 들어갈 아라비아 숫자를 쓰시오.

> 1. 다음의 어느 하나에 해당하는 시설을 설치하거나 공간을 조성하여 (㉠)미터 이상의 너비로 공구간 경계를 설정할 것
>   • 주택건설기준 등에 관한 규정에 따른 주택단지 안의 (㉡)
>   • 주택단지 안의 지상에 설치되는 부설주차장
>   • 주택단지 안의 옹벽 또는 축대
>   • 식재·조경이 된 녹지
>   • 그 밖에 어린이놀이터 등 부대시설이나 복리시설로서 사업계획 승인권자가 적합하다고 인정하는 시설
> 2. 공구별 세대수는 (㉢)세대 이상으로 할 것

03 민간임대주택에 관한 특별법령상 임대주택 정의에 관한 설명이다. (　) 안에 들어갈 용어를 쓰시오.

> '장기일반민간임대주택'이란 임대사업자가 (㉠)민간임대주택이 아닌 주택을 10년 이상 임대할 목적으로 취득하여 임대하는 민간임대주택[(㉡)(주택법의 도시형 생활주택이 아닌 것을 말한다)를 임대하는 민간매입임대주택은 제외한다]을 말한다.

04 공공주택 특별법에서 정하는 정의의 내용이다. (　) 안에 들어갈 용어와 아라비아 숫자를 쓰시오.

> '(㉠)형 분양주택'이란 공공주택사업자가 직접 건설하거나 매매 등으로 취득하여 공급하는 공공분양주택으로서 주택을 공급받은 자가 (㉡)년 이상 (㉢)년 이하의 범위에서 대통령령으로 정하는 기간 동안 공공주택사업자와 주택의 소유권을 공유하면서 대통령령으로 정하는 바에 따라 소유지분을 적립하여 취득하는 주택을 말한다.

정답 및 해설

01 다중생활시설
02 ㉠ 6, ㉡ 300, ㉢ 300
03 ㉠ 공공지원, ㉡ 아파트
04 ㉠ 지분적립, ㉡ 20, ㉢ 30

제2장 공동주택관리법의 총칙

01 공동주택관리법령상 용어에 대한 설명으로 옳은 것은?
① 의무관리대상 공동주택이란 해당 공동주택을 전문적으로 관리하는 자를 두고 자치의 결기구를 의무적으로 구성하여야 하는 등 일정한 의무가 부과되는 공동주택이다.
② 의무관리대상 공동주택에는 건축법에 따른 건축허가를 받아 주택 외의 시설과 주택을 동일 건축물로 건축한 건축물로서 주택이 150세대 이상인 건축물은 해당하지 아니한다.
③ 사용자란 공동주택을 임차하여 사용하는 사람(임대주택의 임차인을 포함한다) 등을 말한다.
④ 입주자대표회의란 공동주택의 입주자를 대표하여 관리에 관한 주요 사항을 결정하기 위하여 구성하는 자치의결기구를 말한다.
⑤ 자치관리기구의 대표자인 공동주택의 관리사무소장은 관리주체에 해당하지 아니한다.

정답 및 해설

01 ① ② 의무관리대상 공동주택에는 건축법에 따른 건축허가를 받아 주택 외의 시설과 주택을 동일 건축물로 건축한 건축물로서 주택이 150세대 이상인 건축물도 포함된다.
③ 사용자란 공동주택을 임차하여 사용하는 사람(임대주택의 임차인은 제외한다) 등을 말한다.
④ 입주자대표회의란 공동주택의 입주자등을 대표하여 관리에 관한 주요 사항을 결정하기 위하여 구성하는 자치의결기구를 말한다.
⑤ 자치관리기구의 대표자인 공동주택의 관리사무소장은 관리주체에 해당한다.

제2장 주관식 기입형 문제

01 공동주택관리법령상 용어에 관한 내용이다. ( ) 안에 들어갈 용어를 쓰시오.

> '관리주체'란 공동주택을 관리하는 다음의 자를 말한다.
> 1. (㉠)의 대표자인 공동주택의 관리사무소장
> 2. 관리업무를 인계하기 전의 (㉡)
> 3. (㉢)
> 4. 임대사업자
> 5. 민간임대주택에 관한 특별법에 따른 주택임대관리업자(시설물 유지·보수·개량 및 그 밖의 주택관리업무를 수행하는 경우에 한정한다)

정답 및 해설

01 ㉠ 자치관리기구, ㉡ 사업주체, ㉢ 주택관리업자

제3장 공동주택의 관리방법

대표예제 02 　관리방법 ★★

공동주택관리법령상 의무관리대상 공동주택의 관리방법 등에 관한 설명으로 옳은 것은?

① 입주자는 의무관리대상 공동주택을 자치관리하거나 주택관리업자에게 위탁하여 관리하여야 한다.
② 입주자대표회의는 수의계약의 경우, 계약상대자 선정, 계약조건 등 계약과 관련한 중요사항에 대하여 전체 입주자등 10분의 1 이상의 동의를 얻은 후 주택관리업자를 선정하여야 한다.
③ 입주자등은 기존 주택관리업자의 관리 서비스가 만족스럽지 못한 경우에는 전체 입주자등 10분의 1 이상의 서면동의를 받아 새로운 주택관리업자 선정을 위한 입찰에서 기존 주택관리업자의 참가를 제한하도록 입주자대표회의에 요구할 수 있다. 이 경우 입주자대표회의는 그 요구에 따라야 한다.
④ 입주자대표회의는 해당 공동주택의 관리에 필요하다고 인정하는 경우에는 국토교통부령으로 정하는 바에 따라 인접한 공동주택단지(임대주택단지를 포함한다)와 공동으로 관리하거나 300세대 이상의 단위로 나누어 관리하게 할 수 있다.
⑤ 입주자대표회의 또는 관리주체는 공동주택 공용부분의 유지·보수 및 관리 등을 위하여 공동주택관리기구를 구성하여야 한다.

오답체크
① 입주자등은 의무관리대상 공동주택을 자치관리하거나 주택관리업자에게 위탁하여 관리하여야 한다.
② 입주자대표회의는 수의계약의 경우, 계약상대자 선정, 계약조건 등 계약과 관련한 중요사항에 대하여 <u>전체 입주자등의 과반수의 동의</u>를 얻은 후 주택관리업자를 선정하여야 한다.
③ 입주자등은 기존 주택관리업자의 관리 서비스가 만족스럽지 못한 경우에는 <u>전체 입주자등 과반수</u>의 서면동의를 받아 새로운 주택관리업자 선정을 위한 입찰에서 기존 주택관리업자의 참가를 제한하도록 입주자대표회의에 요구할 수 있다. 이 경우 입주자대표회의는 그 요구에 따라야 한다.
④ 입주자대표회의는 해당 공동주택의 관리에 필요하다고 인정하는 경우에는 국토교통부령으로 정하는 바에 따라 인접한 공동주택단지(임대주택단지를 포함한다)와 공동으로 관리하거나 <u>500세대 이상</u>의 단위로 나누어 관리하게 할 수 있다.

기본서 p.51　　　　　　　　　　　　　　　　　　　　　　　　　　　　　정답 ⑤

01 공동주택관리법령상 자치관리에 관한 설명으로 옳은 것은?

① 주택관리업자에게 위탁관리하다가 자치관리로 관리방법을 변경하는 경우, 입주자대표회의는 그 위탁관리의 종료일로부터 1개월 이내에 자치관리기구를 구성하여야 한다.
② 자치관리기구는 입주자대표회의의 감독을 받지 않는다.
③ 자치관리기구 관리사무소장은 입주자대표회의가 입주자대표회의 구성원(관리규약으로 정한 정원을 말하며, 해당 입주자대표회의 구성원 중 과반수가 선출되었을 때에는 그 선출된 인원을 말한다) 과반수의 찬성으로 선임한다.
④ 입주자대표회의는 선임된 관리사무소장이 해임되거나 그 밖의 사유로 결원이 되었을 때에는 그 사유가 발생한 날부터 15일 이내에 새로운 관리사무소장을 선임하여야 한다.
⑤ 입주자대표회의의 구성원은 자치관리기구의 직원을 겸할 수 없다.

02 공동주택관리법령상 위탁관리에 관한 설명으로 옳지 않은 것은?

① 의무관리대상 공동주택의 입주자등이 공동주택을 위탁관리할 것을 정한 경우, 입주자대표회의가 경쟁입찰의 방법으로 주택관리업자를 선정하려면 입찰의 종류 및 방법, 낙찰방법, 참가자격 제한 등 입찰과 관련한 중요사항에 대하여 전체 입주자등의 과반수의 동의를 얻어야 한다.
② 입주자등은 기존 주택관리업자의 관리 서비스가 만족스럽지 못한 경우에는 대통령령으로 정하는 바에 따라 새로운 주택관리업자 선정을 위한 입찰에서 기존 주택관리업자의 참가를 제한하도록 입주자대표회의에 요구할 수 있다. 이 경우 입주자대표회의는 그 요구에 따라야 한다.
③ 전자입찰방식의 세부기준, 절차 및 방법 등은 국토교통부장관이 정하여 고시한다.
④ 입주자대표회의의 감사는 입찰과정에 참관하여야 한다.
⑤ 계약기간은 장기수선계획의 조정주기를 고려하여 정하여야 한다.

정답 및 해설

01 ⑤ ① 주택관리업자에게 위탁관리하다가 자치관리로 관리방법을 변경하는 경우, 입주자대표회의는 그 위탁관리의 <u>종료일까지</u> 자치관리기구를 구성하여야 한다.
② 자치관리기구는 입주자대표회의의 <u>감독을 받는다</u>.
③ 자치관리기구 관리사무소장은 입주자대표회의가 입주자대표회의 구성원(관리규약으로 정한 정원을 말하며, 해당 입주자대표회의 구성원의 <u>3분의 2 이상</u>이 선출되었을 때에는 그 선출된 인원을 말한다) 과반수의 찬성으로 선임한다.
④ 입주자대표회의는 선임된 관리사무소장이 해임되거나 그 밖의 사유로 결원이 되었을 때에는 그 사유가 발생한 날부터 <u>30일 이내</u>에 새로운 관리사무소장을 선임하여야 한다.

02 ④ 입주자대표회의의 감사가 입찰과정 <u>참관을 원하는 경우에는 참관할 수 있도록 하여야</u> 한다.

03 공동주택관리법령상 의무관리대상 공동주택의 입주자등이 공동주택을 위탁관리할 것을 정한 경우 '입주자대표회의가 전체 입주자등의 과반수의 동의를 얻어야 하는 것'으로 옳지 않은 것은?

① 경쟁입찰의 경우 입찰의 종류 및 방법
② 경쟁입찰의 경우 현장설명회 개최 여부
③ 경쟁입찰의 경우 참가자격 제한
④ 수의계약의 경우 계약조건 등 계약과 관련한 중요사항
⑤ 수의계약의 경우 계약상대자 선정

[고난도]

04 공동주택관리법령상 공동관리와 구분관리에 관한 설명으로 옳지 않은 것은?

① 입주자대표회의는 해당 공동주택의 관리에 필요하다고 인정하는 경우에는 국토교통부령으로 정하는 바에 따라 인접한 공동주택단지(임대주택단지를 포함한다)와 공동으로 관리하거나 500세대 이상의 단위로 나누어 관리하게 할 수 있다.
② ①에 따른 공동관리는 단지별로 입주자등의 과반수의 서면동의를 받은 경우(임대주택단지의 경우에는 임대사업자와 임차인대표회의의 서면동의를 받은 경우를 말한다)로서 국토교통부령으로 정하는 기준에 적합한 경우에만 해당한다.
③ 구분관리의 경우에는 구분관리 단위별 입주자등 과반수의 서면동의를 받아야 한다. 다만, 특별자치시장·특별자치도지사·시장·군수 또는 구청장이 지하도, 육교, 횡단보도, 그 밖에 이와 유사한 시설의 설치를 통하여 단지간 보행자 통행의 편리성 및 안전성이 확보되었다고 인정하는 경우에는 단지별로 입주자등 3분의 2 이상의 서면동의를 받아야 한다.
④ 공동관리하는 총세대수가 1천500세대 이하일 것. 다만, 의무관리대상 공동주택단지와 인접한 300세대 미만의 공동주택단지를 공동으로 관리하는 경우는 제외한다.
⑤ 입주자대표회의는 공동주택을 공동관리하거나 구분관리할 것을 결정한 경우에는 지체 없이 그 내용을 시장·군수·구청장에게 통보하여야 한다.

05 공동주택관리법령상 공동주택의 공동관리와 구분관리에 관한 설명으로 옳지 않은 것은?

① 입주자대표회의는 해당 공동주택의 관리에 필요하다고 인정하는 경우에는 국토교통부령으로 정하는 바에 따라 인접한 공동주택단지(임대주택단지를 포함한다)와 공동으로 관리하게 할 수 있다.
② 공동관리하는 경우 총세대수는 1천500세대 이하를 원칙으로 한다.
③ 공동관리의 경우 단지별로 입주자등 과반수의 서면동의가 필요하다. 다만, 공동주택관리법 시행규칙 제2조 제3항 단서에 해당하는 경우에는 단지별로 입주자등 5분의 4 이상의 서면동의를 받아야 한다.
④ 구분관리의 경우 구분관리 단위별 입주자등 과반수의 서면동의가 필요하다. 다만, 관리규약으로 달리 정한 경우에는 그에 따른다.
⑤ 입주자대표회의는 공동주택을 공동관리하거나 구분관리할 것을 결정한 경우에는 지체 없이 그 내용을 시장·군수·구청장에게 통보하여야 한다.

정답 및 해설

03 ② 경쟁입찰의 경우 현장설명회 개최 여부는 <u>입찰공고에서 정한다</u>.
04 ③ 구분관리의 경우에는 구분관리 단위별 입주자등 과반수의 서면동의를 받아야 한다. 다만, <u>관리규약으로 달리 정한 경우에는 그에 따른다</u>.
05 ③ 공동관리의 경우 단지별로 입주자등 과반수의 서면동의가 필요하다. 다만, 공동주택관리법 시행규칙 제2조 제3항 단서에 해당하는 경우에는 단지별로 입주자등 <u>3분의 2 이상</u>의 서면동의를 받아야 한다.

대표예제 03 　 혼합주택단지의 관리 ★★★

공동주택관리법령상 혼합주택단지의 관리에 관한 설명으로 옳은 것은?

① 입주자대표회의와 임차인대표회의는 혼합주택단지의 관리에 관한 사항을 공동으로 결정하여야 한다. 이 경우 임차인대표회의는 민간임대주택에 관한 특별법 제52조 제4항 각 호의 사항을 임대사업자와 사전에 협의하여야 한다.
② 분양을 목적으로 한 공동주택과 임대주택이 별개의 동(棟)으로 배치되는 등의 사유로 구분하여 관리가 가능하면 입주자대표회의와 임대사업자가 공동으로 결정하지 아니하고 각자 결정하기로 합의하지 않아도 입주자대표회의와 임대사업자가 각자 결정할 수 있다.
③ 주택관리업자의 선정은 공동으로 결정하기 위한 합의가 이루어지지 않은 경우 해당 혼합주택단지 공급면적의 3분의 2 이상 면적을 관리하는 입주자대표회의 또는 임대사업자가 결정한다.
④ 장기수선계획의 조정은 공동으로 결정하기 위한 합의가 이루어지지 않은 경우 원칙적으로 해당 혼합주택단지 공급면적의 2분의 1을 초과하여 관리하는 입주자대표회의 또는 임대사업자가 결정한다.
⑤ 입주자대표회의 또는 임대사업자는 혼합주택단지의 관리에 관한 결정이 이루어지지 아니하는 경우에는 공동주택관리 분쟁조정위원회에 분쟁의 조정을 신청할 수 있다.

오답체크 | ① 입주자대표회의와 <u>임대사업자</u>는 혼합주택단지의 관리에 관한 사항을 공동으로 결정하여야 한다. 이 경우 <u>임차인대표회의가 구성된 혼합주택단지에서는 임대사업자는 민간임대주택에 관한 특별법의 사항을 임차인대표회의와 사전에 협의하여야 한다</u>.
② 분양을 목적으로 한 공동주택과 임대주택이 별개의 동(棟)으로 배치되는 등의 사유로 구분하여 관리가 <u>가능하고</u> 입주자대표회의와 임대사업자가 공동으로 결정하지 아니하고 각자 결정하기로 <u>합의하였다면</u> 입주자대표회의와 임대사업자가 각자 결정할 수 있다.
③ 주택관리업자의 선정은 공동으로 결정하기 위한 합의가 이루어지지 않은 경우 해당 혼합주택단지 공급면적의 <u>2분의 1</u>을 초과하는 면적을 관리하는 입주자대표회의 또는 임대사업자가 결정한다.
④ 장기수선계획의 조정은 공동으로 결정하기 위한 합의가 이루어지지 않은 경우 원칙적으로 해당 혼합주택단지 공급면적의 <u>3분의 2 이상</u>을 관리하는 입주자대표회의 또는 임대사업자가 결정한다.

기본서 p.57　　　　　　　　　　　　　　　　　　　　　　　　　　　　　　　　　정답 ⑤

06 공동주택관리법령상 혼합주택단지의 관리에 관한 설명으로 옳지 않은 것은?

① 혼합주택단지의 주택관리업자의 선정은 입주자대표회의와 임대사업자가 공동으로 결정하여야 하는 사항이다.

② ①에도 불구하고 분양을 목적으로 한 공동주택과 임대주택이 별개의 동(棟)으로 배치되는 등의 사유로 구분하여 관리가 가능하고, 입주자대표회의와 임대사업자가 공동으로 결정하지 아니하고 각자 결정하기로 합의하였다면 장기수선충당금 및 특별수선충당금을 사용하는 주요 시설의 교체 및 보수에 관한 사항을 입주자대표회의와 임대사업자가 각자 결정할 수 있다.

③ 혼합주택단지의 주택관리업자의 선정을 공동으로 결정하기 위한 입주자대표회의와 임대사업자간의 합의가 이루어지지 않는 경우에는 해당 혼합주택단지 공급면적의 2분의 1을 초과하는 면적을 관리하는 입주자대표회의 또는 임대사업자가 결정한다.

④ 입주자대표회의 또는 임대사업자는 혼합주택단지의 관리에 관한 결정이 이루어지지 아니하는 경우에는 임대주택 분쟁조정위원회에 분쟁의 조정을 신청할 수 있다.

⑤ 임차인대표회의가 구성된 혼합주택단지에서는 임대사업자는 민간임대주택에 관한 특별법 제52조 제4항 각 호의 사항을 임차인대표회의와 사전에 협의하여야 한다.

정답 및 해설

06 ④ 입주자대표회의 또는 임대사업자는 혼합주택단지의 관리에 관한 결정이 이루어지지 아니하는 경우에는 공동주택관리 분쟁조정위원회에 분쟁의 조정을 신청할 수 있다.

| 대표예제 04 | 의무관리대상 공동주택 전환 ★★★

공동주택관리법령상 의무관리대상 공동주택 전환 등에 관한 설명으로 옳은 것은?

① 의무관리대상 공동주택으로 전환되는 공동주택 관리인(집합건물의 소유 및 관리에 관한 법률에 따른 관리인을 말하며, 관리단이 관리를 개시하기 전인 경우에는 같은 법에 따라 공동주택을 관리하고 있는 자를 말한다)은 대통령령으로 정하는 바에 따라 관할 시장·군수·구청장에게 의무관리대상 공동주택 전환 신고를 하여야 한다. 다만, 관리인이 신고하지 않는 경우에는 입주자등의 10분의 3 이상이 연서하여 신고할 수 있다.
② 의무관리대상 전환 공동주택의 입주자등은 관리규약의 제정신고가 수리된 날부터 3개월 이내에 입주자대표회의를 구성하여야 하며, 입주자대표회의의 구성신고가 수리된 날부터 6개월 이내에 공동주택의 관리방법을 결정하여야 한다.
③ 의무관리대상 전환 공동주택의 입주자등이 공동주택을 위탁관리할 것을 결정한 경우에 입주자대표회의는 공동주택의 관리방법을 결정한 날부터 6개월 이내에 주택관리업자를 선정하여야 한다.
④ 의무관리대상 전환 공동주택의 입주자등은 공동주택관리법령의 기준에 따라 해당 공동주택을 의무관리대상에서 제외할 것을 정할 수 있으며, 이 경우 입주자대표회의의 회장(직무를 대행하는 경우에는 그 직무를 대행하는 사람을 포함한다)은 대통령령으로 정하는 바에 따라 시장·군수·구청장에게 의무관리대상 공동주택 제외 신고를 하여야 한다.
⑤ 시장·군수·구청장은 의무관리대상 공동주택 전환 및 의무관리대상 공동주택 제외에 따른 신고를 받은 날부터 5일 이내에 신고수리 여부를 신고인에게 통지하여야 한다.

오답체크
① 의무관리대상 공동주택으로 전환되는 공동주택 관리인(집합건물의 소유 및 관리에 관한 법률에 따른 관리인을 말하며, 관리단이 관리를 개시하기 전인 경우에는 같은 법에 따라 공동주택을 관리하고 있는 자를 말한다)은 대통령령으로 정하는 바에 따라 관할 시장·군수·구청장에게 의무관리대상 공동주택 전환 신고를 하여야 한다. 다만, 관리인이 신고하지 않는 경우에는 입주자등의 10분의 1 이상이 연서하여 신고할 수 있다.
② 의무관리대상 전환 공동주택의 입주자등은 관리규약의 제정신고가 수리된 날부터 3개월 이내에 입주자대표회의를 구성하여야 하며, 입주자대표회의의 구성신고가 수리된 날부터 3개월 이내에 공동주택의 관리방법을 결정하여야 한다.
③ 의무관리대상 전환 공동주택의 입주자등이 공동주택을 위탁관리할 것을 결정한 경우에 입주자대표회의는 입주자대표회의의 구성신고가 수리된 날부터 6개월 이내에 주택관리업자를 선정하여야 한다.
⑤ 시장·군수·구청장은 의무관리대상 공동주택 전환 및 의무관리대상 공동주택 제외에 따른 신고를 받은 날부터 10일 이내에 신고수리 여부를 신고인에게 통지하여야 한다.

기본서 p.59~60   정답 ④

07 공동주택관리법령상 의무관리대상 공동주택 전환 등에 관한 설명으로 옳지 않은 것은?

① 의무관리대상 공동주택으로 전환되는 공동주택의 관리인은 대통령령으로 정하는 바에 따라 관할 특별자치시장·특별자치도지사·시장·군수·구청장에게 의무관리대상 공동주택 전환 신고를 하여야 한다.
② ①에 따른 관리인이 신고하지 않는 경우에는 입주자등의 10분의 1 이상이 연서하여 신고할 수 있다.
③ 의무관리대상 전환 공동주택의 입주자등은 관리규약의 제정 신고가 수리된 날부터 3개월 이내에 입주자대표회의를 구성하여야 한다.
④ 의무관리대상 전환 공동주택의 입주자등이 공동주택을 위탁관리할 것을 결정한 경우 입주자대표회의는 입주자대표회의의 구성 신고가 수리된 날부터 6개월 이내에 주택관리업자를 선정하여야 한다.
⑤ 의무관리대상 전환 공동주택의 입주자등은 해당 공동주택을 의무관리대상에서 제외할 것을 정할 수 있으며, 이 경우 관리인은 대통령령으로 정하는 바에 따라 시장·군수·구청장에게 의무관리대상 공동주택 제외 신고를 하여야 한다.

정답 및 해설

07 ⑤ 의무관리대상 전환 공동주택의 입주자등은 해당 공동주택을 의무관리대상에서 제외할 것을 정할 수 있으며, 이 경우 <u>입주자대표회의의 회장</u>은 대통령령으로 정하는 바에 따라 시장·군수·구청장에게 의무관리대상 공동주택 제외 신고를 하여야 한다.

08 공동주택관리법령상 의무관리대상 공동주택 전환 등의 내용으로 옳지 않은 것은?

① 의무관리대상 공동주택으로 전환되는 공동주택의 관리인은 대통령령으로 정하는 바에 따라 관할 특별자치시장·특별자치도지사·시장·군수·구청장에게 의무관리대상 공동주택 전환 신고를 하여야 한다. 다만, 관리인이 신고하지 않는 경우에는 입주자등의 10분의 1 이상이 연서하여 신고할 수 있다.

② 시장·군수·구청장은 ①에 따른 신고를 받은 날부터 10일 이내에 신고수리 여부를 신고인에게 통지하여야 한다.

③ 의무관리대상 전환 공동주택의 입주자등은 입주자대표회의의 구성 신고가 수리된 날부터 6개월 이내에 공동주택의 관리방법을 결정하여야 한다.

④ 의무관리대상 전환 공동주택의 입주자등은 관리규약의 제정 신고가 수리된 날부터 3개월 이내에 입주자대표회의를 구성하여야 하며, 입주자대표회의의 구성 신고가 수리된 날부터 3개월 이내에 공동주택의 관리방법을 결정하여야 한다.

⑤ 의무관리대상 전환 공동주택의 입주자등은 해당 공동주택을 의무관리대상에서 제외할 것을 정할 수 있으며, 이 경우 입주자대표회의의 회장은 대통령령으로 정하는 바에 따라 시장·군수·구청장에게 의무관리대상 공동주택 제외 신고를 하여야 한다.

대표예제 05 관리의 이관 ★★

공동주택관리법령상 관리의 이관에 관한 설명으로 옳지 않은 것은?

① 의무관리대상 공동주택을 건설한 사업주체는 입주예정자의 과반수가 입주할 때까지 그 공동주택을 관리하여야 하며, 입주예정자의 과반수가 입주하였을 때에는 입주자등에게 대통령령으로 정하는 바에 따라 그 사실을 통지하고 해당 공동주택을 관리할 것을 요구하여야 한다.

② 입주자등이 ①에 따른 요구를 받았을 때에는 그 요구를 받은 날부터 3개월 이내에 입주자를 구성원으로 하는 입주자대표회의를 구성하여야 한다.

③ 입주자대표회의의 회장은 입주자등이 해당 공동주택의 관리방법을 결정(위탁관리하는 방법을 선택한 경우에는 그 주택관리업자의 선정을 포함한다)한 경우에는 이를 사업주체 또는 의무관리대상 전환 공동주택의 관리인에게 통지하고, 대통령령으로 정하는 바에 따라 관할 시장·군수·구청장에게 신고하여야 한다. 신고한 사항이 변경되는 경우에도 또한 같다.

④ 시장·군수·구청장은 ③에 따른 신고를 받은 날부터 5일 이내에 신고수리 여부를 신고인에게 통지하여야 한다.

⑤ 시장·군수·구청장이 ④에서 정한 기간 내에 신고수리 여부 또는 민원처리 관련법령에 따른 처리기간의 연장을 신고인에게 통지하지 아니하면 그 기간(민원처리 관련법령에 따라 처리기간이 연장 또는 재연장된 경우에는 해당 처리기간을 말한다)이 끝난 날의 다음 날에 신고를 수리한 것으로 본다.

해설 | 시장·군수·구청장은 ③에 따른 신고를 받은 날부터 7일 이내에 신고수리 여부를 신고인에게 통지하여야 한다.

기본서 p.61   정답 ④

09 공동주택관리법령상 공동주택관리업무 인계시 인계자와 인수자가 인계·인수서에 각각 서명·날인하는 서류의 내용이다. 옳지 않은 것은? (그 밖에 공동주택의 관리업무에 필요한 사항은 제외한다)

① 설계도서, 장비의 명세, 소방계획서 및 입주자대표회의 회의록
② 관리비·사용료·이용료의 부과·징수현황 및 이에 관한 회계서류
③ 장기수선충당금의 적립현황
④ 관리비예치금의 명세
⑤ 세대 전유부분을 입주자에게 인도한 날의 현황

정답 및 해설

08 ③ 의무관리대상 전환 공동주택의 입주자등은 입주자대표회의 구성 신고가 수리된 날부터 3개월 이내에 공동주택의 관리방법을 결정하여야 한다.

09 ① 설계도서, 장비의 명세, 장기수선계획 및 안전관리계획이 공동주택관리법령상 공동주택관리업무 인계시 인계자와 인수자가 인계·인수서에 각각 서명·날인하는 서류의 내용이다.

제3장 주관식 기입형 문제

01 공동주택관리법령상 관리방법의 결정방법에 관한 내용이다. (   ) 안에 들어갈 아라비아 숫자를 쓰시오.

> 제3조【관리방법의 결정방법】법 제5조 제2항에 따른 공동주택 관리방법의 결정 또는 변경은 다음 각 호의 어느 하나에 해당하는 방법으로 한다.
> 1. 입주자대표회의의 의결로 제안하고 전체 입주자등의 과반수가 찬성
> 2. 전체 입주자등의 (㉠)분의 (㉡) 이상이 서면으로 제안하고 전체 입주자등의 과반수가 찬성

02 공동주택관리법령상 관리방법 결정 등의 신고에 관한 내용이다. (   ) 안에 들어갈 용어와 아라비아 숫자를 쓰시오.

> 제9조【관리방법 결정 등의 신고】법 제11조 제3항에 따라 입주자대표회의의 (㉠)은(는) 공동주택 관리방법의 결정(위탁관리하는 방법을 선택한 경우에는 그 주택관리업자의 선정을 포함한다) 또는 변경결정에 관한 신고를 하려는 경우에는 그 결정일 또는 변경결정일부터 (㉡)일 이내에 신고서를 시장·군수·구청장에게 제출해야 한다.

03 공동주택관리법 시행규칙에서 정하는 공동주택의 공동관리 등에 따른 서면동의에 관한 내용이다. (   ) 안에 들어갈 아라비아 숫자와 용어를 쓰시오.

> 서면동의는 다음 각 호의 구분에 따라 받아야 한다.
> 1. 공동관리의 경우: 단지별로 입주자등 과반수의 서면동의. 다만, 제3항 단서에 해당하는 경우에는 단지별로 입주자등 (㉠)분의 (㉡) 이상의 서면동의를 받아야 한다.
> 2. 구분관리의 경우: 구분관리 단위별 입주자등 과반수의 서면동의. 다만, (㉢)(으)로 달리 정한 경우에는 그에 따른다.

04 공동주택관리법령상 관리업무의 인계와 관련된 내용이다. (   ) 안에 들어갈 용어와 아라비아 숫자를 쓰시오.

> (㉠) 또는 의무관리대상 전환 공동주택의 관리인은 법 제13조 제1항에 따라 같은 조 각 호의 어느 하나에 해당하게 된 날부터 (㉡)개월 이내에 해당 공동주택의 (㉢)에게 공동주택의 관리업무를 인계해야 한다.

정답 및 해설

01 ㉠ 10, ㉡ 1
02 ㉠ 회장, ㉡ 30
03 ㉠ 3, ㉡ 2, ㉢ 관리규약
04 ㉠ 사업주체, ㉡ 1, ㉢ 관리주체

제4장 입주자대표회의 및 관리규약

대표예제 06 | 동별 대표자 결격사유 및 자격상실사유 ★★★

공동주택관리법령상 동별 대표자가 될 수 없으며 그 자격을 상실하는 경우로 옳지 않은 것은?

① 피한정후견인
② 금고 이상의 형의 집행유예선고를 받고 그 유예기간 중에 있는 사람
③ 해당 공동주택 관리주체의 소속 임직원과 해당 공동주택 관리주체에 용역을 공급하거나 사업자로 지정된 자의 소속 임직원. 이 경우 관리주체가 주택관리업자인 경우에는 해당 주택관리업자를 기준으로 판단한다.
④ 해당 공동주택의 동별 대표자를 사퇴한 날부터 1년(해당 동별 대표자에 대한 해임이 요구된 후 사퇴한 경우에는 2년을 말한다)이 지나지 아니하거나 해임된 날부터 2년이 지나지 아니한 사람
⑤ 관리비 등을 최근 3개월 이상 연속하여 체납한 사람에 해당하여 법 제14조 제5항에 따라 퇴임한 사람으로서 그 남은 임기(남은 임기가 1년을 초과하는 경우에는 1년을 말한다) 중에 있는 사람

해설 | 해당 공동주택 관리주체의 소속 임직원과 해당 공동주택 관리주체에 용역을 공급하거나 사업자로 지정된 자의 소속 임원. 이 경우 관리주체가 주택관리업자인 경우에는 해당 주택관리업자를 기준으로 판단한다.

보충 | 결격사유 및 자격상실사유

서류제출 마감일을 기준으로 다음의 어느 하나에 해당하는 사람은 동별 대표자가 될 수 없으며 그 자격을 상실한다.
1. 미성년자, 피성년후견인 또는 피한정후견인
2. 파산자로서 복권되지 아니한 사람
3. 공동주택관리법 또는 주택법, 민간임대주택에 관한 특별법, 공공주택 특별법, 건축법, 집합건물의 소유 및 관리에 관한 법률을 위반한 범죄로 금고 이상의 실형선고를 받고 그 집행이 끝나거나(집행이 끝난 것으로 보는 경우를 포함한다) 집행이 면제된 날부터 2년이 지나지 아니한 사람
4. 금고 이상의 형의 집행유예선고를 받고 그 유예기간 중에 있는 사람
5. 공동주택관리법 또는 주택법, 민간임대주택에 관한 특별법, 공공주택 특별법, 건축법, 집합건물의 소유 및 관리에 관한 법률을 위반한 범죄로 벌금형을 선고받은 후 2년이 지나지 않은 사람
6. 선거관리위원회 위원(사퇴하거나 해임 또는 해촉된 사람으로서 그 남은 임기 중에 있는 사람을 포함한다)
7. 공동주택의 소유자가 서면으로 위임한 대리권이 없는 소유자의 배우자나 직계존비속

8. 해당 공동주택 관리주체의 소속 임직원과 해당 공동주택 관리주체에 용역을 공급하거나 사업자로 지정된 자의 소속 임원. 이 경우 관리주체가 주택관리업자인 경우에는 해당 주택관리업자를 기준으로 판단한다.
9. 해당 공동주택의 동별 대표자를 사퇴한 날부터 1년(해당 동별 대표자에 대한 해임이 요구된 후 사퇴한 경우에는 2년을 말한다)이 지나지 아니하거나 해임된 날부터 2년이 지나지 아니한 사람
10. 관리비 등을 최근 3개월 이상 연속하여 체납한 사람
11. 동별 대표자로서 임기 중에 10.에 해당하여 퇴임한 사람으로서 그 남은 임기(남은 임기가 1년을 초과하는 경우에는 1년을 말한다) 중에 있는 사람

기본서 p.76

정답 ③

대표예제 07   입주자대표회의의 구성 ★★★

공동주택관리법령상 입주자대표회의의 구성 등에 대한 설명으로 옳은 것은?

① 입주자대표회의는 4명 이상으로 구성하되, 동별 세대수에 비례하여 공동주택관리법령으로 정한 선거구에 따라 선출된 대표자(이하 '동별 대표자'라 한다)로 구성한다. 이 경우 선거구는 2개 동 이상으로 묶거나 통로나 층별로 구획하여 정할 수 있다.
② 하나의 공동주택단지를 여러 개의 공구로 구분하여 순차적으로 건설하는 경우(임대주택은 분양전환된 경우를 말한다) 먼저 입주한 공구의 입주자등은 ①에 따라 입주자대표회의를 구성하여야 할 수 있다. 다만, 다음 공구의 입주예정자의 과반수가 입주한 때에는 다시 입주자대표회의를 구성하여야 한다.
③ 동별 대표자가 임기 중에 이 법에 따른 자격요건을 충족하지 아니하게 된 경우나 결격사유에 해당하게 된 경우에는 해임사유에 해당한다.
④ 입주자대표회의는 그 회의를 개최한 때에는 회의록을 작성하여 보관하여야 한다. 이 경우 입주자대표회의는 관리규약으로 정하는 바에 따라 입주자등에게 회의를 실시간 또는 녹화·녹음 등의 방식으로 중계하거나 방청하게 할 수 있다.
⑤ 동별 대표자는 동별 대표자 선출공고에서 정한 입찰공고일을 기준으로 이 법에서 정한 요건을 갖춘 입주자(입주자가 법인인 경우에는 그 대표자를 말한다) 중에서 대통령령으로 정하는 바에 따라 선거구 입주자등의 보통·평등·직접·비밀선거를 통하여 선출한다.

| 오답 체크 | ① 입주자대표회의는 4명 이상으로 구성하되, 동별 세대수에 비례하여 <u>관리규약</u>으로 정한 선거구에 따라 선출된 대표자(이하 '동별 대표자'라 한다)로 구성한다. 이 경우 선거구는 2개 동 이상으로 묶거나 통로나 층별로 구획하여 정할 수 있다.
③ 동별 대표자가 임기 중에 이 법에 따른 자격요건을 충족하지 아니하게 된 경우나 결격사유에 해당하게 된 경우에는 당연 <u>퇴임사유</u>에 해당한다.
④ 입주자대표회의는 그 회의를 개최한 때에는 회의록을 작성하여 관리주체에게 보관하게 하여야 한다.
⑤ 동별 대표자는 동별 대표자 선출공고에서 정한 <u>각종 서류제출 마감일을 기준</u>으로 이 법에서 정한 요건을 갖춘 입주자(입주자가 법인인 경우에는 그 대표자를 말한다) 중에서 대통령령으로 정하는 바에 따라 선거구 입주자등의 보통·평등·직접·비밀선거를 통하여 선출한다. |
|---|---|

기본서 p.75~76   정답 ②

01 공동주택관리법령상 입주자대표회의의 구성 등에 관한 설명으로 옳지 않은 것은?

① 하나의 공동주택단지를 여러 개의 공구로 구분하여 순차적으로 건설하는 경우(임대주택은 분양전환된 경우를 말한다) 먼저 입주한 공구의 입주자등은 입주자대표회의를 구성할 수 있다. 다만, 다음 공구의 입주예정자의 과반수가 입주한 때에는 다시 입주자대표회의를 구성하여야 한다.

② 서류제출 마감일을 기준으로 금고 이상의 형의 집행유예선고를 받고 그 유예기간 중에 있는 사람은 동별 대표자가 될 수 없으며 그 자격을 상실한다.

③ 동별 대표자가 임기 중에 자격요건을 충족하지 아니하게 된 경우나 결격사유에 해당하게 된 경우에는 당연히 퇴임한다.

④ 감사는 회장을 보좌하고, 회장이 사퇴 또는 해임으로 궐위된 경우 및 사고나 그 밖에 부득이한 사유로 그 직무를 수행할 수 없을 때에는 관리규약에서 정하는 바에 따라 그 직무를 대행한다.

⑤ 이사의 경우 입주자대표회의 구성원 과반수의 찬성으로 선출하며, 입주자대표회의 구성원 과반수 찬성으로 선출할 수 없는 경우로서 최다득표자가 2인 이상인 경우에는 추첨으로 선출한다.

02 공동주택관리법령상 입주자대표회의의 구성 등에 관한 설명으로 옳은 것은?

① 500세대 이상인 공동주택의 관리주체는 관리규약으로 정하는 범위·방법 및 절차 등에 따라 회의록을 입주자등에게 공개하여야 하며, 500세대 미만인 공동주택의 관리주체는 관리규약으로 정하는 바에 따라 회의록을 공개할 수 있다.
② 동별 대표자는 선거구별로 1명씩 선출하되 후보자가 1명인 경우, 해당 선거구 전체 입주자등의 10분의 1 이상이 투표하고 투표자 과반수의 찬성으로 선출한다.
③ 입주자대표회의는 입주자등의 소통 및 화합의 증진을 위하여 그 동별 대표자 중 공동체 생활의 활성화에 관한 업무를 담당하는 자를 선임할 수 있다.
④ 모든 동별 대표자의 임기가 동시에 시작하는 경우라도 동별 대표자의 임기는 전임자 임기(재선거의 경우 재선거 전에 실시한 선거에서 선출된 동별 대표자의 임기를 말한다)의 남은 기간으로 한다.
⑤ 동별 대표자 선거관리위원회 위원을 사퇴하였더라도 동별 대표자 선출공고에서 정한 서류제출 마감일을 기준으로 할 때 그 남은 임기 중에 있는 사람은 동별 대표자가 될 수 없다.

정답 및 해설

01 ④ 이사는 회장을 보좌하고, 회장이 사퇴 또는 해임으로 궐위된 경우 및 사고나 그 밖에 부득이한 사유로 그 직무를 수행할 수 없을 때에는 관리규약에서 정하는 바에 따라 그 직무를 대행한다.

02 ⑤
① 300세대 이상인 공동주택의 관리주체는 관리규약으로 정하는 범위·방법 및 절차 등에 따라 회의록을 입주자등에게 공개하여야 하며, 300세대 미만인 공동주택의 관리주체는 관리규약으로 정하는 바에 따라 회의록을 공개할 수 있다.
② 동별 대표자는 선거구별로 1명씩 선출하되 후보자가 1명인 경우, 해당 선거구 전체 입주자등의 과반수가 투표하고 투표자 과반수의 찬성으로 선출한다.
③ 입주자대표회의는 입주자등의 소통 및 화합의 증진을 위하여 그 이사 중 공동체 생활의 활성화에 관한 업무를 담당하는 이사를 선임할 수 있다.
④ 모든 동별 대표자의 임기가 동시에 시작하는 경우 동별 대표자의 임기는 2년으로 한다.

[고난도]
03 공동주택관리법령상 입주자대표회의의 구성원 등 교육에 관한 설명으로 옳은 것은?

① 시장·군수·구청장은 입주자대표회의 구성원 또는 입주자등에 대하여 입주자대표회의의 운영과 관련하여 필요한 교육 및 윤리교육(이하 '운영·윤리교육'이라 한다)을 하려면 교육일시, 교육기간 및 교육장소 등의 사항을 교육 5일 전까지 공고하거나 교육대상자에게 알려야 한다.
② 입주자대표회의 구성원은 임기 중에 4시간의 운영·윤리교육을 이수하여야 한다.
③ 운영·윤리교육은 집합교육의 방법으로 한다. 다만, 교육 참여현황의 관리가 가능한 경우에는 그 전부 또는 일부를 온라인교육으로 할 수 있다.
④ 입주자대표회의 구성원에 대한 운영·윤리교육의 수강비용은 입주자등에 대한 운영·윤리교육을 포함하여 입주자대표회의 운영경비에서 부담한다. 다만, 시장·군수·구청장은 필요하다고 인정하는 경우에는 그 비용의 전부 또는 일부를 지원할 수 있다.
⑤ 시장·군수·구청장은 입주자대표회의 구성원의 운영·윤리교육 참여현황을 엄격히 관리하여야 하며, 운영·윤리교육을 이수하지 아니한 입주자대표회의 구성원에 대해서는 필요한 조치를 할 수 있다.

[종합]
04 공동주택관리법령상 입주자대표회의의 구성 등에 대한 설명으로 옳지 않은 것은?

① 입주자대표회의의 회장은 입주자대표회의를 대표하고, 그 회의의 의장이 된다.
② 공동주택의 소유자가 서면으로 위임한 대리권이 없는 소유자의 배우자나 직계존비속은 동별 대표자가 될 수 없으며 그 자격을 상실한다.
③ 사용자인 동별 대표자는 회장이 될 수 없다. 다만, 입주자인 동별 대표자 중에서 회장 후보자가 없는 경우로서 선출 전에 전체 입주자 과반수의 서면동의를 얻은 경우에는 그러하지 아니하다.
④ 입주자대표회의는 그 회의를 개최한 때에는 회의록을 작성하여 관리주체에게 보관하게 하여야 한다.
⑤ 입주자대표회의 임원 중 회장이 사용자인 경우에는 대통령령으로 그 의결방법 및 의결사항을 달리 정할 수 있다.

05 공동주택관리법령에서 정하는 입주자대표회의의 구성원 등 교육의 내용으로 옳지 않은 것은?

① 시장·군수·구청장은 대통령령으로 정하는 바에 따라 입주자대표회의의 구성원에게 입주자대표회의의 운영과 관련하여 필요한 교육 및 윤리교육을 실시하여야 한다. 이 경우 입주자대표회의의 구성원은 그 교육을 성실히 이수하여야 한다.
② 교육내용에는 공동주택단지 공동체의 활성화에 관한 사항을 포함하여야 한다.
③ 시장·군수·구청장은 관리주체·입주자 등이 희망하는 경우에는 관리주체·입주자 등에게 실시할 수 있다.
④ 시장·군수·구청장은 운영·윤리교육을 이수한 사람에게 수료증을 내주어야 한다. 다만, 교육수료사실을 입주자대표회의 구성원이 소속된 입주자대표회의에 문서로 통보함으로써 수료증의 수여를 갈음할 수 있다.
⑤ 운영·윤리교육은 온라인교육의 방법으로 한다. 다만, 교육 참여현황의 관리가 불가능한 경우에는 그 전부 또는 일부를 집합교육으로 할 수 있다.

정답 및 해설

03 ③ ① 시장·군수·구청장은 입주자대표회의 구성원 또는 입주자등에 대하여 입주자대표회의의 운영과 관련하여 필요한 교육 및 윤리교육(이하 '운영·윤리교육'이라 한다)을 하려면 교육일시, 교육기간 및 교육장소 등의 사항을 <u>교육 10일 전까지 공고</u>하거나 교육대상자에게 알려야 한다.
② 입주자대표회의 구성원은 <u>매년 4시간</u>의 운영·윤리교육을 이수하여야 한다.
④ 입주자대표회의 구성원에 대한 운영·윤리교육의 수강비용은 입주자대표회의의 운영경비에서 부담하며, <u>입주자등에 대한 운영·윤리교육의 수강비용은 수강생 본인이</u> 부담한다. 다만, 시장·군수·구청장은 필요하다고 인정하는 경우에는 그 비용의 전부 또는 일부를 지원할 수 있다.
⑤ 시장·군수·구청장은 입주자대표회의 구성원의 운영·윤리교육 참여현황을 엄격히 관리하여야 하며, 운영·윤리교육을 이수하지 아니한 입주자대표회의 구성원에 대해서는 <u>필요한 조치를 하여야 한다</u>.

04 ⑤ <u>입주자대표회의의 구성원 중 사용자인 동별 대표자가 과반수인 경우에는 대통령령으로 그 의결방법 및 의결사항을 달리 정할 수 있다.</u>

05 ⑤ 운영·윤리교육은 <u>집합교육</u>의 방법으로 한다. 다만, 교육 참여현황의 <u>관리가 가능한 경우</u>에는 그 전부 또는 일부를 <u>온라인교육</u>으로 할 수 있다.

06 공동주택관리법령에서 정하는 입주자대표회의의 구성 등에 관한 설명으로 옳지 않은 것은?

① 입주자대표회의는 4명 이상으로 구성하되, 동별 세대수에 비례하여 관리규약으로 정한 선거구에 따라 선출된 대표자로 구성한다. 이 경우 선거구는 2개 동 이상으로 묶거나 통로나 층별로 구획하여 정할 수 있다.
② 금고 이상의 형의 집행유예선고를 받고 그 유예기간 중에 있는 사람은 동별 대표자가 될 수 없으며 그 자격을 상실한다.
③ 입주자대표회의는 그 회의를 개최한 때에는 회의록을 작성하여 관리주체에게 보관하게 하여야 한다. 이 경우 입주자대표회의는 관리규약으로 정하는 바에 따라 입주자등에게 회의를 실시간 또는 녹화·녹음 등의 방식으로 중계하거나 방청하게 할 수 있다.
④ 동별 대표자는 동별 대표자 선출공고에서 정한 각종 서류제출 마감일을 기준으로 해당 공동주택단지 안에서 주민등록을 마친 후 계속하여 3개월 이상 거주하고 있어야 한다.
⑤ 공동주택 소유자 또는 공동주택을 임차하여 사용하는 사람의 결격사유는 그를 대리하는 자에게 미치며, 공유(共有)인 공동주택 소유자의 결격사유를 판단할 때에는 지분의 2분의 1 이상을 소유한 자의 결격사유를 기준으로 한다.

07 공동주택관리법령상 입주자대표회의 구성 등에 관한 설명으로 옳은 것은?

① 입주자대표회의는 5명 이상으로 구성하되, 동별 세대수에 비례하여 관리규약으로 정한 선거구에 따라 선출된 동별 대표자로 구성한다.
② 입주자대표회의에는 대통령령으로 정하는 바에 따라 회장, 부회장, 감사 및 이사를 임원으로 둔다.
③ 동별 대표자는 한 번만 중임할 수 있다. 이 경우 보궐선거 또는 재선거로 선출된 동별 대표자의 임기가 1년 미만인 경우에는 임기의 횟수에 포함하지 않는다.
④ 300세대 이상인 공동주택의 관리주체는 관리규약으로 정하는 범위·방법 및 절차 등에 따라 회의록을 입주자등에게 공개하여야 하며, 300세대 미만인 공동주택의 관리주체는 관리규약으로 정하는 바에 따라 회의록을 공개할 수 있다.
⑤ 입주자대표회의의 의결사항은 관리규약, 관리비, 시설의 운영에 관한 사항 등으로 하며, 그 구체적인 내용은 조례로 정한다.

대표예제 08 　입주자대표회의 의결사항 등 ★★★

공동주택관리법령상 입주자대표회의에 관한 설명으로 옳은 것은?

① 동별 대표자로서 임기 중에 관리비 등을 최근 6개월 이상 연속하여 체납한 사람에 해당하여 퇴임한 사람으로서 그 남은 임기(남은 임기가 1년을 초과하는 경우에는 1년을 말한다) 중에 있는 사람은 동별 대표자가 될 수 없다.
② 사용자인 동별 대표자는 회장이 될 수 없다. 다만, 입주자인 동별 대표자 중에서 선출된 사람이 없는 경우로서 선출 전에 전체 입주자등 과반수의 서면동의를 얻은 경우에는 그러하지 아니하다.
③ 회장은 후보자가 1명인 경우에 전체 입주자등의 10분의 1 이상이 투표하고 투표자 과반수의 찬성으로 선출한다. 다만, 규정에 따라 선출된 자가 없는 경우 재선거를 실시할 수 있다.
④ 2회의 선출공고(직전 선출공고일부터 2개월 이내에 공고하는 경우만 2회로 계산한다)에도 불구하고 동별 대표자의 후보자가 없거나 선출된 사람이 없는 선거구에서 직전 선출공고일부터 2개월 이내에 선출공고를 하는 경우에는 동별 대표자를 중임한 사람도 전체 입주자등 과반수의 찬성으로 다시 동별 대표자로 선출될 수 있다.
⑤ 장기수선계획의 수립 또는 조정에 관한 사항의 의결은 입주자대표회의 구성원 중 사용자인 동별 대표자가 과반수인 경우에는 전체 입주자등 과반수의 서면동의를 받아 그 동의 내용대로 의결한다.

정답 및 해설

06 ⑤ 공동주택 소유자 또는 공동주택을 임차하여 사용하는 사람의 결격사유는 그를 대리하는 자에게 미치며, 공유(共有)인 공동주택 소유자의 결격사유를 판단할 때에는 지분의 과반을 소유한 자의 결격사유를 기준으로 한다.

07 ④ ① 입주자대표회의는 4명 이상으로 구성하되, 동별 세대수에 비례하여 관리규약으로 정한 선거구에 따라 선출된 대표자(이하 '동별 대표자'라 한다)로 구성한다.
② 입주자대표회의에는 대통령령으로 정하는 바에 따라 회장, 감사 및 이사를 임원으로 둔다.
③ 동별 대표자는 한 번만 중임할 수 있다. 이 경우 보궐선거 또는 재선거로 선출된 동별 대표자의 임기가 6개월 미만인 경우에는 임기의 횟수에 포함하지 않는다.
⑤ 입주자대표회의의 의결사항은 관리규약, 관리비, 시설의 운영에 관한 사항 등으로 하며, 그 구체적인 내용은 대통령령으로 정한다.

오답체크
① 동별 대표자로서 임기 중에 관리비 등을 최근 <u>3개월 이상</u> 연속하여 체납한 사람에 해당하여 퇴임한 사람으로서 그 남은 임기(남은 임기가 1년을 초과하는 경우에는 1년을 말한다) 중에 있는 사람은 동별 대표자가 될 수 없다.
③ 회장은 후보자가 1명인 경우에 전체 입주자등의 10분의 1 이상이 투표하고 투표자 과반수의 찬성으로 선출한다. 다만, 규정에 따라 선출된 자가 없는 경우 <u>입주자대표회의 구성원 과반수의 찬성으로 선출한다.</u>
④ 2회의 선출공고(직전 선출공고일부터 2개월 이내에 공고하는 경우만 2회로 계산한다)에도 불구하고 동별 대표자의 후보자가 없거나 선출된 사람이 없는 선거구에서 직전 선출공고일부터 2개월 이내에 선출공고를 하는 경우에는 동별 대표자를 중임한 사람도 <u>해당 선거구 입주자등 과반수의 찬성으로</u> 다시 동별 대표자로 선출될 수 있다.
⑤ 장기수선계획의 수립 또는 조정에 관한 사항의 의결은 입주자대표회의 구성원 중 사용자인 동별 대표자가 과반수인 경우에는 <u>전체 입주자 과반수의</u> 서면동의를 받아 그 동의 내용대로 의결한다.

기본서 p.78~79　　　　　　　　　　　　　　　　　　　　　정답 ②

[고난도]

08 공동주택관리법령상 입주자대표회의 구성원 중 사용자인 동별 대표자가 과반수인 경우에 입주자대표회의 의결사항에서 제외되는 사항으로 옳은 것을 모두 고른 것은?

　㉠ 공동주택 공용부분의 담보책임 종료 확인
　㉡ 단지 안의 전기·도로·상하수도·주차장·가스설비·냉난방설비 및 승강기 등의 유지·운영 기준
　㉢ 장기수선계획에 따른 공동주택 공용부분의 보수·교체 및 개량
　㉣ 장기수선계획의 수립 또는 조정에 관한 사항(비용지출을 수반하는 경우로 한정한다)
　㉤ 공동체 생활의 활성화 및 질서유지에 관한 사항

① ㉠　　　　　　　　　　　　② ㉠, ㉢
③ ㉡, ㉣　　　　　　　　　　④ ㉠, ㉡, ㉢
⑤ ㉢, ㉣, ㉤

09 공동주택관리법령상 입주자대표회의 구성원 중 사용자인 동별 대표자가 과반수인 경우에 전체 입주자 과반수의 서면동의를 받아 그 동의 내용대로 의결하는 사항으로 옳은 것을 모두 고른 것은?

> ㉠ 공동주택 공용부분의 담보책임 종료 확인
> ㉡ 공용시설물 이용료 부과기준의 결정
> ㉢ 장기수선계획에 따른 공동주택 공용부분의 보수·교체 및 개량
> ㉣ 장기수선계획의 수립 또는 조정에 관한 사항(비용지출을 수반하는 경우로 한정한다)
> ㉤ 공동체 생활의 활성화 및 질서유지에 관한 사항

① ㉠
② ㉣
③ ㉠, ㉢
④ ㉠, ㉡, ㉢
⑤ ㉢, ㉣, ㉤

정답 및 해설

08 ① 공동주택 공용부분의 담보책임 종료 확인은 입주자대표회의 구성원 중 사용자인 동별 대표자가 과반수인 경우에 의결사항에서 제외된다.

09 ② 장기수선계획의 수립 또는 조정에 관한 사항은 입주자대표회의 구성원 중 사용자인 동별 대표자가 과반수인 경우에 전체 입주자 과반수의 서면동의를 받아 그 동의 내용대로 의결한다.

10 공동주택관리법 시행규칙에서 정하는 입주자대표회의 임원의 업무범위 등에 관한 설명으로 옳지 않은 것은?

① 입주자대표회의의 회장은 입주자대표회의를 대표하고, 그 회의의 의장이 된다.
② 이사는 회장을 보좌하고, 회장이 사퇴 또는 해임으로 궐위된 경우 및 사고나 그 밖에 부득이한 사유로 그 직무를 수행할 수 없을 때에는 관리규약에서 정하는 바에 따라 그 직무를 대행한다.
③ 감사는 입주자대표회의에서 의결한 안건이 관계 법령 및 관리규약에 위반된다고 판단되는 경우에는 입주자대표회의에 재심의를 요청할 수 있다.
④ 감사는 관리비·사용료 및 장기수선충당금 등의 부과·징수·지출·보관 등 회계 관계 업무와 관리업무 전반에 대하여 관리주체의 업무를 감사한다.
⑤ 감사는 ④에 따른 감사를 한 경우에는 감사보고서를 작성하여 입주자대표회의와 관리주체에게 제출하고 인터넷 홈페이지(인터넷 홈페이지가 없는 경우에는 인터넷 포털을 통해 관리주체가 운영·통제하는 유사한 기능의 웹사이트 또는 관리사무소의 게시판을 말한다) 또는 동별 게시판(통로별 게시판이 설치된 경우에는 이를 포함한다)에 공개해야 한다.

11 공동주택관리법령상 동별 대표자 등의 선거관리에 대한 설명으로 옳지 않은 것은?

① 선거관리위원회 위원을 사퇴하거나 그 지위에서 해임 또는 해촉된 사람은 선거관리위원회 위원이 될 수 없으며 그 자격을 상실한다.
② 선거관리위원회는 선거관리를 위하여 선거관리위원회법 해당 소재지를 관할하는 구·시·군 선거관리위원회에 투표 및 개표 관리 등 선거지원을 요청할 수 있다.
③ 300세대인 공동주택의 선거관리위원회 구성원수는 3명 이상 9명 이하이다.
④ 선거관리위원회는 그 구성원(관리규약으로 정한 정원을 말한다) 과반수의 찬성으로 그 의사를 결정한다. 이 경우 이 영 및 관리규약으로 정하지 아니한 사항은 선거관리위원회 규정으로 정할 수 있다.
⑤ 선거관리위원회의 구성·운영·업무(동별 대표자 결격사유의 확인을 포함한다)·경비, 위원의 선임·해임 및 임기 등에 관한 사항은 관리규약으로 정한다.

12 공동주택관리법령상 관리규약준칙에 포함되는 사항으로 옳지 않은 것은?

① 위·수탁관리계약에 관한 사항
② 주민공동시설의 위탁에 따른 방법 또는 절차에 관한 사항
③ 공동주택의 관리책임 및 비용부담
④ 장기수선충당금의 금액 및 사용범위
⑤ 관리비예치금의 관리 및 운용방법

13 공동주택관리법령상 관리규약 및 관리규약준칙에 관한 설명으로 옳지 않은 것은?

① 특별시장·광역시장·특별자치시장·도지사 또는 특별자치도지사는 공동주택의 관리 또는 사용에 관하여 준거가 되는 관리규약의 준칙을 정하여야 한다.
② 공동주택의 층간소음 및 간접흡연에 관한 사항은 관리규약준칙에 포함되어야 한다.
③ 입주자등은 ①에 따른 관리규약의 준칙을 참조하여 관리규약을 정한다.
④ 관리규약은 입주자등의 지위를 승계한 사람에 대하여도 그 효력이 있다.
⑤ 의무관리대상 전환 공동주택의 관리규약은 의무관리대상 전환 공동주택의 관리인이 결정한다.

> **정답 및 해설**

10 ⑤ 감사는 ④에 따른 감사를 한 경우에는 감사보고서를 작성하여 입주자대표회의와 관리주체에게 제출하고 <u>인터넷 홈페이지</u>(인터넷 홈페이지가 없는 경우에는 인터넷 포털을 통해 관리주체가 운영·통제하는 유사한 기능의 웹사이트 또는 관리사무소의 게시판을 말한다) 및 <u>동별 게시판</u>(통로별 게시판이 설치된 경우에는 이를 포함한다)에 공개해야 한다.

11 ① 선거관리위원회 위원을 사퇴하거나 그 지위에서 <u>해임 또는 해촉된 사람으로서 그 남은 임기 중에 있는 사람</u>은 선거관리위원회 위원이 될 수 없으며 그 자격을 상실한다.

12 ④ <u>장기수선충당금의 요율 및 사용절차</u>가 공동주택관리법령상 관리규약준칙에 포함하여야 하는 사항이다.

13 ⑤ 의무관리대상 전환 공동주택의 관리규약 제정안은 의무관리대상 전환 공동주택의 <u>관리인이 제안하고</u>, 그 내용을 <u>전체 입주자등 과반수의 서면동의로 결정</u>한다.

14 공동주택관리법령상 층간소음의 방지 등에 관한 설명으로 옳지 않은 것은?

① 공동주택의 입주자등(임대주택의 임차인을 포함한다)은 공동주택에서 뛰거나 걷는 동작에서 발생하는 소음이나 음향기기를 사용하는 등의 활동에서 발생하는 소음 등 층간소음[벽간소음 등 인접한 세대간의 소음(대각선에 위치한 세대간의 소음을 포함한다)을 포함한다]으로 인하여 다른 입주자등에게 피해를 주지 아니하도록 노력하여야 한다.

② ①에 따른 층간소음으로 피해를 입은 입주자등은 관리주체에게 층간소음 발생사실을 알리고, 관리주체가 층간소음 피해를 끼친 해당 입주자등에게 층간소음 발생을 중단하거나 소음차단 조치를 권고하도록 요청할 수 있다.

③ ②의 경우 관리주체는 사실관계 확인을 위하여 세대 내 확인 등 필요한 조사를 할 수 있다.

④ 환경부장관은 층간소음의 피해예방 및 분쟁해결을 지원하기 위하여 층간소음의 측정 지원 등의 업무를 수행하는 기관 또는 단체를 지정하여 고시할 수 있다.

⑤ 층간소음관리위원회의 구성원은 ④에 따라 고시하는 기관 또는 단체에서 실시하는 교육을 성실히 이수하여야 한다. 이 경우 교육의 시기·방법 및 비용부담 등에 필요한 사항은 대통령령으로 정한다.

정답 및 해설

14 ④ 국토교통부장관은 층간소음의 피해예방 및 분쟁해결을 지원하기 위하여 층간소음의 측정 지원 등의 업무를 수행하는 기관 또는 단체를 지정하여 고시할 수 있다.

제4장 주관식 기입형 문제

01 공동주택관리법령상 동별 대표자의 자격요건에 관한 내용이다. (   ) 안에 들어갈 용어와 아라비아 숫자를 쓰시오.

> 1. 해당 공동주택(㉠) 안에서 주민등록을 마친 후 계속하여 (㉡)개월 이상 거주하고 있을 것(최초의 입주자대표회의를 구성하거나 입주자대표회의를 구성하기 위하여 동별 대표자를 선출하는 경우는 제외한다)
> 2. 해당 (㉢)에 주민등록을 마친 후 거주하고 있을 것

02 공동주택관리법령상 동별 대표자 결격사유에 관한 설명이다. (   ) 안에 들어갈 용어와 아라비아 숫자를 쓰시오.

> 1. 미성년자, 피성년후견인 또는 (㉠)
> 2. 해당 공동주택의 동별 대표자를 사퇴한 날부터 1년(해당 동별 대표자에 대한 해임이 요구된 후 사퇴한 경우에는 2년을 말한다)이 지나지 아니하거나 해임된 날부터 (㉡)년이 지나지 아니한 사람

정답 및 해설

01 ㉠ 단지, ㉡ 3, ㉢ 선거구
02 ㉠ 피한정후견인, ㉡ 2

03 공동주택관리법에서 정하는 입주자대표회의의 회의록 작성과 보관에 관련된 내용이다. ( ) 안에 들어갈 용어를 쓰시오.

> 입주자대표회의는 그 회의를 개최한 때에는 회의록을 작성하여 (㉠)에게 보관하게 하여야 한다. 이 경우 입주자대표회의는 (㉡)(으)로 정하는 바에 따라 입주자등에게 회의를 실시간 또는 녹화·녹음 등의 방식으로 중계하거나 방청하게 할 수 있다.

04 공동주택관리법령상 선거관리위원회 구성원수에 관한 내용이다. ( ) 안에 들어갈 아라비아 숫자를 쓰시오.

> 선거관리위원회는 입주자등(서면으로 위임된 대리권이 없는 공동주택 소유자의 배우자 및 직계존비속이 그 소유자를 대리하는 경우를 포함한다) 중에서 위원장을 포함하여 다음 각 호의 구분에 따른 위원으로 구성한다.
> 1. 500세대 이상인 공동주택: (㉠)명 이상 (㉡)명 이하
> 2. 〈생략〉

05 공동주택관리법 시행령에서 선거관리위원회 구성원수 등에 관한 규정의 일부이다. ( ) 안에 들어갈 아라비아 숫자를 쓰시오.

> 제15조【선거관리위원회 구성원수 등】① 법 제15조 제1항에 따른 선거관리위원회(이하 '선거관리위원회'라 한다)는 입주자등(서면으로 위임된 대리권이 없는 공동주택 소유자의 배우자 및 직계존비속이 그 소유자를 대리하는 경우를 포함한다) 중에서 위원장을 포함하여 다음 각 호의 구분에 따른 위원으로 구성한다.
> 1. 500세대 이상인 공동주택: 5명 이상 9명 이하
> 2. 500세대 미만인 공동주택: (㉠)명 이상 (㉡)명 이하
> ② 〈생략〉
> ③ 제1항에도 불구하고 (㉢)세대 이상인 공동주택은 선거관리위원회법 제2조에 따른 선거관리위원회 소속 직원 1명을 관리규약으로 정하는 바에 따라 위원으로 위촉할 수 있다.

06 공동주택관리법 시행령에서 정하는 선거관리위원회 위원의 결격사유 등에 관한 내용이다. ( ) 안에 들어갈 용어를 쓰시오.

> 제16조【선거관리위원회 위원의 결격사유 등】법 제15조 제2항 제3호에서 '대통령령으로 정하는 사람'이란 다음 각 호의 어느 하나에 해당하는 사람을 말한다.
> 1. 미성년자, (㉠) 또는 피한정후견인
> 2. 동별 대표자를 사퇴하거나 그 지위에서 해임된 사람 또는 법 제14조 제5항에 따라 (㉡)한 사람으로서 그 남은 임기 중에 있는 사람
> 3. 선거관리위원회 위원을 사퇴하거나 그 지위에서 (㉢) 또는 해촉된 사람으로서 그 남은 임기 중에 있는 사람

07 공동주택관리법령상 관리규약의 제정신고에 관한 내용이다. ( ) 안에 들어갈 용어와 아라비아 숫자를 쓰시오.

> 의무관리대상 전환 공동주택의 (㉠)이 관리규약의 제정 신고를 하지 아니하는 경우에는 입주자등의 (㉡)분의 (㉢) 이상이 연서하여 신고할 수 있다.

정답 및 해설

03 ㉠ 관리주체, ㉡ 관리규약
04 ㉠ 5, ㉡ 9
05 ㉠ 3, ㉡ 9, ㉢ 500
06 ㉠ 피성년후견인, ㉡ 퇴임, ㉢ 해임
07 ㉠ 관리인, ㉡ 10, ㉢ 1

08 공동주택관리법 시행령에서 정하는 층간소음관리위원회 구성원의 교육에 관한 내용이다. ( ) 안에 들어갈 용어를 쓰시오.

> 제21조의3 【층간소음관리위원회 구성원의 교육】
> ①~④ 〈생략〉
> ⑤ 층간소음관리위원회의 구성원에 대한 층간소음 예방 등 교육의 수강비용은 (   )에서 부담한다.

09 공동주택관리법령상 관리비 등에 관한 내용이다. ( ) 안에 들어갈 용어를 쓰시오.

> 제23조 【관리비 등】 ① 법 제23조에 따른 관리비는 다음 각 호의 비목의 월별 금액의 합계액으로 하며, 비목별 세부명세는 [별표 2]와 같다.
> 1. 일반관리비
> 2. 청소비
> 3. (㉠)
> 4. 소독비
> 5. 승강기유지비
> 6. 지능형 홈네트워크설비 유지비
> 7. 난방비(주택건설기준 등에 관한 규정 제37조에 따라 난방열량을 계량하는 계량기 등이 설치된 공동주택의 경우에는 그 계량에 따라 산정한 난방비를 말한다)
> 8. (㉡)
> 9. 수선유지비(냉방·난방시설의 청소비를 포함한다)
> 10. 위탁관리수수료
> ② 관리주체는 다음 각 호의 비용에 대해서는 제1항에 따른 관리비와 구분하여 징수하여야 한다.
> 1. (㉢)
> 2. 제40조 제2항 단서에 따른 안전진단 실시비용

정답 및 해설

08 잡수입

09 ㉠ 경비비, ㉡ 급탕비, ㉢ 장기수선충당금

제5장 관리비 및 회계운영

대표예제 09 / 관리비 ★★★

공동주택관리법령상 관리비 등의 납부 및 공개 등에 관한 설명으로 옳은 것은?

① 의무관리대상 공동주택의 입주자등은 그 공동주택의 유지관리를 위하여 필요한 관리비와 장기수선충당금을 관리주체에게 납부하여야 한다.
② ①에 따른 관리주체는 입주자등이 납부하는 대통령령으로 정하는 사용료 등을 입주자등을 대행하여 그 사용료 등을 받을 자에게 납부하여야 한다.
③ 국토교통부장관은 공동주택관리정보시스템에 공개된 관리비 등의 적정성을 확인하기 위하여 필요한 경우 관리비 등의 내역에 대한 점검을 대통령령으로 정하는 기관 또는 법인으로 하여금 수행하게 할 수 있다.
④ 국토교통부장관은 ③에 따른 점검 결과에 따라 관리비 등의 내역이 부적정하다고 판단되는 경우 공동주택의 입주자대표회의 및 관리주체에게 개선을 권고할 수 있다.
⑤ ③에 따른 점검의 내용·방법·절차 및 ④에 따른 개선 권고 등에 필요한 사항은 국토교통부장관이 정하여 고시한다.

오답체크
① 의무관리대상 공동주택의 입주자등은 그 공동주택의 유지관리를 위하여 필요한 <u>관리비</u>를 관리주체에게 납부하여야 한다.
② ①에 따른 관리주체는 입주자등이 납부하는 대통령령으로 정하는 사용료 등을 입주자등을 대행하여 그 사용료 등을 받을 자에게 <u>납부할 수 있다</u>.
③ <u>지방자치단체의 장</u>은 공동주택관리정보시스템에 공개된 관리비 등의 적정성을 확인하기 위하여 필요한 경우 관리비 등의 내역에 대한 점검을 대통령령으로 정하는 기관 또는 법인으로 하여금 수행하게 할 수 있다.
④ <u>지방자치단체의 장</u>은 ③에 따른 점검 결과에 따라 관리비 등의 내역이 부적정하다고 판단되는 경우 공동주택의 입주자대표회의 및 관리주체에게 개선을 권고할 수 있다.

> **보충 | 관리비 점검의 내용 등**
> 1. 지방자치단체의 장은 관리비 등의 내역을 점검할 때 다음의 사항을 점검해야 한다.
>   - 관리비의 공개 및 관리비 변동률에 관한 사항
>   - 장기수선충당금의 적립·사용에 관한 사항
>   - 관리비 등의 집행을 위한 사업자 선정에 관한 사항
>   - 회계감사에 관한 사항
>   - 그 밖에 지방자치단체의 장이 점검이 필요하다고 인정하는 사항
> 2. 지방자치단체의 장은 관리비 등의 내역을 점검하기 위해 필요한 경우에는 공동주택관리정보시스템의 정보를 활용할 수 있다.
>
> 기본서 p.115   정답 ⑤

01 공동주택관리법령상 관리비 등에 관한 설명으로 옳지 않은 것은?

① 관리주체는 입주자등이 납부하는 방송법에 따른 텔레비전방송수신료를 입주자등을 대행하여 그 사용료 등을 받을 자에게 납부할 수 없다.

② 관리주체는 주민공동시설, 인양기 등 공용시설물의 이용료를 해당 시설의 이용자에게 따로 부과할 수 있다. 이 경우 주민공동시설의 운영을 위탁한 경우의 주민공동시설 이용료는 주민공동시설의 위탁에 따른 수수료 및 주민공동시설 관리비용 등의 범위에서 정하여 부과·징수하여야 한다.

③ 관리주체는 관리비 등을 금융기관 중 입주자대표회의가 지정하는 금융기관에 예치하여 관리하되, 장기수선충당금은 별도의 계좌로 예치·관리하여야 한다. 이 경우 계좌는 관리사무소장의 직인 외에 입주자대표회의의 회장 인감을 복수로 등록할 수 있다.

④ 관리주체는 보수가 필요한 시설[누수(漏水)되는 시설을 포함한다]이 2세대 이상의 공동사용에 제공되는 것인 경우에는 직접 보수하고 해당 입주자등에게 그 비용을 따로 부과할 수 있다.

⑤ 관리주체는 관리비 등을 통합하여 부과하는 때에는 그 수입 및 집행세부내용을 쉽게 알 수 있도록 정리하여 입주자등에게 알려주어야 한다.

02 공동주택관리법령상 관리비 중 수선유지비로 분류되는 것으로 옳지 않은 것은 모두 몇 개인가?

> ㉠ 장기수선계획에서 제외되는 공동주택의 전유부분의 수선·보수에 소요되는 비용으로 보수용역시에는 용역금액, 직영시에는 자재 및 인건비
> ㉡ 냉난방시설의 청소비, 화재감지기 등 공동으로 이용하는 시설의 보수유지비 및 제반 검사비
> ㉢ 내력구조부 위해로 인한 건축물의 안전진단 실시비용
> ㉣ 재난 및 재해 등의 예방에 따른 비용
> ㉤ 지능형 홈네트워크설비 관련 인건비, 자재비 등 지능형 홈네트워크설비의 유지 및 관리에 직접 소요되는 비용

① 없음
② 1개
③ 2개
④ 3개
⑤ 4개

정답 및 해설

01 ① 관리주체는 입주자등이 납부하는 방송법에 따른 텔레비전방송수신료를 입주자등을 대행하여 그 사용료 등을 받을 자에게 납부할 수 있다.

02 ⑤ ㉠ 장기수선계획에서 제외되는 공동주택의 <u>공용부분</u>의 수선·보수에 소요되는 비용으로 보수용역시에는 용역금액, 직영시에는 자재 및 인건비
㉡ 냉난방시설의 청소비, <u>소화기충약비</u> 등 공동으로 이용하는 시설의 보수유지비 및 제반 검사비
㉢ 건축물의 <u>안전점검비용</u>
㉤ 지능형 홈네트워크설비 관련 인건비, 자재비 등 지능형 홈네트워크설비의 유지 및 관리에 직접 소요되는 비용: <u>지능형 홈네트워크설비 유지비</u>

03 공동주택관리법령상 의무관리대상 공동주택의 입주자대표회의가 관리비 등의 집행을 위한 사업자를 선정하고 관리주체가 집행하는 사항에 해당하지 않는 것을 모두 고른 것은?

> ㉠ 장기수선충당금을 사용하는 공사
> ㉡ 하자보수보증금을 사용하여 보수하는 공사
> ㉢ 승강기유지, 지능형 홈네트워크를 위한 용역 및 공사
> ㉣ 주민공동시설의 위탁, 물품의 구입과 매각
> ㉤ 전기안전관리(전기안전관리법에 따라 전기설비의 안전관리에 관한 업무를 위탁 또는 대행하게 하는 경우를 말한다)를 위한 용역

① ㉠, ㉡
② ㉠, ㉤
③ ㉡, ㉢
④ ㉠, ㉡, ㉢
⑤ ㉡, ㉢, ㉣

04 공동주택관리법령상 관리비 항목 중 일반관리비의 구성명세에 관한 설명으로 옳지 않은 것은?

① 인건비: 급여, 제수당, 상여금, 퇴직금, 산재보험료, 고용보험료, 국민연금, 국민건강보험료 및 식대 등 복리후생비
② 제사무비: 일반사무용품비, 도서인쇄비, 교통통신비 등 관리사무에 직접 소요되는 비용
③ 제세공과금: 공동으로 사용하는 시설의 전기료, 통신료, 우편료 및 관리기구에 부과되는 세금 등
④ 차량유지비: 연료비, 수리비, 보험료 등 차량유지에 직접 소요되는 비용
⑤ 그 밖의 부대비용: 관리용품구입비, 회계감사비 그 밖에 관리업무에 소요되는 비용

대표예제 10 회계감사 ★★

공동주택관리법령상 회계감사에 관한 설명으로 옳지 않은 것은?

① 300세대 이상인 공동주택은 해당 연도에 회계감사를 받지 아니하기로 입주자등의 3분의 2 이상의 서면동의를 받은 경우 그 연도에는 감사인의 회계감사를 받지 아니할 수 있다.
② 의무관리대상 공동주택으로서 300세대 미만인 공동주택은 해당 연도에 회계감사를 받지 아니하기로 입주자등의 과반수의 서면동의를 받은 경우 그 연도에는 감사인의 회계감사를 받지 아니할 수 있다.
③ 관리주체는 회계감사를 받은 경우에는 감사보고서 등 회계감사의 결과를 제출받은 날부터 1개월 이내에 입주자대표회의에 보고하고 해당 공동주택단지의 인터넷 홈페이지 및 동별 게시판과 공동주택관리정보시스템에 공개하여야 한다.
④ 회계감사의 감사인은 입주자대표회의가 선정한다. 이 경우 입주자대표회의는 시장·군수·구청장 또는 공인회계사법에 따른 한국공인회계사회에 감사인의 추천을 의뢰할 수 있으며, 입주자등의 10분의 1 이상이 연서하여 감사인의 추천을 요구하는 경우 입주자대표회의는 감사인의 추천을 의뢰한 후 추천을 받은 자 중에서 감사인을 선정하여야 한다.
⑤ 관리주체는 ① 및 ②에 따라 서면동의를 받으려는 경우에는 회계감사를 받지 아니할 사유를 입주자등이 명확히 알 수 있도록 동의서에 기재하여야 하며, 관리규약으로 정하는 바에 따라 보관하여야 한다.

해설 | 관리주체는 회계감사를 받은 경우에는 감사보고서 등 회계감사의 결과를 제출받은 날부터 1개월 이내에 입주자대표회의에 보고하고 해당 공동주택단지의 <u>인터넷 홈페이지 및 동별 게시판에 공개하여야 하며, 공동주택관리정보시스템에는 감사인이 공개하여야 한다.</u>

정답 및 해설

03 ⑤ ⓒ 하자보수보증금을 사용하여 보수하는 공사: <u>입주자대표회의가</u> 관리비 등의 집행을 위한 사업자를 선정하고 집행하는 사항
ⓒ 승강기유지, 지능형 홈네트워크를 위한 용역 및 공사: <u>관리주체가</u> 관리비 등의 집행을 위한 사업자를 선정하고 집행하는 사항
ⓔ 주민공동시설의 위탁, 물품의 구입과 매각: <u>관리주체가</u> 관리비 등의 집행을 위한 사업자를 선정하고 집행하는 사항

04 ③ 제세공과금: <u>관리기구가 사용한</u> 전기료, 통신료, 우편료 및 관리기구에 부과되는 세금 등

> **보충 | 회계감사**
> 의무관리대상 공동주택의 관리주체는 대통령령으로 정하는 바에 따라 주식회사 등의 외부감사에 관한 법률에 따른 감사인의 회계감사를 매년 1회 이상 받아야 한다. 다만, 다음의 구분에 따른 연도에는 그러하지 아니하다.
> 1. 300세대 이상인 공동주택: 해당 연도에 회계감사를 받지 아니하기로 입주자등의 3분의 2 이상의 서면동의를 받은 경우 그 연도
> 2. 300세대 미만인 공동주택: 해당 연도에 회계감사를 받지 아니하기로 입주자등의 과반수의 서면동의를 받은 경우 그 연도
>
> 기본서 p.119   정답 ③

05 공동주택관리법령상 회계감사에 관한 설명으로 옳지 않은 것은?

① 의무관리대상 공동주택의 관리주체는 대통령령으로 정하는 바에 따라 주식회사 등의 외부감사에 관한 법률에 따른 감사인의 회계감사를 매년 1회 이상 받아야 하는 것이 원칙이다.
② 관리주체는 회계감사를 받은 경우에는 감사보고서 등 회계감사의 결과를 제출받은 날부터 1개월 이내에 입주자대표회의에 보고하고 해당 공동주택단지의 인터넷 홈페이지 및 동별 게시판에 공개하여야 한다.
③ 회계감사의 감사인은 입주자대표회의가 선정한다. 이 경우 입주자대표회의는 시장·군수·구청장 또는 공인회계사법에 따른 한국공인회계사회에 감사인의 추천을 의뢰할 수 있으며, 입주자등의 10분의 1 이상이 연서하여 감사인의 추천을 요구하는 경우 입주자대표회의는 감사인의 추천을 의뢰한 후 추천을 받은 자 중에서 감사인을 선정할 수 있다.
④ 회계감사의 감사인은 회계감사 완료일부터 1개월 이내에 회계감사 결과를 해당 공동주택을 관할하는 시장·군수·구청장에게 제출하고 공동주택관리정보시스템에 공개하여야 한다.
⑤ 300세대인 관리주체는 해당 연도에 회계감사를 받지 아니하기로 입주자등의 과반수의 서면동의를 받은 경우에 그 동의서를 관리규약으로 정하는 바에 따라 보관하여야 한다.

정답 및 해설

05 ③ 회계감사의 감사인은 입주자대표회의가 선정한다. 이 경우 입주자대표회의는 시장·군수·구청장 또는 공인회계사법에 따른 한국공인회계사회에 감사인의 추천을 의뢰할 수 있으며, 입주자등의 10분의 1 이상이 연서하여 감사인의 추천을 요구하는 경우 입주자대표회의는 감사인의 추천을 의뢰한 후 추천을 받은 자 중에서 감사인을 <u>선정하여야 한다</u>.

제5장 주관식 기입형 문제

01 공동주택관리법 시행령에서 정하는 관리비의 비목별 세부명세(별표 2)상 수선유지비에 관한 내용이다. ( ) 안에 들어갈 용어를 쓰시오.

> 수선유지비
> 가. 법 제29조 제1항에 따른 (㉠)에서 제외되는 공동주택의 (㉡)의 수선·보수에 소요되는 비용으로 보수용역시에는 용역금액, 직영시에는 자재 및 인건비
> 나. 냉난방시설의 청소비, 소화기충약비 등 공동으로 이용하는 시설의 보수유지비 및 제반 검사비
> 다. 건축물의 (㉢)비용
> 라. 재난 및 재해 등의 예방에 따른 비용

02 공동주택관리법령상 관리비 이외의 비용 등과 관련된 내용이다. 법령에서 명시하고 있는 ( ) 안에 들어갈 용어를 쓰시오.

> 관리주체는 다음 각 호의 비용에 대해서는 (㉠)와 구분하여 징수하여야 한다.
> 1. 장기수선충당금
> 2. 제40조 제2항 단서에 따른 (㉡) 실시비용

정답 및 해설

01 ㉠ 장기수선계획, ㉡ 공용부분, ㉢ 안전점검
02 ㉠ 관리비, ㉡ 안전진단

03 공동주택관리법령상 관리비 등에 관한 내용이다. ( ) 안에 들어갈 용어를 쓰시오.

제23조【관리비 등】① 법 제23조에 따른 관리비는 다음 각 호의 비목의 월별 금액의 합계액으로 하며, 비목별 세부명세는 [별표 2]와 같다.
1. 일반관리비
2. 청소비
3. 경비비
4. 소독비
5. 승강기유지비
6. (㉠) 유지비
7. 난방비(주택건설기준 등에 관한 규정 제37조에 따라 난방열량을 계량하는 계량기 등이 설치된 공동주택의 경우에는 그 계량에 따라 산정한 난방비를 말한다)
8. 급탕비
9. 수선유지비(냉방·난방시설의 청소비를 포함한다)
10. (㉡)수수료

04 공동주택관리법령상 계약서의 공개에 관한 내용이다. ( ) 안에 들어갈 용어와 아라비아 숫자를 쓰시오.

제28조【계약서의 공개】의무관리대상 공동주택의 관리주체 또는 입주자대표회의는 제7조 제1항 또는 제25조에 따라 선정한 (㉠) 또는 공사, 용역 등을 수행하는 사업자와 계약을 체결하는 경우 계약 체결일부터 (㉡)개월 이내에 그 계약서를 해당 공동주택단지의 인터넷 홈페이지 및 (㉢)에 공개하여야 한다. 이 경우 제27조 제3항 제1호의 정보는 제외하고 공개하여야 한다.

05 공동주택관리법령상 회계서류 등의 작성 · 보관에 관한 내용이다. (   ) 안에 들어갈 용어와 아라비아 숫자를 쓰시오.

> 의무관리대상 공동주택의 관리주체는 다음의 구분에 따른 기간 동안 해당 장부 및 증빙서류를 보관하여야 한다. 이 경우 관리주체는 전자문서 및 전자거래 기본법에 따른 정보처리시스템을 통하여 장부 및 증빙서류를 작성하거나 보관할 수 있다.
> 1. 관리비 등의 징수 · 보관 · 예치 · 집행 등 모든 거래행위에 관하여 (㉠)별로 작성한 장부 및 그 증빙서류: 해당 회계연도 종료일부터 5년간
> 2. 주택관리업자 및 사업자 선정 관련 증빙서류: 해당 계약 체결일부터 (㉡)년간

06 공동주택관리법령상 관리비 등의 집행을 위한 사업자 선정에 관한 내용이다. (   ) 안에 들어갈 용어를 쓰시오.

> 제25조【관리비 등의 집행을 위한 사업자 선정】① 법 제25조에 따라 관리주체 또는 입주자대표회의는 다음 각 호의 구분에 따라 사업자를 선정(계약의 체결을 포함한다. 이하 이 조에서 같다)하고 집행해야 한다.
> 1. 〈생략〉
> 2. 입주자대표회의가 사업자를 선정하고 집행하는 다음 각 목의 사항
>   가. 법 제38조 제1항에 따른 (㉠)을 사용하여 보수하는 공사
>   나. 사업주체로부터 지급받은 공동주택 공용부분의 (㉡)을 사용하여 보수하는 공사
> 3. 입주자대표회의가 사업자를 선정하고 관리주체가 집행하는 다음 각 목의 사항
>   가. (㉢)을 사용하는 공사
>   나. 전기안전관리(전기안전관리법 제22조 제2항 및 제3항에 따라 전기설비의 안전관리에 관한 업무를 위탁 또는 대행하게 하는 경우를 말한다)를 위한 용역

정답 및 해설

03 ㉠ 지능형 홈네트워크설비, ㉡ 위탁관리
04 ㉠ 주택관리업자, ㉡ 1, ㉢ 동별 게시판
05 ㉠ 월, ㉡ 5
06 ㉠ 하자보수보증금, ㉡ 하자보수비용, ㉢ 장기수선충당금

07 공동주택관리법령상 회계감사에 관한 설명이다. ( ) 안에 들어갈 아라비아 숫자와 용어를 쓰시오.

> 제26조【회계감사】① 의무관리대상 공동주택의 관리주체는 대통령령으로 정하는 바에 따라 주식회사 등의 외부감사에 관한 법률 제2조 제7호에 따른 감사인의 회계감사를 매년 1회 이상 받아야 한다. 다만, 다음 각 호의 구분에 따른 연도에는 그러하지 아니하다.
> 1. (㉠)세대 이상인 공동주택: 해당 연도에 회계감사를 받지 아니하기로 입주자등의 3분의 (㉡) 이상의 서면동의를 받은 경우 그 연도
> 2. (㉠)세대 미만인 공동주택: 해당 연도에 회계감사를 받지 아니하기로 (㉢)의 과반수의 서면동의를 받은 경우 그 연도

08 공동주택관리법령상 관리주체의 회계감사 등에 관한 내용이다. ( ) 안에 들어갈 아라비아 숫자와 용어를 쓰시오.

> 의무관리대상 공동주택에서 회계감사를 받아야 하는 공동주택의 관리주체는 매 회계연도 종료 후 (㉠)개월 이내에 다음의 (㉡)에 대하여 회계감사를 받아야 한다.
> 1. 재무상태표
> 2. (㉢)
> 3. 이익잉여금처분계산서(또는 결손금처리계산서)
> 4. 주석(註釋)

09 공동주택관리법령상 관리주체의 회계감사에 관한 내용이다. ( ) 안에 들어갈 용어와 아라비아 숫자를 쓰시오.

> 3천세대인 한양아파트의 관리주체는 주식회사의 외부감사에 관한 법률에 따른 (㉠)의 회계감사를 매년 1회 이상 받아야 한다. 다만, 회계감사를 받지 아니하기로 해당 공동주택 입주자등의 (㉡)분의 (㉢) 이상의 서면동의를 받은 연도에는 그러하지 아니하다.

10 공동주택관리법 시행령에서 정하는 열람대상 정보의 범위에 관한 내용이다. (   ) 안에 들어갈 용어를 쓰시오.

> 제28조 【열람대상 정보의 범위】 ① 〈생략〉
> ② 관리주체는 다음 각 호의 사항(입주자등의 세대별 사용명세 및 연체자의 동·호수 등 기본권 침해의 우려가 있는 것은 제외한다)을 그 공동주택단지의 인터넷 홈페이지 및 (㉠)에 각각 공개하거나 입주자등에게 개별 통지해야 한다. 이 경우 (㉠)에는 정보의 주요 내용을 요약하여 공개할 수 있다.
> 1. 입주자대표회의의 소집 및 그 회의에서 의결한 사항
> 2. 관리비 등의 부과명세(제23조 제1항부터 제4항까지의 관리비, 사용료 및 이용료 등에 대한 항목별 산출명세를 말한다) 및 연체 내용
> 3. (㉡) 및 장기수선계획·안전관리계획의 현황
> 4. 입주자등의 건의사항에 대한 조치결과 등 주요 업무의 추진상황
> 5. 동별 대표자의 선출 및 입주자대표회의의 구성원에 관한 사항
> 6. 관리주체 및 공동주택관리기구의 조직에 관한 사항

정답 및 해설

07 ㉠ 300, ㉡ 2, ㉢ 입주자등
08 ㉠ 9, ㉡ 재무제표, ㉢ 운영성과표
09 ㉠ 감사인, ㉡ 3, ㉢ 2
10 ㉠ 동별 게시판, ㉡ 관리규약

제6장 공동주택의 전문관리

> **대표예제 11**   주택관리업의 등록말소 ★★

공동주택관리법령상 주택관리업의 등록말소 등에 관한 설명 중 '그 등록을 말소하여야 하는 것'으로 옳지 않은 것은?

① 최근 3년간 2회 이상의 영업정지처분을 받은 자로서 그 정지처분을 받은 기간이 합산하여 12개월을 초과한 경우
② 다른 자에게 자기의 성명 또는 상호를 사용하여 이 법에서 정한 사업이나 업무를 수행하게 하거나 그 등록증을 대여한 경우
③ 거짓이나 그 밖의 부정한 방법으로 등록을 한 경우
④ 영업정지기간 중에 주택관리업을 영위한 경우
⑤ 관리비·사용료와 장기수선충당금을 이 법에 따른 용도 외의 목적으로 사용한 경우

해설 | ①②③④에 해당하는 경우에는 그 등록을 말소하여야 하고, ⑤에 해당하는 경우에는 <u>1년 이내의 기간을 정하여 영업의 전부 또는 일부의 정지를 명하여야 한다.</u>

보충 | 주택관리업의 등록말소 및 정지

시장·군수·구청장은 주택관리업자가 다음의 어느 하나에 해당하면 그 등록을 말소하거나 1년 이내의 기간을 정하여 영업의 전부 또는 일부의 정지를 명할 수 있다. 다만, 1. 2. 또는 9.에 해당하는 경우에는 그 등록을 말소하여야 하고, 7. 또는 8.에 해당하는 경우에는 1년 이내의 기간을 정하여 영업의 전부 또는 일부의 정지를 명하여야 한다.

1. 거짓이나 그 밖의 부정한 방법으로 등록을 한 경우
2. 영업정지기간 중에 주택관리업을 영위한 경우 또는 최근 3년간 2회 이상의 영업정지처분을 받은 자로서 그 정지처분을 받은 기간이 합산하여 12개월을 초과한 경우
3. 고의 또는 과실로 공동주택을 잘못 관리하여 소유자 및 사용자에게 재산상의 손해를 입힌 경우
4. 매년 12월 31일을 기준으로 최근 3년간 공동주택의 관리실적이 없는 경우
5. 등록요건에 미달하게 된 경우
6. 관리방법 및 업무내용 등을 위반하여 공동주택을 관리한 경우
7. 부정하게 재물 또는 재산상의 이익을 취득하거나 제공한 경우
8. 관리비·사용료와 장기수선충당금을 이 법에 따른 용도 외의 목적으로 사용한 경우

9. 다른 자에게 자기의 성명 또는 상호를 사용하여 이 법에서 정한 사업이나 업무를 수행하게 하거나 그 등록증을 대여한 경우
10. 공동주택관리에 관한 감독에 따른 보고, 자료의 제출, 조사 또는 검사를 거부·방해 또는 기피하거나 거짓으로 보고를 한 경우
11. 입주자등의 감사요청에 의한 지방자치단체의 감사를 거부·방해 또는 기피한 경우

기본서 p.138   정답 ⑤

01 공동주택관리법령상 주택관리업자에 대한 과징금의 부과 및 납부에 관한 설명으로 옳은 것은?

① 과징금은 영업정지기간 1일당 3만원을 부과하며, 영업정지 1개월은 30일을 기준으로 한다. 이 경우 과징금은 3천만원을 초과할 수 없다.
② 시·도지사는 과징금을 부과하려는 때에는 그 위반행위의 종류와 과징금의 금액을 명시하여 이를 납부할 것을 서면으로 통지하여야 한다.
③ 통지를 받은 자는 통지를 받은 날부터 15일 이내에 과징금을 시·도지사가 정하는 수납기관에 납부하여야 한다.
④ 과징금의 납부를 받은 수납기관은 그 납부자에게 영수증을 발급하여야 한다.
⑤ 시·도지사는 주택관리업자가 과징금을 기한까지 내지 아니하면 지방행정제재·부과금의 징수 등에 관한 법률에 따라 징수한다.

정답 및 해설

01 ④ ① 과징금은 영업정지기간 1일당 3만원을 부과하며, 영업정지 1개월은 30일을 기준으로 한다. 이 경우 과징금은 <u>2천만원</u>을 초과할 수 없다.
② <u>시장·군수·구청장</u>은 과징금을 부과하려는 때에는 그 위반행위의 종류와 과징금의 금액을 명시하여 이를 납부할 것을 서면으로 통지하여야 한다.
③ 통지를 받은 자는 통지를 받은 날부터 <u>30일</u> 이내에 과징금을 <u>시장·군수·구청장</u>이 정하는 수납기관에 납부하여야 한다.
⑤ <u>시장·군수·구청장</u>은 주택관리업자가 과징금을 기한까지 내지 아니하면 지방행정제재·부과금의 징수 등에 관한 법률에 따라 징수한다.

| 대표예제 12 | 관리사무소장의 업무 ★★ |

공동주택관리법령상 관리사무소장의 업무 등에 관한 설명으로 옳은 것은?

① 입주자대표회의에서 의결하는 공동주택 전유부분의 운영·관리·유지·보수·교체·개량의 업무를 의결한다.
② 하자의 발견 및 하자보수의 청구, 장기수선계획의 수립, 시설물 안전관리계획의 수립 및 건축물의 안전점검에 관한 업무. 다만, 비용지출을 수반하는 사항에 대하여는 입주자대표회의 과반수의 서면동의를 거쳐야 한다.
③ 선거관리위원회의 운영에 필요한 업무지원 및 사무처리
④ 안전관리계획의 조정. 이 경우 3년마다 조정하되, 관리여건상 필요하여 관리사무소장이 입주자 과반수의 서면동의를 받은 경우에는 3년이 지나기 전에 조정할 수 있다.
⑤ 관리비 등이 예치된 금융기관으로부터 매월 말일을 기준으로 발급받은 잔고증명서의 금액과 장부상 금액이 일치하는지 여부를 관리비 등이 부과된 달의 다음 달 말일까지 확인하는 업무

오답체크
① 입주자대표회의에서 의결하는 공동주택의 운영·관리·유지·보수·교체·개량의 업무를 <u>집행한다</u>.
② 하자의 발견 및 하자보수의 청구, <u>장기수선계획의 조정</u>, 시설물 안전관리계획의 수립 및 건축물의 안전점검에 관한 업무. 다만, 비용지출을 수반하는 사항에 대하여는 <u>입주자대표회의의 의결</u>을 거쳐야 한다.
④ 안전관리계획의 조정. 이 경우 3년마다 조정하되, 관리여건상 필요하여 관리사무소장이 <u>입주자대표회의 구성원</u> 과반수의 서면동의를 받은 경우에는 3년이 지나기 전에 조정할 수 있다.
⑤ 관리비 등이 예치된 금융기관으로부터 매월 말일을 기준으로 발급받은 잔고증명서의 금액과 장부상 금액이 일치하는지 여부를 관리비 등이 부과된 달의 <u>다음 달 10일</u>까지 확인하는 업무

보충 | 관리사무소장의 집행업무
관리사무소장은 공동주택을 안전하고 효율적으로 관리하여 공동주택의 입주자등의 권익을 보호하기 위하여 다음의 업무를 집행한다.
1. 입주자대표회의에서 의결하는 다음의 업무
   • 공동주택의 운영·관리·유지·보수·교체·개량
   • 위의 업무를 집행하기 위한 관리비·장기수선충당금이나 그 밖의 경비의 청구·수령·지출 및 그 금액을 관리하는 업무
2. 하자의 발견 및 하자보수의 청구, 장기수선계획의 조정, 시설물 안전관리계획의 수립 및 건축물의 안전점검에 관한 업무. 다만, 비용지출을 수반하는 사항에 대하여는 입주자대표회의의 의결을 거쳐야 한다.
3. 관리사무소 업무의 지휘·총괄
4. 법률에서 정한 업무를 지휘·총괄하는 업무
5. 입주자대표회의 및 선거관리위원회의 운영에 필요한 업무지원 및 사무처리
6. 안전관리계획의 조정. 이 경우 3년마다 조정하되, 관리여건상 필요하여 관리사무소장이 입주자대표회의 구성원 과반수의 서면동의를 받은 경우에는 3년이 지나기 전에 조정할 수 있다.
7. 관리비 등이 예치된 금융기관으로부터 매월 말일을 기준으로 발급받은 잔고증명서의 금액과 장부상 금액이 일치하는지 여부를 관리비 등이 부과된 달의 다음 달 10일까지 확인하는 업무

기본서 p.140   정답 ③

02 공동주택관리법령상 공동주택 관리사무소장에 관한 설명으로 옳지 않은 것은?

① 500세대 미만의 공동주택에는 주택관리사를 갈음하여 주택관리사보를 해당 공동주택의 관리사무소장으로 배치할 수 있다.
② 관리사무소장은 공동주택의 운영·관리·유지·보수·교체·개량에 관한 업무와 관련하여 입주자대표회의를 대리하여 재판상 또는 재판 외의 행위를 할 수 있다.
③ 주택관리사 등은 관리사무소장의 업무를 집행하면서 고의 또는 과실로 입주자에게 재산상의 손해를 입힌 경우에는 그 손해를 배상할 책임이 있다.
④ 손해배상책임을 보장하기 위하여 공탁한 공탁금은 주택관리사 등이 해당 공동주택의 관리사무소장의 직책을 사임하거나 그 직에서 해임된 날 또는 사망한 날부터 2년 이내는 회수할 수 없다.
⑤ 배치내용과 업무의 집행에 사용할 직인을 신고하려는 관리사무소장은 배치된 날부터 15일 이내에 주택관리사단체에 제출하여야 한다.

03 공동주택관리법령상 관리사무소장의 집행업무로 옳지 않은 것은?

① 입주자대표회의에서 의결하는 공동주택의 운영·관리·유지·보수·교체·개량의 업무
② 하자의 발견 및 하자보수의 청구, 장기수선계획의 조정, 시설물 안전관리계획의 수립 및 건축물의 안전점검에 관한 업무. 다만, 비용지출을 수반하는 사항에 대하여는 입주자대표회의의 의결을 거쳐야 한다.
③ 장기수선충당금의 징수·적립 및 관리업무를 지휘·총괄하는 업무
④ 입주자대표회의 및 선거관리위원회의 운영에 필요한 업무지원 및 사무처리
⑤ 관리비 등이 예치된 금융기관으로부터 매월 말일을 기준으로 발급받은 잔고증명서의 금액과 장부상 금액이 일치하는지 여부를 관리비 등이 부과된 달의 10일까지 확인하는 업무

정답 및 해설

02 ④ 손해배상책임을 보장하기 위하여 공탁한 공탁금은 주택관리사 등이 해당 공동주택의 관리사무소장의 직책을 사임하거나 그 직에서 해임된 날 또는 사망한 날부터 <u>3년 이내</u>는 회수할 수 없다.
03 ⑤ 관리비 등이 예치된 금융기관으로부터 매월 말일을 기준으로 발급받은 잔고증명서의 금액과 장부상 금액이 일치하는지 여부를 관리비 등이 부과된 달의 <u>다음 달 10일까지</u> 확인하는 업무

대표예제 13 관리사무소장의 손해배상책임 ★★

공동주택관리법령상 관리사무소장의 손해배상책임에 관한 설명으로 옳지 않은 것을 모두 고른 것은?

> ㉠ 주택관리사 등은 관리사무소장의 업무를 집행하면서 고의 또는 과실로 입주자등에게 재산상의 손해를 입힌 경우에는 그 손해를 배상할 책임이 있다.
> ㉡ 임대주택의 경우 주택관리사 등은 손해배상책임을 보장하기 위한 보증보험 또는 공제에 가입하거나 공탁을 한 후 해당 공동주택의 관리사무소장으로 배치된 날에 임대사업자에게 보증보험 등에 가입한 사실을 입증하는 서류를 제출하여야 한다.
> ㉢ 주택관리사 등이 손해배상책임 보장을 위하여 공탁한 공탁금은 주택관리사 등이 해당 공동주택의 관리사무소장의 직을 사임하거나 그 직에서 해임된 날 또는 사망한 날부터 3년 이내에는 회수할 수 없다.
> ㉣ 주택관리사 등은 보증보험금·공제금 또는 공탁금으로 손해배상을 한 때에는 지체 없이 보증보험 또는 공제에 다시 가입하거나 공탁금 중 부족하게 된 금액을 보전하여야 한다.

① ㉠
② ㉡
③ ㉣
④ ㉡, ㉢
⑤ ㉡, ㉢, ㉣

해설 | 주택관리사 등은 보증보험금·공제금 또는 공탁금으로 손해배상을 한 때에는 15일 이내에 보증보험 또는 공제에 다시 가입하거나 공탁금 중 부족하게 된 금액을 보전하여야 한다.

기본서 p.144

정답 ③

04 공동주택관리법령상 관리사무소장의 업무에 대한 부당간섭 배제 등에 관한 설명으로 옳지 않은 것은?

① 입주자대표회의(구성원을 포함한다) 및 입주자등은 관리사무소장의 업무에 대하여 이 법 또는 관계 법령에 위반되는 지시를 하거나 명령을 하는 등 부당하게 간섭하거나 폭행, 협박 등 위력을 사용하여 정당한 업무를 방해하는 행위에 해당하는 행위를 하여서는 아니 된다.

② 관리사무소장은 입주자대표회의 또는 입주자등이 ①을 위반한 경우 입주자대표회의 또는 입주자등에게 그 위반사실을 설명하고 해당 행위를 중단할 것을 요청하거나 부당한 지시 또는 명령의 이행을 거부할 수 있으며, 시장·군수·구청장에게 이를 보고하고, 사실조사를 의뢰할 수 있다.

③ 시장·군수·구청장은 사실조사를 의뢰받은 때에는 지체 없이 조사를 마치고, ①을 위반한 사실이 있다고 인정하는 경우 입주자대표회의 및 입주자등에게 필요한 명령 등의 조치를 할 수 있다. 이 경우 범죄혐의가 있다고 인정될 만한 상당한 이유가 있을 때에는 수사기관에 고발할 수 있다.

④ 시장·군수·구청장은 사실조사 결과 또는 필요한 명령 등의 조치 결과를 지체 없이 입주자대표회의, 해당 입주자등, 주택관리업자 및 관리사무소장에게 통보하여야 한다.

⑤ 입주자대표회의는 보고나 사실조사 의뢰 또는 명령 등을 이유로 관리사무소장을 해임하거나 해임하도록 주택관리업자에게 요구하여서는 아니 된다.

정답 및 해설

04 ③ 시장·군수·구청장은 사실조사를 의뢰받은 때에는 지체 없이 조사를 마치고, ①을 위반한 사실이 있다고 인정하는 경우 입주자대표회의 및 입주자등에게 필요한 명령 등의 <u>조치를 하여야 한다</u>. 이 경우 범죄혐의가 있다고 인정될 만한 상당한 이유가 있을 때에는 수사기관에 고발할 수 있다.

05 공동주택관리법령상 관리사무소장의 교육에 관한 설명으로 옳지 않은 것은?

① 관리사무소장은 배치된 날부터 3개월 이내에 시·도지사로부터 공동주택관리에 관한 교육과 윤리교육을 받아야 한다.
② 관리사무소장으로 배치받으려는 주택관리사 등이 배치예정일부터 직전 3년 이내에 관리사무소장·공동주택관리기구의 직원 또는 주택관리업자의 임직원으로서 종사한 경력이 없는 경우에는 시·도지사가 실시하는 공동주택관리에 관한 교육과 윤리교육을 이수하여야 관리사무소장으로 배치받을 수 있다.
③ 공동주택의 관리사무소장으로 배치받아 근무 중인 주택관리사 등은 ① 또는 ②에 따른 교육을 받은 후 3년마다 공동주택관리에 관한 교육과 윤리교육을 받아야 한다.
④ 공동주택관리에 관한 교육과 윤리교육에는 공동주택의 관리 책임자로서 필요한 관계 법령, 소양 및 윤리에 관한 사항이 포함되어야 한다.
⑤ ①부터 ③까지의 규정에 따른 교육기간은 3일로 한다.

06 공동주택관리법령상 밑줄 친 '다음의 어느 하나에 해당하는 사람'의 경우로 옳지 않은 것은?

> <u>다음의 어느 하나에 해당하는 사람</u>은 주택관리사 등이 될 수 없으며 그 자격을 상실한다.

① 미성년자, 피성년후견인 또는 피한정후견인
② 파산선고를 받은 사람으로서 복권되지 아니한 사람
③ 금고 이상의 실형을 선고받고 그 집행이 끝나거나(집행이 끝난 것으로 보는 경우를 포함한다) 집행이 면제된 날부터 2년이 지나지 아니한 사람
④ 금고 이상의 형의 집행유예를 선고받고 그 유예기간 중에 있는 사람
⑤ 주택관리사 등의 자격이 취소된 후 3년이 지나지 아니한 사람(① 및 ②에 해당하여 주택관리사 등의 자격이 취소된 경우는 제외한다)

대표예제 14 행정처분기준 ★★★

공동주택관리법령상 주택관리사 등에 대한 행정처분기준 중 개별기준에 관한 규정의 일부이다. ㉠, ㉡에 들어갈 내용으로 옳은 것은?

위반행위	행정처분기준		
	1차 위반	2차 위반	3차 위반
조사 또는 검사를 거부·방해 또는 기피하거나 거짓으로 보고를 한 경우	경고	(㉠)	(㉡)

① ㉠ 자격정지 1개월, ㉡ 자격정지 2개월
② ㉠ 자격정지 1개월, ㉡ 자격정지 3개월
③ ㉠ 자격정지 2개월, ㉡ 자격정지 3개월
④ ㉠ 자격정지 2개월, ㉡ 자격정지 6개월
⑤ ㉠ 자격정지 3개월, ㉡ 자격정지 6개월

해설 | ㉠에는 자격정지 2개월, ㉡에는 자격정지 3개월이 들어가야 한다.

기본서 p.81~83   정답 ③

정답 및 해설

05 ② 관리사무소장으로 배치받으려는 주택관리사 등이 배치예정일부터 직전 5년 이내에 관리사무소장·공동주택관리기구의 직원 또는 주택관리업자의 임직원으로서 종사한 경력이 없는 경우에는 시·도지사가 실시하는 공동주택관리에 관한 교육과 윤리교육을 이수하여야 관리사무소장으로 배치받을 수 있다.

06 ① 미성년자는 주택관리사 등이 될 수 있는 사람이다.

07 다음 사례 중 공동주택관리법령을 위반한 것은?

① 하나의 공동주택단지를 여러 개의 공구로 구분하여 순차적으로 건설한 단지에서, 먼저 입주한 공구의 입주자등이 입주자대표회의를 구성하였다가 다음 공구의 입주예정자의 과반수가 입주한 때에 다시 입주자대표회의를 구성하였다.
② 입주자대표회의 구성원 10명 중 6명의 찬성으로 자치관리기구의 관리사무소장을 선임하였다.
③ 입주자대표회의는 혼합주택단지의 관리에 관한 사항인 장기수선계획의 조정에 관한 사항을 임차인대표회의와 협의하여 결정하였다.
④ 500세대 전체가 입주한 공동주택에서 2022년 4월 1일에 100세대의 입주자등이 요청하여 입주자대표회의 회장이 2022년 4월 12일에 입주자대표회의를 소집하였다.
⑤ 자치관리 중인 한양아파트의 입주자대표회의는 관리사무소장이 해임된 날부터 25일째 되는 날에 새로운 관리사무소장을 선임하였다.

08 공동주택관리법령상 공동주택관리에 관한 설명으로 옳지 않은 것은?

① 입주자대표회의 또는 관리주체는 공동체 생활의 활성화에 필요한 경비의 일부를 재활용품의 매각수입 등 공동주택을 관리하면서 부수적으로 발생하는 수입에서 지원할 수 있다.
② 승강기가 설치되어 있지 않고 지역난방방식을 포함하여 중앙집중식 난방방식이 아닌 아파트는 300세대 이상부터 의무관리대상 공동주택에 해당한다.
③ 의무관리대상 공동주택을 건설한 사업주체는 입주예정자의 과반수가 입주할 때까지 그 공동주택을 관리하여야 하며, 입주예정자의 과반수가 입주하였을 때에는 입주자등에게 대통령령으로 정하는 바에 따라 그 사실을 통지하고 해당 공동주택을 관리할 것을 요구하여야 한다.
④ 관리주체가 입주자대표회의의 동의를 받아 관리업무의 일부를 해당 법령에서 인정하는 전문용역업체에 용역하는 경우에는 해당 기술인력을 갖추지 아니할 수 있다.
⑤ 의무관리대상 공동주택의 입주자대표회의가 경쟁입찰의 방법으로 주택관리업자를 선정하려 하는 경우 입찰의 종류 및 방법, 낙찰방법, 참가자격 제한 등 입찰과 관련한 중요사항에 대하여 전체 입주자등의 3분의 1 이상의 동의를 얻어야 한다.

09 공동주택관리법령상 주택관리사 등에 대한 행정처분기준에 관한 설명으로 옳지 않은 것은?

① 위반행위의 횟수에 따른 행정처분의 기준은 최근 1년간 같은 위반행위로 처분을 받은 경우에 적용한다.
② ①에 따라 가중된 처분을 하는 경우 가중처분의 적용차수는 그 위반행위 전 처분차수 다음 차수로 한다.
③ 가장 무거운 위반행위에 대한 처분기준이 자격취소인 경우에는 자격취소처분을 한다.
④ 위반행위가 고의나 중대한 과실에 따른 것으로 인정되는 경우 행정처분을 가중할 수 있다.
⑤ 위반행위자가 처음 위반행위를 한 경우로서 주택관리사로서 2년 이상 관리사무소장을 모범적으로 해온 사실이 인정되는 경우는 감경사유에 해당한다.

정답 및 해설

07 ③ 입주자대표회의와 임대사업자는 혼합주택단지의 관리에 관한 사항을 공동으로 결정하여야 한다. 이 경우 임차인대표회의가 구성된 혼합주택단지에서는 <u>임대사업자</u>는 민간임대주택에 관한 특별법 제52조 제3항의 사항을 <u>임차인대표회의와</u> 사전에 <u>협의하여야 한다</u>.

08 ⑤ 의무관리대상 공동주택의 입주자대표회의가 경쟁입찰의 방법으로 주택관리업자를 선정하려 하는 경우 입찰의 종류 및 방법, 낙찰방법, 참가자격 제한 등 입찰과 관련한 중요사항에 대하여 <u>전체 입주자등의 과반수의 동의</u>를 얻어야 한다.

09 ⑤ 위반행위자가 처음 위반행위를 한 경우로서 주택관리사로서 <u>3년 이상</u> 관리사무소장을 모범적으로 해온 사실이 인정되는 경우는 감경사유에 해당한다.

제6장 주관식 기입형 문제

01 공동주택관리법령상 주택관리업자 선정에 관한 내용이다. (   ) 안에 들어갈 용어를 쓰시오.

> 제7조【위탁관리】① 의무관리대상 공동주택의 입주자등이 공동주택을 위탁관리할 것을 정한 경우에는 입주자대표회의는 다음 각 호의 기준에 따라 주택관리업자를 선정하여야 한다.
> 1. 전자문서 및 전자거래 기본법 제2조 제2호에 따른 정보처리시스템을 통하여 선정(이하 '전자입찰방식'이라 한다)할 것. 다만, 선정방법 등이 전자입찰방식을 적용하기 곤란한 경우로서 국토교통부장관이 정하여 고시하는 경우에는 전자입찰방식으로 선정하지 아니할 수 있다.
> 1의2. 다음 각 목의 구분에 따른 사항에 대하여 전체 (㉠)의 과반수의 동의를 얻을 것
>   가. 경쟁입찰: 입찰의 종류 및 방법, (㉡)방법, 참가자격 제한 등 입찰과 관련한 중요사항
>   나. (㉢): 계약상대자 선정, 계약조건 등 계약과 관련한 중요사항
> 2. 그 밖에 입찰의 방법 등 대통령령으로 정하는 방식을 따를 것

02 공동주택관리법령상 주택관리업자에 대한 과징금의 부과에 관한 내용이다. (   ) 안에 들어갈 아라비아 숫자를 쓰시오.

> 과징금은 영업정지기간 1일당 (㉠)만원을 부과하되, 영업정지 1개월은 (㉡)일을 기준으로 한다. 이 경우 과징금은 (㉢)천만원을 초과할 수 없다.

03 공동주택관리법령상 주택관리업자의 관리상 의무에 관한 내용이다. ( ) 안에 들어갈 아라비아 숫자를 쓰시오.

> 주택관리업자는 관리하는 공동주택에 배치된 주택관리사 등이 해임 그 밖의 사유로 결원이 된 때에는 그 사유가 발생한 날로부터 ( )일 이내에 새로운 주택관리사 등을 배치하여야 한다.

04 공동주택관리법령상 관리사무소장의 손해배상책임에 관한 설명이다. ( ) 안에 들어갈 용어를 쓰시오.

> 제66조【관리사무소장의 손해배상책임】① 주택관리사 등은 관리사무소장의 업무를 집행하면서 고의 또는 (㉠)(으)로 입주자등에게 재산상의 손해를 입힌 경우에는 그 손해를 배상할 책임이 있다.
> ② 〈생략〉
> ③ 주택관리사 등은 제2항에 따른 손해배상책임을 보장하기 위한 보증보험 또는 공제에 가입하거나 공탁을 한 후 해당 공동주택의 관리사무소장으로 배치된 날에 다음 각 호의 어느 하나에 해당하는 자에게 보증보험 등에 가입한 사실을 입증하는 서류를 제출하여야 한다.
> 1. 입주자대표회의의 (㉡)
> 2. 임대주택의 경우에는 임대사업자
> 3. 입주자대표회의가 없는 경우에는 (㉢)

정답 및 해설

01 ㉠ 입주자등, ㉡ 낙찰, ㉢ 수의계약
02 ㉠ 3, ㉡ 30, ㉢ 3
03 15
04 ㉠ 과실, ㉡ 회장, ㉢ 시장·군수·구청장

05 공동주택관리법령상 관리사무소장의 손해배상책임에 관한 내용이다. ( ) 안에 들어갈 용어를 쓰시오.

> (㉠)(은)는 손해배상금으로 보증보험금·공제금 또는 공탁금을 지급받으려는 경우에는 다음의 어느 하나에 해당하는 서류를 첨부하여 보증보험회사, 공제회사 또는 공탁기관에 손해배상금의 지급을 청구하여야 한다.
> 1. (㉠)와(과) 주택관리사 등간의 (㉡) 또는 화해조서
> 2.~3. 〈생략〉

06 공동주택관리법령상 주택관리사 등의 행정처분에 관한 내용이다. ( ) 안에 들어갈 말을 쓰시오.

> 공동주택관리법 시행령 [별표 8]에 의거한 주택관리사 등의 공동주택관리법령 위반행위에 대한 행정처분기준은 다음과 같다.
> 1. 공동주택관리의 효율화와 입주자 및 사용자의 보호를 위해 대통령령으로 정하는 업무에 관한 사항에 대한 보고명령을 이행하지 아니한 경우의 2차 행정처분기준: (㉠)
> 2. 중대한 과실로 주택을 잘못 관리하여 입주자 및 사용자에게 재산상의 손해를 입힌 경우의 1차 행정처분기준: (㉡)

정답 및 해설

05 ㉠ 입주자대표회의, ㉡ 손해배상합의서
06 ㉠ 자격정지 1개월, ㉡ 자격정지 3개월

제7장 공동주택관리 분쟁조정

대표예제 15 　분쟁조정위원회 ★

공동주택관리법령상 공동주택관리 분쟁조정위원회에 관한 설명으로 옳지 않은 것은?

① 중앙분쟁조정위원회를 구성할 때에는 성별을 고려하여야 한다.
② 공동주택의 층간소음에 관한 사항은 공동주택관리 분쟁조정위원회의 심의사항에 해당한다.
③ 국토교통부에 중앙분쟁조정위원회를 두고, 시·군·구에 지방분쟁조정위원회를 둔다.
④ 300세대 이상인 공동주택단지에서 발생한 분쟁은 중앙분쟁조정위원회에서 관할한다.
⑤ 중앙분쟁조정위원회는 위원장 1명을 포함한 15명 이내의 위원으로 구성한다.

해설 | 500세대 이상인 공동주택단지에서 발생한 분쟁은 중앙분쟁조정위원회에서 관할한다.

기본서 p.165　　　　　　　　　　　　　　　　　　　　　　　　　　　　　　정답 ④

01 공동주택관리법령상 중앙분쟁조정위원회의 구성 등에 관한 설명으로 옳지 않은 것은?

① 중앙분쟁조정위원회는 위원장 1명을 포함한 15명 이내의 위원으로 구성한다.
② 중앙분쟁조정위원회의 위원은 공동주택관리에 관한 학식과 경험이 풍부한 사람으로서 판사·검사 또는 변호사의 직에 6년 이상 재직한 사람이 3명 이상 포함되어야 한다.
③ 중앙분쟁조정위원회의 위원장과 공무원이 아닌 위원의 임기는 2년으로 하되 중임할 수 있으며, 보궐위원의 임기는 전임자의 남은 임기로 한다.
④ 중앙분쟁조정위원회의 회의는 재적위원 과반수의 출석으로 개의하고 출석위원 과반수의 찬성으로 의결한다.
⑤ 중앙분쟁조정위원회의 위원장은 위원회의 회의를 소집하려면 특별한 사정이 있는 경우를 제외하고는 회의 개최 3일 전까지 회의의 일시·장소 및 심의안건을 각 위원에게 서면(전자우편을 포함한다)으로 알려야 한다.

> 고난도

02 공동주택관리법령상 중앙 공동주택관리 분쟁조정위원회 분쟁조정의 신청 및 조정 등에 대한 설명으로 옳은 것은?

① 중앙분쟁조정위원회는 조정의 신청을 받은 때에는 조정의 신청을 받은 날로부터 5일 이내 조정의 절차를 개시하여야 한다. 이 경우 중앙분쟁조정위원회는 필요하다고 인정하면 당사자나 이해관계인을 중앙분쟁조정위원회에 출석하게 하여 의견을 들을 수 있다.
② 중앙분쟁조정위원회는 ①에 따른 조정절차를 개시한 날부터 60일 이내에 그 절차를 완료한 후 조정안을 작성하여 지체 없이 이를 각 당사자에게 제시하여야 한다. 다만, 부득이한 사정으로 60일 이내에 조정절차를 완료할 수 없는 경우 중앙분쟁조정위원회는 그 기간을 연장할 수 있다. 이 경우 그 사유와 기한을 명시하여 당사자에게 서면으로 통지하여야 한다.
③ 조정안을 제시받은 당사자는 그 제시를 받은 날부터 30일 이내에 그 수락 여부를 중앙분쟁조정위원회에 서면으로 통보하여야 한다. 이 경우 30일 이내에 의사표시가 없는 때에는 수락하지 아니한 것으로 본다.
④ 당사자가 ③에 따라 조정안을 수락하거나 수락하지 아니한 것으로 보는 때에는 그 조정서의 내용은 재판상 화해와 동일한 효력을 갖는다. 다만, 당사자가 임의로 처분할 수 없는 사항에 관한 것은 그러하지 아니하다.
⑤ 중앙분쟁조정위원회에 조정을 신청하는 자는 조정 등의 진행과정에서 조사, 분석 및 검사에 드는 비용 등이 발생할 때에는 당사자가 합의한 바에 따라 그 비용을 부담한다. 다만, 당사자가 합의하지 아니하는 경우에는 중앙분쟁조정위원회에서 부담비율을 정한다.

03 공동주택관리법령상 중앙 공동주택관리 분쟁조정위원회의 회의 등에 관한 내용으로 옳지 않은 것은?

① 중앙분쟁조정위원회의 위원장은 위원회의 회의를 소집하려면 특별한 사정이 있는 경우를 제외하고는 회의 개최 2일 전까지 회의의 일시·장소 및 심의안건을 각 위원에게 서면(전자우편을 포함한다)으로 알려야 한다.

② 중앙분쟁조정위원회는 조정을 효율적으로 하기 위하여 필요하다고 인정하면 해당 사건들을 분리하거나 병합할 수 있다.

③ 중앙분쟁조정위원회는 ②에 따라 해당 사건들을 분리하거나 병합한 경우에는 조정의 당사자에게 지체 없이 서면으로 그 뜻을 알려야 한다.

④ 중앙분쟁조정위원회는 당사자나 이해관계인을 중앙분쟁조정위원회에 출석시켜 의견을 들으려면 회의 개최 5일 전까지 서면(전자우편을 포함한다)으로 출석을 요청하여야 한다. 이 경우 출석을 요청받은 사람은 출석할 수 없는 부득이한 사유가 있는 경우에는 미리 서면으로 의견을 제출할 수 있다.

⑤ 국토교통부장관은 분쟁조정사건을 전자적 방법으로 접수·통지 및 송달하거나, 민원상담 및 홍보 등을 인터넷을 이용하여 처리하기 위하여 중앙분쟁조정시스템을 구축·운영할 수 있다.

정답 및 해설

01 ③ 중앙분쟁조정위원회의 위원장과 공무원이 아닌 위원의 임기는 2년으로 하되 연임할 수 있으며, 보궐위원의 임기는 전임자의 남은 임기로 한다.

02 ⑤ ① 중앙분쟁조정위원회는 조정의 신청을 받은 때에는 지체 없이 조정의 절차를 개시하여야 한다. 이 경우 중앙분쟁조정위원회는 필요하다고 인정하면 당사자나 이해관계인을 중앙분쟁조정위원회에 출석하게 하여 의견을 들을 수 있다.
② 중앙분쟁조정위원회는 ①에 따른 조정절차를 개시한 날부터 30일 이내에 그 절차를 완료한 후 조정안을 작성하여 지체 없이 이를 각 당사자에게 제시하여야 한다. 다만, 부득이한 사정으로 30일 이내에 조정절차를 완료할 수 없는 경우 중앙분쟁조정위원회는 그 기간을 연장할 수 있다. 이 경우 그 사유와 기한을 명시하여 당사자에게 서면으로 통지하여야 한다.
③ 조정안을 제시받은 당사자는 그 제시를 받은 날부터 30일 이내에 그 수락 여부를 중앙분쟁조정위원회에 서면으로 통보하여야 한다. 이 경우 30일 이내에 의사표시가 없는 때에는 수락한 것으로 본다.
④ 당사자가 ③에 따라 조정안을 수락하거나 수락한 것으로 보는 때에는 그 조정서의 내용은 재판상 화해와 동일한 효력을 갖는다. 다만, 당사자가 임의로 처분할 수 없는 사항에 관한 것은 그러하지 아니하다.

03 ① 중앙분쟁조정위원회의 위원장은 위원회의 회의를 소집하려면 특별한 사정이 있는 경우를 제외하고는 회의 개최 3일 전까지 회의의 일시·장소 및 심의안건을 각 위원에게 서면(전자우편을 포함한다)으로 알려야 한다.

제7장 주관식 기입형 문제

01 공동주택관리법령상 중앙분쟁조정위원회에 관한 내용이다. (   ) 안에 들어갈 아라비아 숫자와 용어를 쓰시오.

> 중앙분쟁조정위원회의 조정안을 제시받은 당사자는 그 제시를 받은 날부터 (㉠)일 이내에 그 수락 여부를 중앙분쟁조정위원회에 서면으로 통보하여야 한다. 이 경우 (㉠)일 이내에 의사표시가 없는 때에는 (㉡)한 것으로 본다.

02 공동주택관리법령상 중앙분쟁조정위원회에 관한 설명이다. (   ) 안에 들어갈 아라비아 숫자를 쓰시오.

> 1. 중앙분쟁조정위원회는 위원장 1명을 포함한 (㉠)명 이내의 위원으로 구성한다.
> 2. 판사·검사 또는 변호사의 직에 6년 이상 재직한 사람이 (㉡)명 이상 포함되어야 한다.
> 3. 주택관리사로서 공동주택의 관리사무소장으로 (㉢)년 이상 근무한 사람은 중앙분쟁조정위원회 위원으로 임명할 수 있다.

정답 및 해설

01 ㉠ 30, ㉡ 수락
02 ㉠ 15, ㉡ 3, ㉢ 10

제8장 대외업무관리

대표예제 16 〉 공동주택관리에 관한 감독 ★★

공동주택관리법령상 공동주택관리에 관한 감독에 대한 설명으로 옳지 않은 것은?

① 지방자치단체의 장은 공동주택관리의 효율화와 입주자등의 보호를 위하여 공동주택단지 내 분쟁의 조정이 필요한 경우 입주자등, 입주자대표회의나 그 구성원, 관리주체, 관리사무소장 또는 선거관리위원회나 그 위원 등에게 관리비 등의 사용내역 등 대통령령으로 정하는 업무에 관한 사항을 보고하게 하거나 자료의 제출이나 그 밖에 필요한 명령을 할 수 있으며, 소속 공무원으로 하여금 영업소·관리사무소 등에 출입하여 공동주택의 시설·장부·서류 등을 조사 또는 검사하게 할 수 있다.
② 공동주택의 입주자등은 공동주택단지 내 분쟁의 조정이 필요한 경우 전체 입주자등의 10분의 2 이상의 동의를 받아 지방자치단체의 장에게 입주자대표회의나 그 구성원, 관리주체, 관리사무소장 또는 선거관리위원회나 그 위원 등의 업무에 대하여 감사를 요청할 수 있다. 이 경우 감사요청은 그 사유를 소명하고 이를 뒷받침할 수 있는 자료를 첨부하여 서면으로 하여야 한다.
③ 지방자치단체의 장은 감사요청이 이유가 있다고 인정하는 경우에는 감사를 실시한 후 감사를 요청한 입주자등에게 그 결과를 통보하여야 한다.
④ 지방자치단체의 장은 명령, 조사 또는 검사, 감사의 결과 등을 통보하는 경우 그 내용을 해당 공동주택의 입주자대표회의 및 관리주체에게도 통보하여야 한다.
⑤ 관리주체는 통보받은 내용을 통보를 받은 날부터 7일 이내에 그 내용을 공동주택단지의 인터넷 홈페이지 및 동별 게시판에 10일 이상 공개하고 입주자등의 열람·복사 요구에 따라야 한다.

해설ㅣ 관리주체는 통보받은 내용을 통보를 받은 날부터 <u>10일 이내</u>에 그 내용을 공동주택단지의 인터넷 홈페이지 및 동별 게시판에 <u>7일 이상</u> 공개하고 입주자등의 열람·복사 요구에 따라야 한다.

기본서 p.138　　　　　　　　　　　　　　　　　　　　　　　　　　　　　　정답 ⑤

[고난도]

01 공동주택관리법령상 협회의 공제사업에 관한 설명으로 옳은 것은?

① 주택관리사단체는 관리사무소장의 손해배상책임을 보장하기 위하여 공제사업을 할 수 있으나 공동주택에서 발생하는 인적·물적 사고, 그 밖에 공동주택관리업무와 관련한 종사자와 사업자의 손해배상책임 등을 보장하기 위하여 공제사업을 할 수 없다.
② 주택관리사단체는 공제사업을 다른 회계와 구분하여 별도의 회계로 관리하여야 하며, 책임준비금을 다른 용도로 사용하려는 경우에는 기획재정부장관의 승인을 받아야 한다.
③ 공제규정 중 공제사업을 손해배상기금과 복지기금으로 구분하여 각 기금별 목적 및 회계원칙에 부합되는 기준을 포함하여야 한다.
④ 공제규정 중 책임준비금의 적립비율은 공제료 수입액의 100분의 5 이상(공제사고 발생률 및 공제금 지급액 등을 종합적으로 고려하여 정한다)으로 한다.
⑤ 주택관리사단체는 대통령령으로 정하는 바에 따라 매년도의 공제사업 운용실적을 일간신문 또는 단체의 홍보지 등을 통하여 공제계약자에게 공시할 수 있다.

02 공동주택관리법령상 공동주택 관리비리에 관한 내용으로 옳지 않은 것은?

① 국토교통부장관은 국토교통부에 공동주택 관리비리 신고센터를 설치한다.
② 공동주택관리와 관련하여 불법행위를 인지한 자는 신고센터에 그 사실을 신고할 수 있다. 이 경우 신고를 하려는 자는 자신의 인적 사항과 신고의 취지·이유·내용을 적고 서명한 문서와 함께 신고 대상 및 증거 등을 제출하여야 한다.
③ 신고센터의 장은 국토교통부의 공동주택관리업무를 총괄하는 부서의 장으로 하고, 구성원은 공동주택관리와 관련된 업무를 담당하는 공무원으로 한다.
④ 공동주택 관리비리 신고센터는 신고 확인 결과 신고서가 신고자의 인적 사항이나 신고내용의 특정에 필요한 사항을 갖추지 못한 경우에는 신고자로 하여금 15일 이내의 기간을 정하여 이를 보완하게 할 수 있다. 다만, 15일 이내에 자료를 보완하기 곤란한 사유가 있다고 인정되는 경우에는 신고자와 협의하여 보완기간을 따로 정할 수 있다.
⑤ 공동주택관리법령에 따라 신고사항에 대한 조사 및 조치를 요구받은 지방자치단체의 장은 요구를 받은 날부터 30일 이내에 조사 및 조치를 완료하여야 한다. 다만, 30일 이내에 처리가 곤란한 경우에는 한 차례만 30일 이내의 범위에서 그 기간을 연장할 수 있다.

03 공동주택관리법령상 지역공동주택관리지원센터에 관한 설명으로 옳지 않은 것은?

① 지방자치단체의 장은 관할 지역 내 공동주택의 효율적인 관리에 필요한 지원 및 시책을 수행하기 위하여 공동주택관리에 전문성을 가진 기관 또는 단체를 지역공동주택관리지원센터로 지정할 수 있다.
② 지역공동주택관리지원센터는 관리규약 제정·개정의 지원에 따른 업무를 수행한다.
③ 지역공동주택관리지원센터는 소규모 공동주택에 대한 관리 지원에 따른 업무를 수행한다.
④ 지방자치단체는 지역공동주택관리지원센터의 운영 및 사무처리에 필요한 비용을 예산의 범위에서 출연 또는 보조할 수 있다.
⑤ 지역공동주택관리지원센터의 지정 및 운영 등에 필요한 사항은 대통령령으로 정한다.

정답 및 해설

01 ③ ① 주택관리사단체는 관리사무소장의 손해배상책임과 공동주택에서 발생하는 인적·물적 사고, 그 밖에 공동주택관리업무와 관련한 종사자와 사업자의 손해배상책임 등을 보장하기 위하여 공제사업을 할 수 있다.
② 주택관리사단체는 공제사업을 다른 회계와 구분하여 별도의 회계로 관리하여야 하며, 책임준비금을 다른 용도로 사용하려는 경우에는 국토교통부장관의 승인을 받아야 한다.
④ 공제규정 중 책임준비금의 적립비율은 공제료 수입액의 100분의 10 이상(공제사고 발생률 및 공제금 지급액 등을 종합적으로 고려하여 정한다)으로 한다.
⑤ 주택관리사단체는 대통령령으로 정하는 바에 따라 매년도의 공제사업 운용실적을 일간신문 또는 단체의 홍보지 등을 통하여 공제계약자에게 공시하여야 한다.

02 ⑤ 공동주택관리법령에 따라 신고사항에 대한 조사 및 조치를 요구받은 지방자치단체의 장은 요구를 받은 날부터 60일 이내에 조사 및 조치를 완료하여야 한다. 다만, 60일 이내에 처리가 곤란한 경우에는 한 차례만 30일 이내의 범위에서 그 기간을 연장할 수 있다.

03 ⑤ 지역공동주택관리지원센터의 지정 및 운영 등에 필요한 사항은 지방자치단체의 조례로 정한다.

제8장 주관식 기입형 문제

01 공동주택관리법령상 공동주택 관리비리 신고의 처리에 관한 규정의 일부이다. ( ) 안에 들어갈 아라비아 숫자를 쓰시오.

> 관리비리 신고사항에 대한 조사 및 조치를 요구받은 지방자치단체의 장은 요구를 받은 날부터 (㉠)일 이내에 조사 및 조치를 완료하고, 조사 및 조치를 완료한 날부터 (㉡)일 이내에 국토교통부장관에게 통보하여야 한다. 다만, (㉠)일 이내에 처리가 곤란한 경우에는 한 차례만 (㉢)일 이내의 범위에서 그 기간을 연장할 수 있다.

정답 및 해설

01 ㉠ 60, ㉡ 10, ㉢ 30

제9장 공동주택관리법령상 벌칙

대표예제 17 / 벌칙 ★★

공동주택관리법령상 500만원 이하의 과태료를 부과하는 사유로 옳지 않은 것은?

① 수립되거나 조정된 장기수선계획에 따라 주요 시설을 교체하지 아니한 자
② 장기수선계획을 수립하지 아니한 자
③ 장기수선계획을 검토하지 아니한 자
④ 장기수선계획에 대한 검토사항을 기록하고 보관하지 아니한 자
⑤ 장기수선충당금을 적립하지 아니한 자

해설 | 수립되거나 조정된 장기수선계획에 따라 주요 시설을 교체하거나 보수하지 아니한 자에게는 <u>1천만원 이하의 과태료</u>를 부과한다.

기본서 p.198　　　　　　　　　　　　　　　　　　　　　　　　　　　　　정답 ①

제9장 주관식 기입형 문제

01 공동주택관리법령상 행정벌에 관한 규정의 일부이다. (   ) 안에 들어갈 아라비아 숫자를 쓰시오.

> 공동주택의 관리와 관련하여 입주자대표회의(구성원을 포함한다)와 관리사무소장이 공모하여 부정하게 재물 또는 재산상의 이익을 취득하거나 제공한 자는 (㉠)년 이하의 징역 또는 (㉠)천만원 이하의 벌금에 처한다. 다만, 그 위반행위로 얻은 이익의 100분의 (㉡)에 해당하는 금액이 (㉠)천만원을 초과하는 자는 (㉠)년 이하의 징역 또는 그 이익의 (㉢)배에 해당하는 금액 이하의 벌금에 처한다.

정답 및 해설

01 ㉠ 3, ㉡ 50, ㉢ 2

제10장 임대주택의 관리

대표예제 18 > 임차인대표회의 ★★★

민간임대주택에 관한 특별법령상 임차인대표회의에 관한 설명으로 옳은 것은?

① 임대사업자가 민간임대주택을 공급하는 공동주택단지 중 중앙집중식 난방방식 또는 지역난방방식인 공동주택단지에 입주하는 임차인은 임차인대표회의를 구성하여야 한다.
② 임대사업자는 입주예정자의 과반수가 입주한 때에는 과반수가 입주한 날부터 3개월 이내에 입주현황과 임차인대표회의를 구성할 수 있다는 사실 또는 구성하여야 한다는 사실을 입주한 임차인에게 통지하여야 한다. 다만, 임대사업자가 본문에 따른 통지를 하지 아니하는 경우 시장·군수·구청장이 임차인대표회의를 구성하도록 임차인에게 통지할 수 있다.
③ 시장·군수·구청장은 임차인대표회의를 의무 구성하여야 하는 주택단지의 임차인이 임차인대표회의를 구성하지 않는 경우에 임차인대표회의를 구성해야 한다는 사실과 협의사항 및 임차인대표회의의 구성·운영에 관한 사항을 반기 1회 이상 임차인에게 통지해야 한다.
④ 동별 대표자가 될 수 있는 사람은 해당 민간임대주택단지에서 6개월 이상 계속 거주하고 있는 임차인으로 한다. 다만, 최초로 임차인대표회의를 구성하는 경우에는 그러하지 아니하다.
⑤ 임차인대표회의는 회의를 개최하였을 때에는 회의록을 작성하여 관리주체에게 보관하게 하고, 임차인이 회의록의 열람을 청구하거나 자기의 비용으로 복사를 요구할 경우에는 그에 따라야 한다.

오답체크
① 임대사업자가 <u>20세대 이상의 민간임대주택</u>을 공급하는 공동주택단지에 입주하는 임차인은 <u>임차인대표회의를 구성할 수 있다</u>. 다만, 임대사업자가 <u>150세대 이상의 민간임대주택</u>을 공급하는 공동주택단지 중 대통령령으로 정하는 공동주택단지에 입주하는 임차인은 <u>임차인대표회의를 구성하여야 한다</u>.
② 임대사업자는 입주예정자의 과반수가 입주한 때에는 과반수가 입주한 날부터 <u>30일 이내</u>에 입주현황과 임차인대표회의를 구성할 수 있다는 사실 또는 구성하여야 한다는 사실을 입주한 임차인에게 통지하여야 한다. 다만, 임대사업자가 본문에 따른 통지를 하지 아니하는 경우 시장·군수·구청장이 임차인대표회의를 구성하도록 임차인에게 통지할 수 있다.

③ 임대사업자는 임차인대표회의를 의무 구성하여야 하는 주택단지의 임차인이 임차인대표회의를 구성하지 않는 경우에 임차인대표회의를 구성해야 한다는 사실과 협의사항 및 임차인대표회의의 구성·운영에 관한 사항을 반기 1회 이상 임차인에게 통지해야 한다.
⑤ 임차인대표회의는 회의를 개최하였을 때에는 회의록을 작성하여 보관하고, 임차인이 회의록의 열람을 청구하거나 자기의 비용으로 복사를 요구할 경우에는 그에 따라야 한다.

기본서 p.220　　　　정답 ④

대표예제 19　　주택임대관리업 ★★

민간임대주택에 관한 특별법령상 주택임대관리업자에 대하여 등록을 말소하여야 하는 사유로 옳지 않은 것은?

① 거짓이나 그 밖의 부정한 방법으로 등록을 한 경우
② 최근 3년간 2회 이상의 영업정지처분을 받은 자로서 그 정지처분을 받은 기간이 합산하여 12개월을 초과한 경우
③ 영업정지기간 중에 주택임대관리업을 영위한 경우
④ 다른 자에게 자기의 성명 또는 상호를 사용하여 이 법에서 정한 사업이나 업무를 수행하게 하거나 그 등록증을 대여한 경우
⑤ 정당한 사유 없이 최종 위탁계약 종료일의 다음 날부터 1년 이상 위탁계약 실적이 없는 경우

해설 | 시장·군수·구청장은 주택임대관리업자가 다음의 어느 하나에 해당하면 그 등록을 말소하거나 1년 이내의 기간을 정하여 영업의 전부 또는 일부의 정지를 명할 수 있다. 다만, 1. 2. 또는 6.에 해당하는 경우에는 그 등록을 말소하여야 한다.
1. 거짓이나 그 밖의 부정한 방법으로 등록을 한 경우
2. 영업정지기간 중에 주택임대관리업을 영위한 경우 또는 최근 3년간 2회 이상의 영업정지처분을 받은 자로서 그 정지처분을 받은 기간이 합산하여 12개월을 초과한 경우
3. 고의 또는 중대한 과실로 임대를 목적으로 하는 주택을 잘못 관리하여 임대인 및 임차인에게 재산상의 손해를 입힌 경우
4. 정당한 사유 없이 최종 위탁계약 종료일의 다음 날부터 1년 이상 위탁계약 실적이 없는 경우
5. 등록기준을 갖추지 못한 경우. 다만, 일시적으로 등록기준에 미달하는 등 대통령령으로 정하는 경우는 그러하지 아니하다.
6. 다른 자에게 자기의 명의 또는 상호를 사용하여 이 법에서 정한 사업이나 업무를 수행하게 하거나 그 등록증을 대여한 경우
7. 보고, 자료의 제출 또는 검사를 거부·방해 또는 기피하거나 거짓으로 보고한 경우

기본서 p.213　　　　정답 ⑤

01 민간임대주택에 관한 특별법령상 주택임대관리업자에 관한 설명으로 옳은 것은?

① 지방공사가 주택임대관리업을 하려는 자는 시장·군수·구청장에게 등록할 수 있다. 다만, 100호 이상의 범위에서 대통령령으로 정하는 규모 이상으로 주택임대관리업을 하려는 지방공사는 등록하여야 한다.

② ①에 따라 등록하는 경우에는 자기관리형 주택임대관리업과 위탁관리형 주택임대관리업을 구분하여 등록하여야 한다. 이 경우 위탁관리형 주택임대관리업을 등록한 경우에는 자기관리형 주택임대관리업도 등록한 것으로 본다.

③ ①에 따라 등록한 자가 등록한 사항을 변경하거나 말소하고자 할 경우, 자본금의 증가 등 국토교통부령으로 정하는 사항 등은 시장·군수·구청장에게 신고하여야 한다.

④ 시장·군수·구청장은 ③에 따른 신고를 받은 날부터 10일 이내에 신고수리 여부를 신고인에게 통지하여야 한다.

⑤ 주택임대관리업자는 분기마다 그 분기가 끝나는 달의 다음 달 말일까지 자본금, 전문인력, 관리 호수 등 대통령령으로 정하는 정보를 시장·군수·구청장에게 신고하여야 한다. 이 경우 신고받은 시장·군수·구청장은 국토교통부장관에게 이를 보고하여야 한다.

정답 및 해설

01 ⑤ ① 주택임대관리업을 하려는 자는 시장·군수·구청장에게 등록할 수 있다. 다만, 100호 이상의 범위에서 대통령령으로 정하는 규모 이상으로 주택임대관리업을 하려는 자(국가, 지방자치단체, 공공기관의 운영에 관한 법률에 따른 공공기관, 지방공기업법에 따라 설립된 지방공사는 제외한다)는 등록하여야 한다.
② ①에 따라 등록하는 경우에는 자기관리형 주택임대관리업과 위탁관리형 주택임대관리업을 구분하여 등록하여야 한다. 이 경우 자기관리형 주택임대관리업을 등록한 경우에는 위탁관리형 주택임대관리업도 등록한 것으로 본다.
③ ①에 따라 등록한 자가 등록한 사항을 변경하거나 말소하고자 할 경우, 시장·군수·구청장에게 신고하여야 한다. 다만, 자본금의 증가 등 국토교통부령으로 정하는 경미한 사항은 신고하지 아니하여도 된다.
④ 시장·군수·구청장은 ③에 따른 신고를 받은 날부터 5일 이내에 신고수리 여부를 신고인에게 통지하여야 한다.

02 민간임대주택에 관한 특별법령상 주택임대관리업에 관한 설명으로 옳지 않은 것은?

① 주택임대관리업을 하려는 자가 자기관리형 주택임대관리업을 등록한 경우에는 위탁관리형 주택임대관리업도 등록한 것으로 본다.
② 등록한 자가 등록한 사항을 변경하거나 말소하고자 할 경우 시장·군수·구청장에게 신고하여야 한다. 다만, 자본금 또는 전문인력의 수가 증가한 경우 등의 경미한 사항은 신고하지 아니하여도 된다.
③ 공동주택관리법을 위반하여 형의 집행유예를 선고받고 그 유예기간 중에 있는 사람은 주택임대관리업의 등록을 할 수 없다.
④ 시장·군수·구청장은 주택임대관리업자가 정당한 사유 없이 최종 위탁계약 종료일의 다음 날부터 1년 이상 위탁계약 실적이 없어 영업정지처분을 하여야 할 경우에는 이에 갈음하여 2천만원 이하의 과징금을 부과할 수 있다.
⑤ 시장·군수·구청장은 주택임대관리업자가 거짓이나 그 밖의 부정한 방법으로 주택임대관리업 등록을 한 경우에는 그 등록을 말소하여야 한다.

03 민간임대주택에 관한 특별법령상 주택임대관리업자의 현황신고에 관한 설명으로 옳지 않은 것은?

① 주택임대관리업자는 반기마다 그 반기가 끝나는 달의 다음 달 말일까지 대통령령으로 정하는 정보를 시장·군수·구청장에게 신고하여야 한다.
② 대통령령으로 정하는 정보에는 자본금, 전문인력, 관리 호수 등이 포함된다.
③ 자기관리형 주택임대관리업을 등록한 자의 경우 계약기간, 관리수수료, 보증보험 가입사항 등 위·수탁 계약조건에 관한 정보는 보고하여야 하는 현황신고 내용에 해당한다.
④ 주택임대관리업자로부터 정보를 신고받은 시장·군수·구청장은 신고받은 날부터 30일 이내에 국토교통부장관에게 보고하여야 한다.
⑤ 국토교통부장관은 임대주택정보체계에의 게시 또는 임대주택정보체계에의 게시에 해당하는 방식으로 공개할 수 있다.

04 민간임대주택에 관한 특별법령상 주택임대관리업에 관한 내용으로 옳지 않은 것은?

① 주택임대관리업을 등록하는 경우에는 자기관리형 주택임대관리업과 위탁관리형 주택임대관리업을 구분하여 등록하여야 한다. 이 경우 자기관리형 주택임대관리업을 등록한 경우에는 위탁관리형 주택임대관리업도 등록한 것으로 본다.
② 주택임대관리업을 등록한 자가 등록한 사항을 변경하거나 말소하고자 할 경우 시장·군수·구청장에게 신고하여야 한다. 다만, 자본금의 증가 등 국토교통부령으로 정하는 경미한 사항은 신고하지 아니하여도 된다.
③ 주택임대관리업자는 분기마다 그 분기가 끝나는 달의 다음 달 말일까지 자본금, 전문인력, 관리 호수 등 대통령령으로 정하는 정보를 시장·군수·구청장에게 신고하여야 한다. 이 경우 신고받은 시장·군수·구청장은 국토교통부장관에게 이를 보고하여야 한다.
④ 위탁관리형 주택임대관리업을 하는 주택임대관리업자는 임대인 및 임차인의 권리보호를 위하여 보증상품에 가입하여야 한다.
⑤ 주택임대관리업자는 임대를 목적으로 하는 주택에 대하여 부수적으로 시설물 유지·보수·개량 및 그 밖의 주택관리업무를 수행할 수 있다.

> **정답 및 해설**

02 ④ 시장·군수·구청장은 주택임대관리업자가 정당한 사유 없이 최종 위탁계약 종료일의 다음 날부터 1년 이상 위탁계약 실적이 없어 영업정지처분을 하여야 할 경우에는 이에 갈음하여 <u>1천만원 이하</u>의 과징금을 부과할 수 있다.

03 ① 주택임대관리업자는 <u>분기마다</u> 그 <u>분기</u>가 끝나는 달의 다음 달 말일까지 대통령령으로 정하는 정보를 시장·군수·구청장에게 신고하여야 한다.

04 ④ <u>자기관리형</u> 주택임대관리업을 하는 주택임대관리업자는 임대인 및 임차인의 권리보호를 위하여 보증상품에 가입하여야 한다.

대표예제 20 \ 특별수선충당금의 요율 및 사용절차 ★★★

공공주택 특별법령상 특별수선충당금의 요율 및 사용절차 등에 관한 설명으로 옳은 것은?

① 300세대의 행복주택을 건설한 공공주택사업자는 해당 행복주택의 공용부분, 부대시설 및 복리시설(분양된 시설을 포함한다)에 대하여 공동주택관리법에 따른 장기수선계획을 수립하여 주택법에 따른 사용검사를 신청할 때 사용검사신청서와 함께 제출하여야 하며, 임대기간 중 해당 임대주택단지에 있는 관리사무소에 장기수선계획을 갖춰 놓아야 한다.
② 장기수선계획은 국토교통부령으로 정하는 기준에 따라야 한다.
③ 임차인대표회의는 장기수선계획을 수립한 후 이를 조정할 필요가 있는 경우에는 전체 임차인 과반수의 서면동의를 받아 장기수선계획을 조정할 수 있다.
④ 행복주택을 건설한 공공주택사업자는 특별수선충당금을 사용검사일부터 1년이 지난 날이 속하는 달부터 매달 적립하되, 적립요율은 국토교통부장관이 고시하는 표준건축비의 1만분의 1이다.
⑤ 공공주택사업자는 특별수선충당금을 금융회사 등에 시장·군수·구청장과 공동명의로 예치하여 관리하여야 한다.

오답체크 | ① 300세대의 행복주택을 건설한 공공주택사업자는 해당 행복주택의 공용부분, 부대시설 및 복리시설(<u>분양된 시설은 제외한다</u>)에 대하여 공동주택관리법에 따른 장기수선계획을 수립하여 주택법에 따른 사용검사를 신청할 때 사용검사신청서와 함께 제출하여야 하며, 임대기간 중 해당 임대주택단지에 있는 관리사무소에 장기수선계획을 갖춰 놓아야 한다.
③ <u>공공주택사업자는</u> 장기수선계획을 수립한 후 이를 조정할 필요가 있는 경우에는 <u>임차인대표회의의 구성원(임차인대표회의가 구성되지 않은 경우에는 전체 임차인)</u> 과반수의 서면동의를 받아 장기수선계획을 조정할 수 있다.
④ 행복주택을 건설한 공공주택사업자는 특별수선충당금을 사용검사일부터 1년이 지난 날이 속하는 달부터 매달 적립하되, 적립요율은 국토교통부장관이 고시하는 표준건축비의 <u>1만분의 4</u>이다.
⑤ 공공주택사업자는 특별수선충당금을 <u>금융회사 등에 예치하여 따로 관리하여야</u> 한다.

기본서 p.222 정답 ②

05 공공주택 특별법령상 특별수선충당금의 요율 및 사용절차 등에 관한 설명으로 옳지 않은 것은?

① 공공임대주택의 공공주택사업자는 주요 시설을 교체하고 보수하는 데에 필요한 특별수선충당금을 적립하는 규모에 해당하는 경우 해당 공공임대주택의 공용부분, 부대시설 및 복리시설(분양된 시설은 제외한다)에 대하여 공동주택관리법에 따른 장기수선계획을 수립하여 주택법에 따른 사용검사를 신청할 때 사용검사신청서와 함께 제출하여야 하며, 임대기간 중 해당 임대주택단지에 있는 관리사무소에 장기수선계획을 갖춰 놓아야 한다.
② 공공주택사업자는 장기수선계획을 수립한 후 이를 조정할 필요가 있는 경우에는 임차인대표회의의 구성원(임차인대표회의가 구성되지 않은 경우에는 전체 임차인) 과반수의 서면동의를 받아 장기수선계획을 조정할 수 있다.
③ 공공주택사업자는 특별수선충당금을 금융회사 등에 예치하여 따로 관리하여야 한다.
④ 천재지변이나 그 밖의 재해로 장기수선계획 수립 대상물이 파손되거나 멸실되어 긴급하게 교체·보수가 필요한 공공주택사업자는 특별수선충당금을 사용하려면 미리 해당 공공임대주택의 주소지를 관할하는 시장·군수 또는 구청장과 협의하여야 한다.
⑤ 공공주택사업자는 주택법 시행령에 따른 중대한 하자가 발생한 경우로 특별수선충당금을 사용한 경우에는 그 사유를 사용일부터 30일 이내에 관할 시장·군수 또는 구청장에게 통보해야 한다.

정답 및 해설

05 ④ 공공주택사업자는 특별수선충당금을 사용하려면 미리 해당 공공임대주택의 주소지를 관할하는 시장·군수 또는 구청장과 협의하여야 한다. 다만, 다음의 어느 하나에 해당하는 경우에는 그렇지 않다.
1. 주택법 시행령에 따른 중대한 하자가 발생한 경우
2. 천재지변이나 그 밖의 재해로 장기수선계획 수립 대상물이 파손되거나 멸실되어 긴급하게 교체·보수가 필요한 경우

제10장 주관식 기입형 문제

01 민간임대주택에 관한 특별법에서 정하는 민간임대주택의 관리에 관한 내용이다. ( ) 안에 들어갈 용어를 쓰시오.

> 제51조 【민간임대주택의 관리】 ①~⑤ 〈생략〉
> ⑥ 임대사업자는 민간임대주택을 관리하는 데 필요한 경비를 (㉠)이(가) 최초로 납부하기 전까지 해당 민간임대주택의 유지관리 및 운영에 필요한 경비[이하 '(㉡)'(이)라 한다]를 대통령령으로 정하는 바에 따라 부담할 수 있다.

02 민간임대주택에 관한 특별법 시행령에서 정하는 민간임대주택의 관리에 관한 내용이다. ( ) 안에 들어갈 용어를 쓰시오.

> 제41조 【민간임대주택의 관리】 ①~⑥ 〈생략〉
> ⑦ (㉠)(은)는 법 제51조 제6항에 따라 민간임대주택을 관리하는 데 필요한 경비를 임차인이 최초로 납부하기 전까지 민간임대주택의 유지관리 및 운영에 필요한 경비를 부담하는 경우에는 해당 임차인의 입주가능일 전까지 공동주택관리법에 따른 (㉡)에게 (㉢)(을)를 지급해야 한다.

03 민간임대주택에 관한 특별법령상 임차인대표회의에 관한 규정이다. ( ) 안에 들어갈 아라비아 숫자를 쓰시오.

> 임대사업자가 (㉠)세대 이상의 범위에서 대통령령으로 정하는 세대 이상의 민간임대주택을 공급하는 공동주택단지에 입주하는 임차인은 임차인대표회의를 구성할 수 있다. 다만, 임대사업자가 (㉡)세대 이상의 민간임대주택을 공급하는 공동주택단지 중 대통령령으로 정하는 공동주택단지에 입주하는 임차인은 임차인대표회의를 구성하여야 한다.

04 민간임대주택에 관한 특별법령상 임차인대표회의에 관한 내용이다. ( ) 안에 들어갈 아라비아 숫자와 용어를 쓰시오.

> 제42조 【임차인대표회의】 ①~⑥ 〈생략〉
> ⑦ 동별 대표자가 될 수 있는 사람은 해당 민간임대주택단지에서 (㉠)개월 이상 계속 거주하고 있는 임차인으로 한다. 다만, 최초로 임차인대표회의를 구성하는 경우에는 그러하지 아니하다.
> ⑧ 임차인대표회의는 회장 1명, 부회장 1명 및 (㉡) 1명을 동별 대표자 중에서 선출하여야 한다.
> ⑨ 임차인대표회의를 소집하려는 경우에는 소집일 (㉢)일 전까지 회의의 목적·일시 및 장소 등을 임차인에게 알리거나 공고하여야 한다.

05 민간임대주택에 관한 특별법령상 주택임대관리업의 결격사유에 관한 설명이다. ( ) 안에 들어갈 아라비아 숫자를 쓰시오.

> 제9조 【주택임대관리업의 결격사유】 다음 각 호의 어느 하나에 해당하는 자는 주택임대관리업의 등록을 할 수 없다. 법인의 경우 그 임원 중 다음 각 호의 어느 하나에 해당하는 사람이 있을 때에도 또한 같다.
> 1.~ 2. 〈생략〉
> 3. 제10조에 따라 주택임대관리업의 등록이 말소된 후 (㉠)년이 지나지 아니한 자. 이 경우 등록이 말소된 자가 법인인 경우에는 말소 당시의 원인이 된 행위를 한 사람과 대표자를 포함한다.
> 4. 이 법, 주택법, 공공주택 특별법 또는 공동주택관리법을 위반하여 금고 이상의 실형을 선고받고 집행이 종료(집행이 종료된 것으로 보는 경우를 포함한다)되거나 그 집행이 면제된 날부터 (㉡)년이 지나지 아니한 사람

정답 및 해설

01 ㉠ 임차인, ㉡ 선수관리비
02 ㉠ 임대사업자, ㉡ 관리주체, ㉢ 선수관리비
03 ㉠ 20, ㉡ 150
04 ㉠ 6, ㉡ 이사, ㉢ 5
05 ㉠ 2, ㉡ 3

06 민간임대주택에 관한 특별법 시행령에서 정하는 주택임대관리업의 위·수탁계약서의 내용이다. (   ) 안에 들어갈 용어를 쓰시오.

> 제12조【위·수탁계약서】법 제13조 제2항에서 '계약기간, 주택임대관리업자의 의무 등 대통령령으로 정하는 사항'이란 다음 각 호의 사항을 말한다.
> 1. (㉠)[위탁관리형 주택임대관리업을 등록한 자(이하 '위탁관리형 주택임대관리업자'라 한다)만 해당한다]
> 2. (㉡)(자기관리형 주택임대관리업자만 해당한다)
> 3. 전대료(轉貸料) 및 (㉢)(자기관리형 주택임대관리업자만 해당한다)
> 4. 계약기간
> 5. 주택임대관리업자 및 임대인의 권리·의무에 관한 사항
> 6. 그 밖에 법 제11조 제1항에 따른 주택임대관리업자의 업무 외에 임대인·임차인의 편의를 위하여 추가적으로 제공하는 업무의 내용

07 민간임대주택에 관한 특별법령상 주택임대관리업자에 관한 설명이다. (   ) 안에 들어갈 아라비아 숫자와 용어를 쓰시오.

> 주택임대관리업자는 등록한 사항이 변경된 경우에는 변경사유가 발생한 날부터 (㉠)일 이내에 시장·군수·구청장에게 신고하여야 하며, 주택임대관리업을 폐업하려면 폐업일 (㉡)일 이전에 시장·군수·구청장에게 (㉢)신고를 하여야 한다.

08 공공주택 특별법령상 특별수선충당금의 조정에 관한 내용이다. (   ) 안에 들어갈 용어를 쓰시오.

> (㉠)(은)는 장기수선계획을 수립한 후 이를 조정할 필요가 있는 경우에는 임차인대표회의의 구성원(임차인대표회의가 구성되지 않은 경우에는 전체 임차인) (㉡)의 서면동의를 받아 장기수선계획을 조정할 수 있다.

09 특별수선충당금의 요율 및 사용절차 등에서 정하는 특별수선충당금의 요율 및 사용절차 등에 관한 내용이다. ( ) 안에 들어갈 용어와 아라비아 숫자를 쓰시오.

> 제57조【특별수선충당금의 요율 및 사용절차 등】①~⑥ 〈생략〉
> ⑦ 공공주택사업자는 특별수선충당금을 사용하려면 미리 해당 공공임대주택의 소재지를 관할하는 (㉠)과 협의하여야 한다. 다만, 다음 각 호의 어느 하나에 해당하는 경우에는 그렇지 않다.
> 1. 주택법 시행령 제53조의2 제4항 각 호에 따른 중대한 하자가 발생한 경우
> 2. 천재지변이나 그 밖의 재해로 장기수선계획 수립 대상물이 파손되거나 멸실되어 긴급하게 교체·보수가 필요한 경우
> ⑧ 공공주택사업자는 ⑦ 단서에 따라 특별수선충당금을 사용한 경우에는 그 사유를 사용일부터 (㉡)일 이내에 관할 (㉠)에게 통보해야 한다.

정답 및 해설

06 ㉠ 관리수수료, ㉡ 임대료, ㉢ 전대보증금
07 ㉠ 15, ㉡ 30, ㉢ 말소
08 ㉠ 공공주택사업자, ㉡ 과반수
09 ㉠ 시장·군수 또는 구청장, ㉡ 30

제11장 공동주거관리이론

대표예제 21 공동주거관리의 필요성 ★

공동주거자산관리의 분류에 관한 다음의 설명에 부합하는 것은?

> 주택이라는 자산으로부터 획득하고자 하는 수익목표를 설정하고 이에 맞추어 자본적·수익적 지출계획과 연간 예산을 수립하는 것과 주택의 임대차를 유치 및 유지하며 발생하는 비용을 통제하는 것을 주요 내용으로 한다. 또한 인력관리, 회계업무, 임대료 책정을 위한 적절한 기준과 계획, 보험 및 세금에 대한 업무도 포함된다.

① 시설관리
② 부동산자산관리
③ 입주자관리
④ 임대주택관리
⑤ 분양주택관리

해설 | 제시된 지문은 부동산자산관리에 관한 설명이다.
기본서 p.245   정답 ②

제11장 주관식 기입형 문제

01 초고속정보통신건물인증 업무처리 지침의 용어에 관한 내용이다. ( ) 안에 들어갈 용어를 쓰시오.

> 1. '초고속정보통신건물'이라 함은 초고속정보통신서비스를 편리하게 이용할 수 있도록 일정 기준 이상의 구내정보통신설비를 갖춘 건축물을 말한다.
> 2. '홈네트워크건물'이라 함은 원격에서 조명, (㉠), 출입통제 등의 홈네트워크서비스를 제공할 수 있도록 일정 기준 이상의 홈네트워크용 배관, (㉡) 등을 갖춘 건축물을 말한다.

정답 및 해설

01 ㉠ 난방, ㉡ 배선

제12장 사무 및 인사관리

대표예제 22 ｜ 용어정의 ★★

근로기준법령상 용어의 정의에 관한 설명으로 옳지 않은 것은?

① '근로계약'이란 근로자가 사용자에게 근로를 제공하고 사용자는 이에 대하여 임금을 지급하는 것을 목적으로 체결된 계약을 말한다.
② '평균임금'이란 이를 산정하여야 할 사유가 발생한 날 이전 1개월 동안에 그 근로자에게 지급된 임금의 총액을 그 기간의 총일수로 나눈 금액을 말한다. 근로자가 취업한 후 3개월 미만인 경우도 이에 준한다.
③ '1주'란 휴일을 포함한 7일을 말한다.
④ '소정(所定)근로시간'이란 제50조, 제69조 본문 또는 산업안전보건법에 따른 근로시간의 범위에서 근로자와 사용자 사이에 정한 근로시간을 말한다.
⑤ '단시간근로자'란 1주 동안의 소정근로시간이 그 사업장에서 같은 종류의 업무에 종사하는 통상근로자의 1주 동안의 소정근로시간에 비하여 짧은 근로자를 말한다.

해설 | '평균임금'이란 이를 산정하여야 할 사유가 발생한 날 이전 <u>3개월 동안</u>에 그 근로자에게 지급된 임금의 총액을 그 기간의 총일수로 나눈 금액을 말한다. 근로자가 취업한 후 3개월 미만인 경우도 이에 준한다.

기본서 p.256　　　　　　　　　　　　　　　　　　　　　　　　　　　　　　　정답 ②

01 근로기준법령에서 정하는 임금대장 및 임금명세서에 관한 설명으로 옳지 않은 것은?

① 사용자는 각 사업장별로 임금대장을 작성하고 임금과 가족수당 계산의 기초가 되는 사항, 임금액, 그 밖에 대통령령으로 정하는 사항을 임금을 지급할 때마다 적어야 한다.
② 사용자는 임금대장에 생년월일, 사원번호 등 근로자를 특정할 수 있는 정보의 사항을 근로자 개인별로 적어야 한다.
③ 사용기간이 30일 미만인 일용근로자에 대해서도 종사하는 업무의 사항을 적어야 한다.
④ 공동주택의 경비근로자의 경우, 고용노동부장관의 감시적 근로의 적용 제외 승인이 있어도 사용자가 연장근로, 야간근로 또는 휴일근로를 시킨 경우라면 그 시간수를 적어야 한다.
⑤ 사용자는 임금명세서에 근로자의 성명, 생년월일, 사원번호 등 근로자를 특정할 수 있는 정보의 사항을 적어야 한다.

정답 및 해설

01 ④ 공동주택의 경비근로자의 경우, 고용노동부장관의 감시적 근로의 적용 제외 승인이 있다면 사용자가 연장근로, 야간근로 또는 휴일근로를 시킨 경우라도 그 시간수를 <u>적지 않을 수 있다</u>.

대표예제 23 \ 부당해고 등의 구제절차 ★★

근로기준법상 부당해고 등의 구제절차에 관한 설명이다. (　) 안에 들어갈 아라비아 숫자와 용어로 바르게 짝지어진 것은?

> ㉠ 부당해고 등의 구제신청은 부당해고 등이 있었던 날부터 (　)개월 이내에 하여야 한다.
> ㉡ 지방노동위원회의 구제명령이나 기각결정에 불복하는 사용자나 근로자는 구제명령서나 기각결정서를 통지받은 날부터 (　)일 이내에 중앙노동위원회에 재심을 신청할 수 있다.
> ㉢ 중앙노동위원회의 재심판정에 대하여 사용자나 근로자는 (　)를 송달받은 날부터 15일 이내에 행정소송법의 규정에 따라 소(訴)를 제기할 수 있다.

① 1 - 10 - 이행명령서
② 1 - 15 - 기각결정서
③ 2 - 10 - 이의신청서
④ 3 - 10 - 재심판정서
⑤ 3 - 15 - 판결문

해설 | ㉠ 부당해고 등의 구제신청은 부당해고 등이 있었던 날부터 <u>3개월 이내</u>에 하여야 한다.
㉡ 지방노동위원회의 구제명령이나 기각결정에 불복하는 사용자나 근로자는 구제명령서나 기각결정서를 통지받은 날부터 <u>10일 이내</u>에 중앙노동위원회에 재심을 신청할 수 있다.
㉢ 중앙노동위원회의 재심판정에 대하여 사용자나 근로자는 <u>재심판정서</u>를 송달받은 날부터 15일 이내에 행정소송법의 규정에 따라 소(訴)를 제기할 수 있다.

기본서 p.264　　　　　　　　　　　　　　　　　　　　　　　　　　　　　　　정답 ④

고난도

02 근로기준법상 부당해고 등의 구제신청에 관한 설명으로 옳은 것은?

① 사용자가 근로자에게 부당해고 등을 하면 근로자와 노동조합은 노동위원회에 구제를 신청할 수 있다.
② 노동위원회는 부당해고 등이 성립한다고 판정하면 사용자에게 구제신청을 기각하는 결정을 하여야 하며, 부당해고 등이 성립하지 아니한다고 판정하면 구제명령을 하여야 한다.
③ 지방노동위원회의 구제명령이나 기각결정에 불복하는 사용자나 근로자는 구제명령서나 기각결정서를 통지받은 날부터 15일 이내에 중앙노동위원회에 재심을 신청할 수 있다.
④ 노동위원회의 구제명령 기각결정 또는 재심판정은 중앙노동위원회에 대한 재심신청이나 행정소송 제기에 의하여 그 효력이 정지된다.
⑤ 행정소송을 제기하여 확정된 구제명령 또는 구제명령을 내용으로 하는 재심판정을 이행하지 아니한 자는 1년 이하의 징역 또는 1천만원 이하의 벌금에 처한다.

03 근로기준법령상 구제명령 등의 확정과 효력의 내용으로 옳은 것은?

① 노동위원회법에 따른 지방노동위원회의 구제명령이나 기각결정에 불복하는 사용자나 근로자는 구제명령서나 기각결정서를 통지받은 날부터 15일 이내에 중앙노동위원회에 재심을 신청할 수 있다.
② ①에 따른 중앙노동위원회의 재심판정에 대하여 사용자나 근로자는 재심판정서를 송달받은 날부터 10일 이내에 행정소송법의 규정에 따라 소(訴)를 제기할 수 있다.
③ ①에 따른 기간 이내에 재심을 신청하지 아니하면 그 구제명령과 기각결정은 확정되지 아니한다.
④ ②에 따른 기간 이내에 행정소송을 제기하지 아니하면 그 재심판정은 확정되지 아니한다.
⑤ 노동위원회의 구제명령, 기각결정 또는 재심판정은 제31조에 따른 중앙노동위원회에 대한 재심신청이나 행정소송 제기에 의하여 그 효력이 정지되지 아니한다.

정답 및 해설

02 ⑤ ① 사용자가 근로자에게 부당해고 등을 하면 <u>근로자</u>는 노동위원회에 구제를 신청할 수 있다.
② 노동위원회는 부당해고 등이 성립한다고 판정하면 <u>사용자에게 구제명령을 하여야</u> 하며, 부당해고 등이 성립하지 아니한다고 판정하면 <u>구제신청을 기각하는 결정을 하여야 한다</u>.
③ 지방노동위원회의 구제명령이나 기각결정에 불복하는 사용자나 근로자는 구제명령서나 기각결정서를 통지받은 날부터 <u>10일 이내</u>에 중앙노동위원회에 재심을 신청할 수 있다.
④ 노동위원회의 구제명령 기각결정 또는 재심판정은 중앙노동위원회에 대한 재심신청이나 행정소송 제기에 의하여 <u>그 효력이 정지되지 아니한다</u>.

03 ⑤ ① 노동위원회법에 따른 지방노동위원회의 구제명령이나 기각결정에 불복하는 사용자나 근로자는 구제명령서나 기각결정서를 통지받은 날부터 <u>10일 이내</u>에 중앙노동위원회에 재심을 신청할 수 있다.
② ①에 따른 중앙노동위원회의 재심판정에 대하여 사용자나 근로자는 재심판정서를 송달받은 날부터 <u>15일 이내</u>에 행정소송법의 규정에 따라 소(訴)를 제기할 수 있다.
③ ①에 따른 기간 이내에 재심을 신청하지 아니하면 그 구제명령과 기각결정은 <u>확정된다</u>.
④ ②에 따른 기간 이내에 행정소송을 제기하지 아니하면 그 재심판정은 <u>확정된다</u>.

대표예제 24 / 이행강제금 ★★★

근로기준법령상 이행강제금에 관한 설명으로 옳은 것은?

① 노동위원회는 구제명령을 받은 후 이행기한까지 구제명령을 이행하지 아니한 사용자에게 2천만원 이하의 이행강제금을 부과한다.
② 노동위원회는 이행강제금을 부과하기 15일 전까지 이행강제금을 부과·징수한다는 뜻을 사용자에게 미리 문서로써 알려주어야 한다.
③ 이행강제금을 부과할 때에는 이행강제금의 액수, 부과사유, 납부기한, 수납기관, 이의제기방법 및 이의제기기관 등을 명시한 문서로써 하여야 한다.
④ 노동위원회는 최초의 구제명령을 한 날을 기준으로 매년 2회의 범위에서 구제명령이 이행될 때까지 반복하여 ①에 따른 이행강제금을 부과·징수할 수 있다. 이 경우 이행강제금은 3년을 초과하여 부과·징수하지 못한다.
⑤ 노동위원회는 구제명령을 받은 자가 구제명령을 이행하면 새로운 이행강제금을 부과하지 아니하고, 구제명령을 이행하기 전에 이미 부과된 이행강제금도 징수하지 않는다.

오답체크 | ① 노동위원회는 구제명령을 받은 후 이행기한까지 구제명령을 이행하지 아니한 사용자에게 <u>3천만원</u> 이하의 이행강제금을 부과한다.
② 노동위원회는 이행강제금을 부과하기 <u>30일 전까지</u> 이행강제금을 부과·징수한다는 뜻을 사용자에게 미리 문서로써 알려주어야 한다.
④ 노동위원회는 최초의 구제명령을 한 날을 기준으로 매년 2회의 범위에서 구제명령이 이행될 때까지 반복하여 ①에 따른 이행강제금을 부과·징수할 수 있다. 이 경우 이행강제금은 <u>2년</u>을 초과하여 부과·징수하지 못한다.
⑤ 노동위원회는 구제명령을 받은 자가 구제명령을 이행하면 새로운 이행강제금을 부과하지 아니하되, 구제명령을 이행하기 전에 이미 부과된 <u>이행강제금은 징수하여야 한다</u>.

기본서 p.266　　　　　　　　　　　　　　　　　　　　　　　　　정답 ③

04 근로기준법령상 이행강제금에 관한 설명으로 옳은 것은?

① 노동위원회는 구제명령(구제명령을 내용으로 하는 재심판정을 포함한다)을 받은 후 이행기한까지 구제명령을 이행하지 아니한 사용자에게 2천만원 이하의 이행강제금을 부과한다.

② 노동위원회는 이행강제금을 부과하기 15일 전까지 이행강제금을 부과·징수한다는 뜻을 사용자에게 미리 문서로써 알려주어야 한다.

③ 노동위원회는 최초의 구제명령을 한 날을 기준으로 2년 1회의 범위에서 구제명령이 이행될 때까지 반복하여 이행강제금을 부과·징수할 수 있다. 이 경우 이행강제금은 2년을 초과하여 부과·징수하지 못한다.

④ 노동위원회는 구제명령을 받은 자가 구제명령을 이행하면 새로운 이행강제금을 부과하지 아니하되, 구제명령을 이행하기 전에 이미 부과된 이행강제금은 징수하여야 한다.

⑤ 근로자는 구제명령을 받은 사용자가 이행기한까지 구제명령을 이행하지 아니하면 이행기한이 지난 때부터 30일 이내에 그 사실을 노동위원회에 알려줄 수 있다.

정답 및 해설

04 ④ ① 노동위원회는 구제명령(구제명령을 내용으로 하는 재심판정을 포함한다)을 받은 후 이행기한까지 구제명령을 이행하지 아니한 사용자에게 <u>3천만원 이하</u>의 이행강제금을 부과한다.
② 노동위원회는 이행강제금을 부과하기 <u>30일 전까지</u> 이행강제금을 부과·징수한다는 뜻을 사용자에게 미리 문서로써 알려 주어야 한다.
③ 노동위원회는 최초의 구제명령을 한 날을 기준으로 <u>매년 2회의 범위</u>에서 구제명령이 이행될 때까지 반복하여 이행강제금을 부과·징수할 수 있다. 이 경우 이행강제금은 2년을 초과하여 부과·징수하지 못한다.
⑤ 근로자는 구제명령을 받은 사용자가 이행기한까지 구제명령을 이행하지 아니하면 이행기한이 지난 때부터 <u>15일 이내</u>에 그 사실을 노동위원회에 알려줄 수 있다.

05 근로기준법상 구제명령과 이행강제금에 관한 설명으로 옳지 않은 것은?

① 노동위원회는 부당해고가 성립한다고 판정하면 정년의 도래로 근로자가 원직복직이 불가능한 경우에도 사용자에게 구제명령을 하여야 한다.
② 지방노동위원회의 구제명령에 불복하는 사용자는 구제명령서를 통지받은 날부터 10일 이내에 중앙노동위원회에 재심을 신청할 수 있다.
③ 노동위원회의 구제명령은 중앙노동위원회에 대한 재심신청에 의하여 그 효력이 정지되지 아니한다.
④ 노동위원회는 구제명령을 받은 자가 구제명령을 이행하면 구제명령을 이행하기 전에 이미 부과된 이행강제금은 징수하지 아니하고, 새로운 이행강제금을 부과하지 아니하여야 한다.
⑤ 근로자는 구제명령을 받은 사용자가 이행기한까지 구제명령을 이행하지 아니하면 이행기한이 지난 때부터 15일 이내에 그 사실을 노동위원회에 알려줄 수 있다.

06 근로기준법령상 이행강제금의 반환과 납부기한 및 의견제출 등의 내용으로 옳지 않은 것은?

① 노동위원회는 이행강제금을 부과하는 때에는 이행강제금의 부과통지를 받은 날부터 15일 이내의 납부기한을 정하여야 한다.
② 노동위원회는 천재·사변, 그 밖의 부득이한 사유가 발생하여 ①에 따른 납부기한 내에 이행강제금을 납부하기 어려운 경우에는 그 사유가 없어진 날부터 15일 이내의 기간을 납부기한으로 할 수 있다.
③ 이행강제금을 부과·징수한다는 뜻을 사용자에게 미리 문서로써 알려줄 때에는 10일 이상의 기간을 정하여 구술 또는 서면(전자문서를 포함한다)으로 의견을 진술할 수 있는 기회를 주어야 한다. 이 경우 지정된 기일까지 의견진술이 없는 때에는 의견이 없는 것으로 본다.
④ 이행강제금의 징수절차에 관하여는 국고금관리법 시행규칙을 준용한다. 이 경우 납입고지서에는 이의제기 방법 및 기간 등을 함께 적어야 한다.
⑤ 노동위원회는 중앙노동위원회의 재심판정이나 법원의 확정판결에 따라 노동위원회의 구제명령이 취소되면 직권 또는 사용자의 신청에 따라 이행강제금의 부과·징수를 즉시 중지하고 이미 징수한 이행강제금을 반환하여야 한다.

대표예제 25   최저임금액과 최저임금의 효력 ★★★

최저임금법령상 최저임금액과 최저임금의 효력에 관한 설명으로 옳은 것은?

① 최저임금액(최저임금으로 정한 금액을 말한다)은 시간·일(日)·주(週) 또는 월(月)을 단위로 하여 정한다. 이 경우 일·주 또는 월을 단위로 하여 최저임금액을 정할 때에는 월급(月給)으로도 표시하여야 한다.
② 1년 이상의 기간을 정하여 근로계약을 체결하고 수습 중에 있는 근로자로서 수습을 시작한 날부터 1개월 이내인 사람에 대하여는 대통령령으로 정하는 바에 따라 ①에 따른 최저임금액과 다른 금액으로 최저임금액을 정할 수 있다. 다만, 단순노무업무로 고용노동부장관이 정하여 고시한 직종에 종사하는 근로자는 제외한다.
③ 임금이 통상적으로 도급제나 그 밖에 이와 비슷한 형태로 정하여져 있는 경우로서 ①에 따라 최저임금액을 정하는 것이 적당하지 아니하다고 인정되어도 최저임금액을 따로 정할 수 없다.
④ 최저임금의 적용을 받는 근로자와 사용자 사이의 근로계약 중 최저임금액에 미치지 못하는 금액을 임금으로 정한 부분은 그 근로계약의 전부를 무효로 한다.
⑤ 도급인이 도급계약기간 중 인건비 단가를 최저임금액에 미치지 못하는 금액으로 낮춘 행위로 수급인이 근로자에게 최저임금액에 미치지 못하는 임금을 지급한 경우 도급인은 해당 수급인과 연대(連帶)하여 책임을 진다.

오답 체크
① 최저임금액(최저임금으로 정한 금액을 말한다)은 시간·일(日)·주(週) 또는 월(月)을 단위로 하여 정한다. 이 경우 일·주 또는 월을 단위로 하여 최저임금액을 정할 때에는 <u>시간급(時間給)</u>으로도 표시하여야 한다.
② 1년 이상의 기간을 정하여 근로계약을 체결하고 수습 중에 있는 근로자로서 수습을 시작한 날부터 <u>3개월 이내</u>인 사람에 대하여는 대통령령으로 정하는 바에 따라 ①에 따른 최저임금액과 다른 금액으로 최저임금액을 정할 수 있다. 다만, 단순노무업무로 고용노동부장관이 정하여 고시한 직종에 종사하는 근로자는 제외한다.
③ 임금이 통상적으로 도급제나 그 밖에 이와 비슷한 형태로 정하여져 있는 경우로서 ①에 따라 최저임금액을 정하는 것이 적당하지 아니하다고 인정되면 <u>대통령령으로 정하는 바에 따라 최저임금액을 따로 정할 수 있다</u>.
④ 최저임금의 적용을 받는 근로자와 사용자 사이의 근로계약 중 최저임금액에 미치지 못하는 금액을 임금으로 정한 부분은 <u>무효로 하며, 이 경우 무효로 된 부분은 이 법으로 정한 최저임금액과 동일한 임금을 지급하기로 한 것으로 본다</u>.

기본서 p.282   정답 ⑤

정답 및 해설

05 ④ 노동위원회는 구제명령을 받은 자가 구제명령을 이행하면 <u>새로운 이행강제금을 부과하지 아니하되, 구제명령을 이행하기 전에 이미 부과된 이행강제금은 징수하여야 한다</u>.
06 ② 노동위원회는 천재·사변, 그 밖의 부득이한 사유가 발생하여 ①에 따른 납부기한 내에 이행강제금을 납부하기 어려운 경우에는 그 사유가 없어진 날부터 <u>30일 이내</u>의 기간을 납부기한으로 할 수 있다.

07 최저임금법상 최저임금에 관한 설명으로 옳지 않은 것은?

① 최저임금액을 일·주 또는 월을 단위로 하여 최저임금액을 정할 때에는 시간급(時間給)으로도 표시하여야 한다.
② 사용자는 최저임금법에 따른 최저임금을 이유로 종전의 임금수준을 낮추어서는 아니 된다.
③ 최저임금의 사업 종류별 구분은 최저임금위원회의 심의를 거쳐 고용노동부장관이 정한다.
④ 사용자를 대표하는 자는 고시된 최저임금안에 대하여 이의가 있으면 고시된 날부터 15일 이내에 대통령령으로 정하는 바에 따라 고용노동부장관에게 이의를 제기할 수 있다.
⑤ 고시된 최저임금은 다음 연도 1월 1일부터 효력이 발생한다. 다만, 고용노동부장관은 사업의 종류별로 임금교섭시기 등을 고려하여 필요하다고 인정하면 효력발생시기를 따로 정할 수 있다.

고난도

08 남녀고용평등과 일·가정 양립 지원에 관한 법령상 모성보호에 관한 설명으로 옳은 것은?

① 국가는 배우자 출산휴가, 난임치료휴가, 출산전후휴가 또는 유산·사산휴가를 사용한 근로자 중 일정한 요건에 해당하는 사람에게 그 휴가기간에 대하여 통상임금에 상당하는 금액을 지급할 수 있다.
② 사업주는 근로자가 배우자의 출산을 이유로 휴가를 고지하는 경우에 10일의 휴가를 주어야 한다. 이 경우 사용한 휴가기간은 유급으로 한다.
③ 배우자 출산휴가는 근로자의 배우자가 출산한 날부터 90일이 지나면 사용할 수 없다.
④ 배우자 출산휴가는 1회에 한정하여 나누어 사용할 수 있다.
⑤ 사업주는 근로자가 인공수정 또는 체외수정 등 난임치료를 받기 위하여 휴가를 청구하는 경우에 연간 3일 이내의 휴가를 주어야 하며, 이 경우 최초 1일은 유급으로 한다.

09 남녀고용평등과 일·가정 양립 지원에 관한 법률상 모성보호에 관한 설명으로 옳지 않은 것은?

① 국가는 배우자 출산휴가, 난임치료휴가, 출산전후휴가 또는 유산·사산휴가를 사용한 근로자 중 일정한 요건에 해당하는 사람에게 그 휴가기간에 대하여 평균임금에 상당하는 금액을 지급할 수 있다.
② ①에 따라 지급된 출산전후휴가급여 등은 그 금액의 한도에서 근로기준법에 따라 사업주가 지급한 것으로 본다.
③ 여성 근로자가 출산전후휴가급여 등을 받으려는 경우 사업주는 관계서류의 작성·확인 등 모든 절차에 적극 협력하여야 한다.
④ 사업주는 근로자가 인공수정 또는 체외수정 등 난임치료휴가를 청구하는 경우에 연간 6일 이내의 휴가를 주어야 하며, 이 경우 최초 2일은 유급으로 한다.
⑤ 배우자 출산휴가는 근로자의 배우자가 출산한 날부터 120일이 지나면 청구할 수 없다.

정답 및 해설

07 ④ 사용자를 대표하는 자는 고시된 최저임금안에 대하여 이의가 있으면 고시된 날부터 <u>10일 이내</u>에 대통령령으로 정하는 바에 따라 고용노동부장관에게 이의를 제기할 수 있다.

08 ① ② 사업주는 근로자가 배우자의 출산을 이유로 휴가를 고지하는 경우에 <u>20일의 휴가</u>를 주어야 한다. 이 경우 사용한 휴가기간은 유급으로 한다.
③ 배우자 출산휴가는 근로자의 배우자가 출산한 날부터 <u>120일</u>이 지나면 사용할 수 없다.
④ 배우자 출산휴가는 <u>3회에 한정</u>하여 나누어 사용할 수 있다.
⑤ 사업주는 근로자가 인공수정 또는 체외수정 등 난임치료를 받기 위하여 휴가를 청구하는 경우에 연간 <u>6일 이내</u>의 휴가를 주어야 하며, 이 경우 <u>최초 2일</u>은 유급으로 한다.

09 ① 국가는 배우자 출산휴가, 난임치료휴가, 출산전후휴가 또는 유산·사산휴가를 사용한 근로자 중 일정한 요건에 해당하는 사람에게 그 휴가기간에 대하여 <u>통상임금</u>에 상당하는 금액을 지급할 수 있다.

10 남녀고용평등과 일·가정 양립 지원에 관한 법령상 배우자 출산휴가에 관한 설명으로 옳지 않은 것은?

① 사업주는 근로자가 배우자의 출산을 이유로 휴가(이하 '배우자 출산휴가'라 한다)를 청구하는 경우에 20일의 휴가를 주어야 한다. 이 경우 사용한 휴가기간은 유급으로 한다.
② ①의 후단에도 불구하고 출산전후휴가급여 등이 지급된 경우에는 그 금액의 한도에서 지급의 책임을 면한다.
③ 배우자 출산휴가는 근로자의 배우자가 출산한 날부터 90일이 지나면 청구할 수 없다.
④ 배우자 출산휴가는 3회에 한정하여 나누어 사용할 수 있다.
⑤ 사업주는 배우자 출산휴가를 이유로 근로자를 해고하거나 그 밖의 불리한 처우를 하여서는 아니 된다.

대표예제 26 | 육아휴직 ★★

남녀고용평등과 일·가정 양립 지원에 관한 법률 및 같은 법 시행령에서 정하는 일·가정의 양립 지원에 관한 설명으로 옳지 않은 것은?

① 사업주는 임신 중인 여성 근로자가 모성을 보호하거나 근로자가 만 12세 이하 또는 초등학교 6학년 이하의 자녀(입양한 자녀를 포함한다)를 양육하기 위하여 휴직(이하 '육아휴직'이라 한다)을 신청하는 경우에 이를 허용하여야 한다.
② 육아휴직의 기간은 1년 이내로 한다.
③ 사업주는 근로자가 만 8세 이하 또는 초등학교 2학년 이하의 자녀를 양육하기 위하여 근로시간의 단축(이하 '육아기 근로시간 단축'이라 한다)을 신청하는 경우에 이를 허용하여야 한다.
④ 사업주가 ③에 따라 해당 근로자에게 육아기 근로시간 단축을 허용하는 경우 단축 후 근로시간은 주당 15시간 이상이어야 하고 35시간을 넘어서는 아니 된다.
⑤ 근로자는 육아휴직을 3회에 한정하여 나누어 사용할 수 있다.

해설 | 사업주는 임신 중인 여성 근로자가 모성을 보호하거나 근로자가 만 8세 이하 또는 초등학교 2학년 이하의 자녀(입양한 자녀를 포함한다)를 양육하기 위하여 휴직(이하 '육아휴직'이라 한다)을 신청하는 경우에 이를 허용하여야 한다.

기본서 p.309　　　　　　　　　　　　　　　　　　　　　　　　　　　　　　　정답 ①

11 남녀고용평등과 일·가정 양립 지원에 관한 법률에서 정하는 육아휴직과 육아기 근로시간 단축에 관한 설명으로 옳지 않은 것은?

① 사업주는 임신 중인 여성 근로자가 모성을 보호하거나 근로자가 만 8세 이하 또는 초등학교 2학년 이하의 자녀(입양한 자녀를 포함한다)를 양육하기 위하여 휴직을 신청하는 경우에 이를 허용하여야 한다.

② 기간제근로자 또는 파견근로자의 육아휴직 기간은 기간제 및 단시간근로자 보호 등에 관한 법률 제4조에 따른 사용기간 또는 파견근로자 보호 등에 관한 법률 제6조에 따른 근로자파견기간에서 제외한다.

③ 사업주는 임신 중인 여성 근로자가 모성을 보호하거나 근로자가 만 8세 이하 또는 초등학교 2학년 이하의 자녀를 양육하기 위하여 근로시간의 단축을 신청하는 경우에 이를 허용하여야 한다.

④ 사업주가 해당 근로자에게 육아기 근로시간 단축을 허용하는 경우 단축 후 근로시간은 주당 15시간 이상이어야 하고 35시간을 넘어서는 아니 된다.

⑤ 근로자는 육아기 근로시간 단축을 나누어 사용할 수 있다. 이 경우 나누어 사용하는 1회의 기간은 1개월(근로계약기간의 만료로 1개월 이상 근로시간 단축을 사용할 수 없는 기간제근로자에 대해서는 남은 근로계약기간을 말한다) 이상이 되어야 한다.

정답 및 해설

10 ③ 배우자 출산휴가는 근로자의 배우자가 출산한 날부터 120일이 지나면 청구할 수 없다.

11 ③ 사업주는 근로자가 만 12세 이하 또는 초등학교 6학년 이하의 자녀를 양육하기 위하여 근로시간의 단축을 신청하는 경우에 이를 허용하여야 한다.

12 남녀고용평등과 일·가정 양립 지원에 관한 법률에서 정하는 차별적 처우 등의 시정에 관한 설명으로 옳지 않은 것은?

① 근로자는 사업주로부터 근로자를 모집·채용할 때 그 직무의 수행에 필요하지 아니한 용모·키·체중 등의 신체적 조건, 미혼 조건, 그 밖에 고용노동부령으로 정하는 조건을 제시하거나 요구를 받은 경우 노동위원회법에 따른 노동위원회에 그 시정을 신청할 수 있다.
② 노동위원회는 특별한 사유가 없으면 조정절차를 개시하거나 중재신청을 받은 날부터 60일 이내에 조정안을 제시하거나 중재결정을 하여야 한다.
③ 조정 또는 중재결정은 민사소송법에 따른 재판상 화해와 동일한 효력을 갖는다.
④ 노동위원회는 조사·심문을 끝내고 차별적 처우 등에 해당된다고 판정한 때에는 해당 사업주에게 시정명령을 하여야 하고, 차별적 처우 등에 해당하지 아니한다고 판정한 때에는 그 시정신청을 기각하는 결정을 하여야 한다.
⑤ 배상을 하도록 한 경우 그 배상액은 차별적 처우 등으로 근로자에게 발생한 손해액을 기준으로 정한다. 다만, 노동위원회는 사업주의 차별적 처우 등에 명백한 고의가 인정되거나 차별적 처우 등이 반복되는 경우에는 그 손해액을 기준으로 3배를 넘지 아니하는 범위에서 배상명령을 할 수 있다.

13 남녀고용평등과 일·가정 양립 지원에 관한 법률상 차별적 처우 등의 시정신청 등에 관한 설명으로 옳지 않은 것은?

① 근로자는 사업주로부터 임금 지급 등 차별적 처우 등을 받은 경우 노동위원회에 그 시정을 신청할 수 있다. 다만, 차별적 처우 등을 받은 날(차별적 처우 등이 계속되는 경우에는 그 종료일)부터 3개월이 지난 때에는 그러하지 아니하다.
② 노동위원회는 ①에 따른 심문을 하는 때에는 관계 당사자의 신청 또는 직권으로 증인을 출석하게 하여 필요한 사항을 질문할 수 있다.
③ 노동위원회는 ②에 따른 심문 과정에서 관계 당사자 쌍방 또는 일방의 신청이나 직권으로 조정(調停)절차를 개시할 수 있고, 관계 당사자가 미리 노동위원회의 중재(仲裁)결정에 따르기로 합의하여 중재를 신청한 경우에는 중재를 할 수 있다.
④ ③에 따른 조정 또는 중재의 신청은 ①에 따른 시정신청을 한 날부터 14일 이내에 하여야 한다. 다만, 노동위원회가 정당한 사유로 그 기간에 신청할 수 없었다고 인정하는 경우에는 14일 후에도 신청할 수 있다.
⑤ 노동위원회는 특별한 사유가 없으면 조정절차를 개시하거나 중재신청을 받은 날부터 60일 이내에 조정안을 제시하거나 중재결정을 하여야 한다.

14 노동조합 및 노동관계조정법령상 설립신고 및 신고증 교부에 관한 설명으로 옳지 않은 것은?

① 노동조합을 설립하고자 하는 자는 신고서에 규약을 첨부하여 2 이상의 특별시·광역시·특별자치시·도·특별자치도에 걸치는 단위노동조합은 고용노동부장관에게, 2 이상의 시·군·구(자치구를 말한다)에 걸치는 연합단체인 노동조합과 단위노동조합은 특별시장·광역시장·도지사에게 제출하여야 한다.

② 연합단체인 노동조합은 동종산업의 단위노동조합을 구성원으로 하는 산업별 연합단체와 산업별 연합단체 또는 전국규모의 산업별 단위노동조합을 구성원으로 하는 총연합단체를 말한다.

③ 고용노동부장관, 특별시장·광역시장·특별자치시장·도지사·특별자치도지사 또는 시장·군수·구청장(이하 '행정관청'이라 한다)은 설립신고서를 접수한 때에는 ④의 전단 및 ⑤의 경우를 제외하고는 3일 이내에 신고증을 교부하여야 한다.

④ 행정관청은 설립신고서 또는 규약이 기재사항의 누락 등으로 보완이 필요한 경우에는 대통령령이 정하는 바에 따라 20일 이내의 기간을 정하여 보완을 요구하여야 한다. 이 경우 보완된 설립신고서 또는 규약을 접수한 때에는 3일 이내에 신고증을 교부하여야 한다.

⑤ 행정관청은 설립하고자 하는 노동조합이 ④의 규정에 의하여 보완을 요구하였음에도 불구하고 그 기간 내에 보완을 하지 아니하는 경우에는 설립신고서를 반려하여야 한다.

> **정답 및 해설**

12 ⑤ 배상을 하도록 한 경우 그 배상액은 차별적 처우 등으로 근로자에게 발생한 손해액을 기준으로 정한다. 다만, 노동위원회는 사업주의 차별적 처우 등에 명백한 고의가 인정되거나 차별적 처우 등이 반복되는 경우에는 그 손해액을 기준으로 <u>2배를 넘지 아니하는</u> 범위에서 배상명령을 할 수 있다.

13 ① 근로자는 사업주로부터 임금 지급 등 차별적 처우 등을 받은 경우 노동위원회에 그 시정을 신청할 수 있다. 다만, 차별적 처우 등을 받은 날(차별적 처우 등이 계속되는 경우에는 그 종료일)부터 <u>6개월이 지난</u> 때에는 그러하지 아니하다.

14 ① 노동조합을 설립하고자 하는 자는 신고서에 규약을 첨부하여 <u>연합단체인 노동조합과</u> 2 이상의 특별시·광역시·특별자치시·도·특별자치도에 걸치는 단위노동조합은 고용노동부장관에게, 2 이상의 시·군·구(자치구를 말한다)에 걸치는 <u>단위노동조합은</u> 특별시장·광역시장·도지사에게 제출하여야 한다.

대표예제 27 | 단체협약 ★★★

노동조합 및 노동관계조정법령상 단체협약에 관한 설명으로 옳은 것은?

① 단체협약의 유효기간은 2년을 초과하지 않는 범위에서 노사가 합의하여 정할 수 있다.
② 단체협약의 유효기간이 만료되는 때를 전후하여 당사자 쌍방이 새로운 단체협약을 체결하고자 단체교섭을 계속하였음에도 불구하고 새로운 단체협약이 체결되지 아니한 경우에는 별도의 약정이 있는 경우를 제외하고는 종전의 단체협약은 그 효력만료일부터 6월까지 계속 효력을 갖는다.
③ 단체협약에 정한 근로조건 기타 근로자의 대우에 관한 기준에 위반하는 근로기준법의 부분은 무효로 한다.
④ 단체협약의 해석 또는 이행방법에 관하여 관계 당사자간에 의견의 불일치가 있는 때에는 당사자 쌍방 또는 단체협약에 정하는 바에 의하여 어느 일방이 노동위원회에 그 해석 또는 이행방법에 관한 견해의 제시를 요청할 수 있으며, 노동위원회가 제시한 해석 또는 이행방법에 관한 견해는 중재재정과 동일한 효력을 가진다.
⑤ 하나의 사업 또는 사업장에 상시 사용되는 동종의 근로자 3분의 2 이상이 하나의 단체협약의 적용을 받게 된 때에는 당해 사업 또는 사업장에 사용되는 다른 동종의 근로자에 대하여도 당해 단체협약이 적용된다.

오답체크
① 단체협약의 유효기간은 <u>3년을 초과하지 않는 범위</u>에서 노사가 합의하여 정할 수 있다.
② 단체협약의 유효기간이 만료되는 때를 전후하여 당사자 쌍방이 새로운 단체협약을 체결하고자 단체교섭을 계속하였음에도 불구하고 새로운 단체협약이 체결되지 아니한 경우에는 별도의 약정이 있는 경우를 제외하고는 종전의 단체협약은 그 효력만료일부터 <u>3월까지</u> 계속 효력을 갖는다.
③ 단체협약에 정한 근로조건 기타 근로자의 대우에 관한 기준에 위반하는 <u>취업규칙 또는 근로계약</u>의 부분은 무효로 한다.
⑤ 하나의 사업 또는 사업장에 상시 사용되는 동종의 근로자 <u>반수 이상</u>이 하나의 단체협약의 적용을 받게 된 때에는 당해 사업 또는 사업장에 사용되는 다른 동종의 근로자에 대하여도 당해 단체협약이 적용된다.

기본서 p.326   정답 ④

15 노동조합 및 노동관계조정법상 근로시간 면제 등에 관한 설명으로 옳지 않은 것은?

① 근로자는 단체협약으로 정하고 사용자의 동의가 있는 경우에는 사용자 또는 노동조합으로부터 급여를 지급받으면서 근로계약 소정의 근로를 제공하지 아니하고 노동조합의 업무에 종사할 수 있다.
② 근로시간 면제 등과 관련하여 사용자로부터 급여를 지급받는 근로자(이하 '근로시간 면제자'라 한다)는 사업 또는 사업장별로 종사근로자인 조합원수 등을 고려하여 결정된 근로시간 면제한도를 초과하지 아니하는 범위에서 임금의 손실 없이 사용자와의 협의·교섭, 고충처리, 산업안전활동 등 이 법 또는 다른 법률에서 정하는 업무와 건전한 노사관계 발전을 위한 노동조합의 유지·관리업무를 할 수 있다.
③ 사용자는 근로시간 면제 등과 관련하여 노동조합의 업무에 종사하는 근로자의 정당한 노동조합활동을 제한해서는 아니 된다.
④ 근로시간 면제한도를 초과하는 내용을 정한 단체협약 또는 사용자의 동의는 그 부분에 한정하여 무효로 한다.
⑤ 근로시간 면제자에 대한 근로시간 면제한도를 정하기 위하여 근로시간면제심의위원회를 경제사회노동위원회법에 따른 경제사회노동위원회에 둔다.

정답 및 해설

15 ① 근로자는 단체협약으로 정하거나 사용자의 동의가 있는 경우에는 사용자 또는 노동조합으로부터 급여를 지급받으면서 근로계약 소정의 근로를 제공하지 아니하고 노동조합의 업무에 종사할 수 있다.

16 고용보험 및 산업재해보상보험의 보험료징수 등에 관한 법령상 보험가입자에 대한 설명으로 옳지 않은 것은?

① 고용보험법을 적용받는 사업의 사업주와 근로자(고용보험법에 따른 적용제외 근로자는 제외한다)는 당연히 고용보험법에 따른 고용보험의 보험가입자가 된다.
② 산업재해보상보험법을 적용받는 사업의 사업주는 당연히 산업재해보상보험법에 따른 산업재해보상보험의 보험가입자가 된다.
③ 산업재해보상보험법에 따라 같은 법을 적용하지 아니하는 사업의 사업주는 공단의 승인을 받아 산재보험에 가입할 수 있다.
④ 고용보험 또는 산재보험에 가입한 사업주가 보험계약을 해지할 때에는 미리 공단의 승인을 받아야 한다. 이 경우 보험계약의 해지는 그 보험계약이 성립한 보험연도가 끝난 후에 하여야 한다. 또한 사업주가 고용보험계약을 해지할 때에는 근로자 과반수의 동의를 받아야 한다.
⑤ 공단은 사업 실체가 없는 등의 사유로 계속하여 보험관계를 유지할 수 없다고 인정하는 경우에도 그 보험관계를 소멸시킬 수 없다.

17 고용보험 및 산업재해보상보험의 보험료징수 등에 관한 법률에서 보험료에 관한 설명으로 옳은 것은?

① 보험사업에 드는 비용에 충당하기 위하여 보험가입자로부터 고용안정·직업능력개발사업 및 실업급여의 보험료(이하 '고용보험료'라 한다)와 산재보험의 보험료(이하 '산재보험료'라 한다)를 징수한다.
② 고용보험 가입자인 근로자가 부담하여야 하는 고용보험료는 자기의 보수총액에 고용안정·직업능력개발사업의 보험료율의 2분의 1을 곱한 금액으로 한다.
③ 고용보험법에 따라 65세 이후에 고용(65세 전부터 피보험자격을 유지하던 사람이 65세 이후에 계속하여 고용된 경우를 포함한다)된 자에 대하여는 고용보험료 중 고용안정·직업능력개발사업의 보험료를 징수하지 아니한다.
④ 사업주가 부담하여야 하는 산재보험료는 그 사업주가 경영하는 사업에 종사하는 근로자의 개인별 보수총액에 산재보험료율을 곱한 금액의 2분의 1을 합한 금액으로 한다.
⑤ 고용보험료율은 보험수지의 동향과 경제상황 등을 고려하여 100분의 30의 범위에서 고용안정·직업능력개발사업의 보험료율 및 실업급여의 보험료율로 구분하여 대통령령으로 정한다.

18 고용보험 및 산업재해보상보험의 보험료징수 등에 관한 법률에 대한 설명으로 옳지 않은 것은?

① 고용보험법을 적용하지 아니하는 사업의 경우에는 공단이 그 사업의 사업주로부터 보험가입승인신청서를 접수한 날의 다음 날에 성립한다.
② 사업 실체가 없는 등의 사유로 계속하여 보험관계를 유지할 수 없다고 인정하는 경우에 공단이 보험관계를 소멸시키는 경우에는 그 소멸을 결정·통지한 날에 소멸한다.
③ 사업주는 당연히 보험가입자가 된 경우에는 그 보험관계가 성립한 날부터 14일 이내에, 사업의 폐업·종료 등으로 인하여 보험관계가 소멸한 경우에는 그 보험관계가 소멸한 날부터 14일 이내에 공단에 보험관계의 성립 또는 소멸 신고를 하여야 한다.
④ 보험에 가입한 사업주는 그 이름, 사업의 소재지 등 대통령령으로 정하는 사항이 변경된 경우에는 그날부터 14일 이내에 그 변경사항을 공단에 신고하여야 한다.
⑤ 보험료 등의 고지 및 수납, 보험료 등 체납관리에 해당하는 징수업무는 국민건강보험공단이 고용노동부장관으로부터 위탁을 받아 수행한다.

정답 및 해설

16 ⑤ 공단은 사업 실체가 없는 등의 사유로 계속하여 보험관계를 유지할 수 없다고 인정하는 경우에는 그 보험관계를 <u>소멸시킬 수 있다</u>.

17 ① ② 고용보험 가입자인 근로자가 부담하여야 하는 고용보험료는 자기의 보수총액에 <u>실업급여의 보험료율</u>의 2분의 1을 곱한 금액으로 한다.
③ 고용보험법에 따라 65세 이후에 고용(65세 전부터 피보험자격을 유지하던 사람이 65세 이후에 계속하여 고용된 경우는 제외한다)된 자에 대하여는 고용보험료 중 <u>실업급여의 보험료</u>를 징수하지 아니한다.
④ 사업주가 부담하여야 하는 산재보험료는 그 사업주가 경영하는 사업에 종사하는 근로자의 개인별 보수총액에 <u>산재보험료율을 곱한 금액을 합한 금액</u>으로 한다.
⑤ 고용보험료율은 보험수지의 동향과 경제상황 등을 고려하여 <u>1천분의 30</u>의 범위에서 고용안정·직업능력개발사업의 보험료율 및 실업급여의 보험료율로 구분하여 대통령령으로 정한다.

18 ② 사업 실체가 없는 등의 사유로 계속하여 보험관계를 유지할 수 없다고 인정하는 경우에 공단이 보험관계를 소멸시키는 경우에는 그 소멸을 <u>결정·통지한 날의 다음 날</u>에 소멸한다.

| 대표예제 28 | 용어정의 ★★ |

산업재해보상보험법령에서 사용하는 용어에 대한 설명으로 옳지 않은 것은?

① '업무상의 재해'란 업무상의 사유에 따른 근로자의 부상·질병·장해 또는 사망을 말한다.
② '유족'이란 사망한 사람의 배우자(사실상 혼인관계에 있는 사람을 포함한다)·자녀·부모·손자녀·조부모 또는 형제자매를 말한다.
③ '치유'란 부상 또는 질병이 완치되거나 치료의 효과를 더 이상 기대할 수 없고 그 증상이 고정된 상태에 이르게 된 것을 말한다.
④ '장해'란 부상 또는 질병이 치유되었으나 정신적 또는 육체적 훼손으로 인하여 노동능력이 상실되거나 감소된 상태를 말한다.
⑤ '중증요양상태'란 업무상의 부상 또는 질병에 따른 정신적 또는 육체적 훼손으로 노동능력이 상실되거나 감소된 상태로서 그 부상 또는 질병이 치유된 상태를 말한다.

해설 | '중증요양상태'란 업무상의 부상 또는 질병에 따른 정신적 또는 육체적 훼손으로 노동능력이 상실되거나 감소된 상태로서 그 부상 또는 질병이 <u>치유되지 아니한 상태</u>를 말한다.

기본서 p.345 정답 ⑤

고난도

19 산업재해보상보험법상 휴업급여 등에 관한 설명으로 옳은 것은?

① 휴업급여는 업무상 사유로 부상을 당하거나 질병에 걸린 근로자에게 요양으로 취업하지 못한 기간에 대하여 지급하되, 1일당 지급액은 통상임금의 100분의 70에 상당하는 금액으로 한다. 다만, 취업하지 못한 기간이 3일 이내이면 지급하지 아니한다.
② 요양 또는 재요양을 받고 있는 근로자가 그 요양기간 중 일정기간 또는 단시간 취업을 하는 경우에는 그 취업한 날에 해당하는 그 근로자의 평균임금에서 그 취업한 날에 대한 임금을 뺀 금액의 100분의 90에 상당하는 금액을 지급할 수 있다.
③ 통상임금의 100분의 70에 상당하는 금액으로 산정한 1일당 휴업급여 지급액이 최저보상기준 금액의 100분의 80보다 적거나 같으면 그 근로자에 대하여는 통상임금의 100분의 90에 상당하는 금액을 1일당 휴업급여 지급액으로 한다.
④ 산정한 휴업급여 지급액이 최저임금액보다 많으면 그 최저임금액을 그 근로자의 1일당 휴업급여 지급액으로 한다.
⑤ 원칙적으로 휴업급여를 받는 근로자가 61세가 되면 그 이후의 휴업급여는 산업재해보상보험법 [별표 1]에 따라 산정한 금액을 지급한다.

20 산업재해보상보험법령상 유족보상연금 수급자격자의 범위에 관한 설명이다. 밑줄 친 '다음의 어느 하나에 해당하는 사람'의 경우로 옳지 않은 것은?

> 유족보상연금을 받을 수 있는 자격이 있는 사람은 근로자가 사망할 당시 그 근로자와 생계를 같이하고 있던 유족(그 근로자가 사망할 당시 대한민국 국민이 아닌 사람으로서 외국에서 거주하고 있던 유족은 제외한다) 중 배우자와 <u>다음의 어느 하나에 해당하는 사람</u>

① 부모 또는 조부모로서 각각 60세 이상인 사람
② 자녀로서 25세 미만인 사람
③ 손자녀로서 25세 미만인 사람
④ 형제자매로서 19세 미만이거나 60세 이상인 사람
⑤ ①부터 ④까지의 규정 중 어느 하나에 해당하지 아니하는 자녀 · 부모 · 손자녀 · 조부모 또는 형제자매로서 장애인복지법에 따른 장애인 중 고용노동부령으로 정한 장애 정도에 해당하는 사람

정답 및 해설

19 ⑤ ① 휴업급여는 업무상 사유로 부상을 당하거나 질병에 걸린 근로자에게 요양으로 취업하지 못한 기간에 대하여 지급하되, 1일당 지급액은 평균임금의 100분의 70에 상당하는 금액으로 한다. 다만, 취업하지 못한 기간이 3일 이내이면 지급하지 아니한다.
② 요양 또는 재요양을 받고 있는 근로자가 그 요양기간 중 일정기간 또는 단시간 취업을 하는 경우에는 그 취업한 날에 해당하는 그 근로자의 평균임금에서 그 취업한 날에 대한 임금을 뺀 금액의 100분의 80에 상당하는 금액을 지급할 수 있다.
③ 평균임금의 100분의 70에 상당하는 금액으로 산정한 1일당 휴업급여 지급액이 최저 보상기준 금액의 100분의 80보다 적거나 같으면 그 근로자에 대하여는 평균임금의 100분의 90에 상당하는 금액을 1일당 휴업급여 지급액으로 한다.
④ 산정한 휴업급여 지급액이 최저임금액보다 적으면 그 최저임금액을 그 근로자의 1일당 휴업급여 지급액으로 한다.

20 ⑤ ①부터 ③까지의 규정 중 어느 하나에 해당하지 아니하는 자녀 · 부모 · 손자녀 · 조부모 또는 형제자매로서 장애인복지법에 따른 장애인 중 고용노동부령으로 정한 장애 정도에 해당하는 사람이다.

대표예제 29 | 심사청구 ★★★

산업재해보상보험법상 심사청구에 관한 설명으로 옳은 것은?

① 보험급여 결정 등에 불복하는 자는 근로복지공단에 심사청구를 할 수 있고, 심사청구는 그 보험급여 결정 등을 한 근로복지공단의 소속기관을 거쳐 산업재해보상보험 심사위원회에 제기하여야 한다.
② 심사청구서를 받은 근로복지공단의 소속기관은 5일 이내에 의견서를 첨부하여 산업재해보상보험 심사위원회에 보내야 한다.
③ 심사청구를 심의하기 위하여 근로복지공단에 관계 전문가 등으로 구성되는 산업재해보상보험 재심사위원회를 둔다.
④ 근로복지공단은 심사청구서를 받은 날부터 60일 이내에 산업재해보상보험 심사위원회의 심의를 거쳐 심사청구에 대한 결정을 하여야 한다. 다만, 부득이한 사유로 그 기간 이내에 결정을 할 수 없으면 1차에 한하여 30일을 넘지 아니하는 범위에서 그 기간을 연장할 수 있다.
⑤ 보험급여 결정 등에 대하여는 행정심판법에 따른 행정심판을 제기할 수 없다.

오답체크 | ① 보험급여 결정 등에 불복하는 자는 근로복지공단에 심사청구를 할 수 있고, 심사청구는 그 보험급여 결정 등을 한 근로복지공단의 소속기관을 거쳐 <u>근로복지공단</u>에 제기하여야 한다.
② 심사청구서를 받은 근로복지공단의 소속기관은 5일 이내에 의견서를 첨부하여 <u>근로복지공단</u>에 보내야 한다.
③ 심사청구를 심의하기 위하여 근로복지공단에 관계 전문가 등으로 구성되는 <u>산업재해보상보험 심사위원회</u>를 둔다.
④ 근로복지공단은 심사청구서를 받은 날부터 60일 이내에 산업재해보상보험 심사위원회의 심의를 거쳐 심사청구에 대한 결정을 하여야 한다. 다만, 부득이한 사유로 그 기간 이내에 결정을 할 수 없으면 1차에 한하여 <u>20일</u>을 넘지 아니하는 범위에서 그 기간을 연장할 수 있다.

기본서 p.358　　　　　　　　　　　　　　　　　　　　　　　정답 ⑤

> **대표예제 30** 　피보험자 ★★

고용보험법상 용어정의 및 피보험자의 관리에 관한 설명으로 옳지 않은 것은? (권한의 위임·위탁은 고려하지 않음)

① 일용근로자란 1개월 미만 동안 고용되는 사람을 말한다.
② 실업의 인정이란 직업안정기관의 장이 이 법에 따른 수급자격자가 실업한 상태에서 적극적으로 직업을 구하기 위하여 노력하고 있다고 인정하는 것을 말한다.
③ 근로자인 피보험자가 이 법에 따른 적용제외 근로자에 해당하게 된 경우에는 그 적용제외 대상자가 된 날에 그 피보험자격을 상실한다.
④ 이 법에 따른 적용제외 근로자였던 사람이 이 법의 적용을 받게 된 경우에는 그 적용을 받게 된 날의 다음 날에 피보험자격을 취득한 것으로 본다.
⑤ 사업주는 그 사업에 고용된 근로자의 피보험자격의 취득 및 상실 등에 관한 사항을 대통령령으로 정하는 바에 따라 고용노동부장관에게 신고하여야 한다.

해설 | 이 법에 따른 적용제외 근로자였던 사람이 이 법의 적용을 받게 된 경우에는 <u>그 적용을 받게 된 날에</u> 피보험자격을 취득한 것으로 본다.

기본서 p.361　　　　　　　　　　　　　　　　　　　　　　　　　　　　　　　　정답 ④

21 고용보험법령상 피보험자격에 관한 내용으로 옳지 않은 것은?

① 사업주는 그 사업에 고용된 근로자의 피보험자격 취득에 관한 사항을 신고하려는 경우 그 사유가 발생한 날이 속하는 달의 다음 달 15일까지 하여야 한다.
② 사업주가 그 사업에 고용된 근로자의 피보험자격의 취득에 관한 사항을 신고하지 아니하면 근로자가 근로계약서 등 고용관계를 증명할 수 있는 서류를 제출하여 신고할 수 있다.
③ 자영업자인 피보험자는 피보험자격의 취득 및 상실에 관한 신고를 하지 아니한다.
④ 근로자가 보험관계가 성립되어 있는 둘 이상의 사업에 동시에 고용되어 있는 경우에는 그중 근로시간이 적은 사업의 근로자로서의 피보험자격을 취득한다.
⑤ 피보험자는 언제든지 고용노동부장관에게 피보험자격의 취득 또는 상실에 관한 확인을 청구할 수 있다.

정답 및 해설

21 ④ 근로자가 보험관계가 성립되어 있는 둘 이상의 사업에 동시에 고용되어 있는 경우에는 고용노동부령으로 정하는 바에 따라 <u>그중 한 사업의 근로자로서의 피보험자격을 취득한다</u>.

22 고용보험법령상 피보험자의 관리에 관한 설명으로 옳지 않은 것은?

① 고용보험 및 산업재해보상보험의 보험료징수 등에 관한 법률에 따른 보험관계 성립일 전에 고용된 근로자의 경우에는 그 보험관계가 성립한 날에 피보험자격을 취득한다.
② 근로자인 피보험자가 적용제외 근로자에 해당하게 된 경우에는 그 적용제외 대상자가 된 날에 그 피보험자격을 상실한다.
③ 고용보험 및 산업재해보상보험의 보험료징수 등에 관한 법률에 따라 보험관계가 소멸한 경우에는 그 보험관계가 소멸한 날에 그 피보험자격을 상실한다.
④ 근로자인 피보험자가 이직한 경우에는 이직한 날에 그 피보험자격을 상실한다.
⑤ 근로자인 피보험자가 사망한 경우에는 사망한 날의 다음 날에 그 피보험자격을 상실한다.

대표예제 31 / 취업촉진수당 ★★

고용보험법에서 정하는 취업촉진수당의 종류로 옳지 않은 것은?

① 구직급여
② 조기(早期)재취업수당
③ 직업능력개발수당
④ 광역 구직활동비
⑤ 이주비

해설 | 구직급여는 실업급여의 종류이다.

기본서 p.365

정답 ①

23 고용보험법령상 급여의 기초가 되는 임금일액에 관한 설명으로 옳은 것은?

① 구직급여의 산정 기초가 되는 임금일액[이하 '기초일액(基礎日額)'이라 한다]은 수급자격의 인정과 관련된 마지막 이직 당시 근로기준법에 따라 산정된 통상임금으로 한다.
② ①에 따라 산정된 금액이 그 근로자의 평균임금보다 많은 경우에는 그 평균임금액을 기초일액으로 한다.
③ 기초일액을 산정하는 것이 곤란한 경우에는 기준보수를 기초일액으로 한다.
④ 산정된 기초일액이 그 수급자격자의 이직 전 1일 소정근로시간에 이직일 당시 적용되던 최저임금법에 따른 시간 단위에 해당하는 최저임금액을 곱한 금액보다 높은 경우에는 최저기초일액을 기초일액으로 한다.
⑤ 구직급여의 산정 기초가 되는 임금일액이 6만 6천원을 초과하는 경우에는 6만 6천원을 해당 임금일액으로 한다.

정답 및 해설

22 ④ 근로자인 피보험자가 이직한 경우에는 <u>이직한 날의 다음 날</u>에 그 피보험자격을 상실한다.

23 ③ ① 구직급여의 산정 기초가 되는 임금일액[이하 '기초일액(基礎日額)'이라 한다]은 수급자격의 인정과 관련된 마지막 이직 당시 근로기준법에 따라 산정된 <u>평균임금</u>으로 한다.
② 산정된 금액이 근로기준법에 따른 그 근로자의 <u>통상임금보다 적을 경우에는 그 통상임금액을 기초일액으로 한다</u>.
④ 산정된 기초일액이 그 수급자격자의 이직 전 1일 소정근로시간에 이직일 당시 적용되던 최저임금법에 따른 시간 단위에 해당하는 최저임금액을 곱한 금액보다 <u>낮은 경우</u>에는 최저기초일액을 기초일액으로 한다.
⑤ 구직급여의 산정 기초가 되는 임금일액이 <u>11만원</u>을 초과하는 경우에는 <u>11만원</u>을 해당 임금일액으로 한다.

24 고용보험법령상 부정행위에 따른 급여의 지급 제한에 관한 설명으로 옳지 않은 것은?

① 거짓이나 그 밖의 부정한 방법으로 실업급여를 받았거나 받으려 한 사람에게는 그 급여를 받은 날 또는 받으려 한 날부터의 구직급여를 지급하지 아니한다. 다만, 그 급여와 관련된 이직 이후에 새로 수급자격을 취득한 경우 그 새로운 수급자격에 따른 구직급여에 대하여는 그러하지 아니하다.

② ①의 본문에도 불구하고 거짓이나 그 밖의 부정한 방법이 신고의무의 불이행 또는 거짓의 신고 등 대통령령으로 정하는 사유에 해당하면 그 실업인정대상기간에 한정하여 구직급여를 지급하지 아니한다. 다만, 3회 이상의 위반행위를 한 경우에는 ①의 본문에 따른다.

③ 거짓이나 그 밖의 부정한 방법으로 실업급여를 지급받았거나 받으려 한 사람이 ① 또는 ②에 따라 구직급여를 지급받을 수 없게 된 경우에도 피보험기간을 적용할 때는 그 구직급여를 지급받은 것으로 본다.

④ 거짓이나 그 밖의 부정한 방법으로 실업급여를 지급받았거나 받으려 한 사람이 ① 또는 ②에 따라 구직급여를 지급받을 수 없게 된 경우에도 상병급여를 지급할 수 있는 일수을 적용할 때는 그 지급받을 수 없게 된 일수분의 구직급여를 지급받은 것으로 본다.

⑤ ①의 단서에도 불구하고 거짓이나 그 밖의 부정한 방법으로 구직급여를 받았거나 받으려 한 사람이 그 구직급여를 받은 날 또는 실업인정의 신고를 한 날부터 소급하여 10년간 3회 이상 ①의 본문에 따라 구직급여를 받지 못한 경우에는 대통령령으로 정하는 바에 따라 거짓이나 그 밖의 부정한 방법으로 구직급여를 받은 날 또는 실업인정의 신고를 한 날부터 3년의 범위에서 새로운 수급자격에 따른 구직급여를 지급하지 아니한다.

25 고용보험법령상 반환명령 등에 대한 설명으로 옳지 않은 것은?

① 직업안정기관의 장은 거짓이나 그 밖의 부정한 방법으로 구직급여를 지급받은 사람에게 고용노동부령으로 정하는 바에 따라 지급받은 구직급여의 전부 또는 일부의 반환을 명할 수 있다.

② 직업안정기관의 장은 ①에 따라 반환을 명하는 경우에 고용노동부령으로 정하는 바에 따라 거짓이나 그 밖의 부정한 방법으로 지급받은 구직급여액의 2배 이하의 금액을 추가로 징수할 수 있다. 다만, 사업주(사업주의 대리인·사용인, 그 밖에 사업주를 위하여 행위하는 자를 포함한다)와 공모(거짓이나 그 밖의 부정한 방법에 사업주의 거짓된 신고·보고 또는 증명 등 사업주의 귀책사유가 포함되어 있는 경우를 말한다)하여 거짓이나 그 밖의 부정한 방법으로 구직급여를 지급받은 경우에는 지급받은 구직급여액의 3배 이하의 금액을 추가로 징수할 수 있다.

③ 거짓이나 그 밖의 부정한 방법으로 구직급여를 지급받은 사람이 사업주와 공모한 경우에는 그 사업주도 그 구직급여를 지급받은 사람과 연대(連帶)하여 ① 및 ②에 따른 책임을 진다.

④ 직업안정기관의 장은 구직급여의 수급자격이 있는 사람 또는 수급자격이 있었던 사람에게 잘못 지급된 구직급여가 있으면 그 지급금의 반환을 명할 수 있다.

⑤ 직업안정기관의 장은 ①·② 또는 ④에 따라 구직급여 지급금을 반환하거나 추가징수금을 납부하여야 하는 사람이 이 법에 따라 지급받을 구직급여가 있는 경우에는 이를 대통령령으로 정하는 바에 따라 ①·② 또는 ④에 따른 반환금·추가징수금에 충당할 수 있다.

정답 및 해설

24 ② ①의 본문에도 불구하고 거짓이나 그 밖의 부정한 방법이 신고의무의 불이행 또는 거짓의 신고 등 대통령령으로 정하는 사유에 해당하면 그 실업인정대상기간에 한정하여 구직급여를 지급하지 아니한다. 다만, <u>2회 이상의 위반행위</u>를 한 경우에는 ①의 본문에 따른다.

25 ② 직업안정기관의 장은 ①에 따라 반환을 명하는 경우에 고용노동부령으로 정하는 바에 따라 거짓이나 그 밖의 부정한 방법으로 지급받은 구직급여액의 2배 이하의 금액을 추가로 징수할 수 있다. 다만, 사업주(사업주의 대리인·사용인, 그 밖에 사업주를 위하여 행위하는 자를 포함한다)와 공모(거짓이나 그 밖의 부정한 방법에 사업주의 거짓된 신고·보고 또는 증명 등 사업주의 귀책사유가 포함되어 있는 경우를 말한다)하여 거짓이나 그 밖의 부정한 방법으로 구직급여를 지급받은 경우에는 지급받은 <u>구직급여액의 5배 이하의 금액</u>을 추가로 징수할 수 있다.

> [종합]

26 고용보험법령상 심사 및 재심사청구에 관한 설명으로 옳지 않은 것은?

① 피보험자격의 취득·상실에 대한 확인, 실업급여 및 육아휴직급여와 출산전후휴가급여 등에 관한 처분에 이의가 있는 자는 심사관에게 심사를 청구할 수 있고, 그 결정에 이의가 있는 자는 심사위원회에 재심사를 청구할 수 있다.
② 심사의 청구는 확인 또는 처분이 있음을 안 날부터 60일 이내에, 재심사의 청구는 심사청구에 대한 결정이 있음을 안 날부터 60일 이내에 각각 제기하여야 한다.
③ 심사청구인 또는 재심사청구인은 법정대리인 외에 청구인의 형제자매를 대리인으로 선임할 수 있다.
④ 심사관은 심사청구를 받으면 30일 이내에 그 심사청구에 대한 결정을 하여야 한다. 다만, 부득이한 사정으로 그 기간에 결정할 수 없을 때에는 한 차례만 10일을 넘지 아니하는 범위에서 그 기간을 연장할 수 있다.
⑤ 심사를 청구하는 경우 피보험자격의 취득·상실 확인에 대한 심사의 청구는 근로복지공단을, 실업급여 및 육아휴직급여와 출산전후휴가급여 등에 관한 처분에 대한 심사의 청구는 직업안정기관의 장을 거쳐 심사관에게 하여야 한다.

대표예제 32 / 가입자격의 취득과 상실시기 ★★

국민연금법령상 가입자격의 취득과 상실시기에 관한 설명으로 옳지 않은 것은?

① 사업장가입자는 당연적용사업장으로 된 때에 해당하게 된 날에 그 자격을 취득한다.
② 사업장가입자는 국적을 상실하거나 국외로 이주한 때에 해당하게 된 날의 다음 날에 그 자격을 상실한다.
③ 사업장가입자는 사용관계가 끝난 때에 해당하게 된 날의 다음 날에 그 자격을 상실한다.
④ 사업장가입자는 60세가 된 때에 해당하게 된 날의 다음 날에 그 자격을 상실한다.
⑤ 사업장가입자는 공무원연금법을 적용받는 공무원의 경우 국민연금 가입대상 제외자에 해당하게 된 때에 해당하게 된 날의 다음 날에 그 자격을 상실한다.

해설 | 사업장가입자는 공무원연금법을 적용받는 공무원의 경우 국민연금 가입대상 제외자에 해당하게 된 때에 <u>해당하게 된 날</u>에 그 자격을 상실한다.

기본서 p.380   정답 ⑤

27 국민연금법령상 심사청구 및 재심사청구에 대한 설명으로 옳지 않은 것은?

① 가입자의 자격, 기준소득월액, 연금보험료, 그 밖의 이 법에 따른 징수금과 급여에 관한 공단 또는 건강보험공단의 처분에 이의가 있는 자는 그 처분을 한 공단 또는 건강보험공단에 심사청구를 할 수 있다.

② ①에 따른 심사청구는 그 처분이 있음을 안 날부터 90일 이내에 문서(전자정부법에 따른 전자문서를 포함한다)로 하여야 하며, 처분이 있은 날부터 180일을 경과하면 이를 제기하지 못한다. 다만, 정당한 사유로 그 기간에 심사청구를 할 수 없었음을 증명하면 그 기간이 지난 후에도 심사청구를 할 수 있다.

③ 심사청구 사항을 심사하기 위하여 공단에 국민연금 심사위원회를 두고, 건강보험공단에 징수심사위원회를 둔다.

④ 심사청구에 대한 결정에 불복하는 자는 그 결정통지를 받은 날부터 90일 이내에 대통령령으로 정하는 사항을 적은 재심사청구서에 따라 국민연금 재심사위원회에 재심사를 청구할 수 있다.

⑤ 재심사청구 사항을 심사하기 위하여 보건복지부에 국민연금 심사위원회를 둔다.

정답 및 해설

26 ② 심사의 청구는 확인 또는 처분이 있음을 안 날부터 90일 이내에, 재심사의 청구는 심사청구에 대한 결정이 있음을 안 날부터 90일 이내에 각각 제기하여야 한다.

27 ⑤ 재심사청구 사항을 심사하기 위하여 보건복지부에 국민연금 재심사위원회를 둔다.

28 국민연금법령상 심사청구와 재심사청구에 관한 설명으로 옳지 않은 것은?

① 심사청구는 그 처분이 있음을 안 날부터 90일 이내에 문서로 하여야 하며, 처분이 있은 날부터 180일을 경과하면 이를 제기하지 못한다. 다만, 정당한 사유로 그 기간에 심사청구를 할 수 없었음을 증명하면 그 기간이 지난 후에도 심사청구를 할 수 있다.
② 심사청구 사항을 심사하기 위하여 공단에 국민연금 심사위원회를 두고, 건강보험공단에 징수심사위원회를 둔다.
③ 심사청구에 대한 결정에 불복하는 자는 그 결정통지를 받은 날부터 90일 이내에 대통령령으로 정하는 사항을 적은 재심사청구서에 따라 국민연금 재심사위원회에 재심사를 청구할 수 있다.
④ 국민연금공단 또는 국민건강보험공단은 재심사청구서를 제출받으면 재심사청구서를 받은 날부터 5일 이내에 그 재심사청구서를 보건복지부장관에게 보내야 한다.
⑤ 보건복지부에 두는 국민연금 재심사위원회는 위원장 1명을 포함한 20명 이내의 위원으로 구성한다. 이 경우 공무원이 아닌 위원이 전체 위원의 과반수가 되도록 하여야 한다.

29 국민건강보험법상 자격의 상실시기로 옳은 것은?

① 사망한 날
② 국적을 잃은 날
③ 국내에 거주하지 아니하게 된 날
④ 직장가입자의 피부양자가 된 날의 다음 날
⑤ 수급권자가 된 날

30 국민건강보험법령상 보험료를 경감할 수 있는 사람으로 옳지 않은 것은?

① 휴직자
② 65세 이상인 사람
③ 장애인복지법에 따라 등록한 장애인
④ 국가유공자 등 예우 및 지원에 관한 법률에 따른 국가유공자
⑤ 교도소, 그 밖에 이에 준하는 시설에 수용되어 있는 경우

| 대표예제 33 | 이의신청 및 심판청구 ★★ |

국민건강보험법상 이의신청 및 심판청구에 관한 설명으로 옳지 않은 것은?

① 가입자 및 피부양자의 자격, 보험료 등, 보험급여, 보험급여 비용에 관한 공단의 처분에 이의가 있는 자는 국민건강보험공단에 이의신청을 할 수 있다.
② 이의신청은 처분이 있음을 안 날부터 90일 이내에 문서(전자문서를 포함한다)로 하여야 하며 처분이 있은 날부터 180일을 지나면 제기하지 못한다. 다만, 정당한 사유로 그 기간에 이의신청을 할 수 없었음을 소명한 경우에는 그러하지 아니하다.
③ 이의신청에 대한 결정에 불복하는 자는 건강보험 분쟁조정위원회에 심판청구를 할 수 있다.
④ 심판청구를 심리·의결하기 위하여 보건복지부에 건강보험 심판청구위원회를 둔다.
⑤ 심판청구를 하려는 자는 대통령령으로 정하는 심판청구서를 처분을 한 국민건강보험공단 또는 심사평가원에 제출하거나 건강보험 분쟁조정위원회에 제출하여야 한다.

해설 | 심판청구를 심리·의결하기 위하여 보건복지부에 건강보험 분쟁조정위원회를 둔다.

기본서 p.402   정답 ④

정답 및 해설

28 ④ 국민연금공단 또는 국민건강보험공단은 재심사청구서를 제출받으면 재심사청구서를 받은 날부터 <u>10일 이내</u>에 그 재심사청구서를 보건복지부장관에게 보내야 한다.

29 ⑤ 국민건강보험법상 자격의 상실시기
　　　가입자는 다음의 어느 하나에 해당하게 된 날에 그 자격을 잃는다.
　　　1. 사망한 날의 다음 날
　　　2. 국적을 잃은 날의 다음 날
　　　3. 국내에 거주하지 아니하게 된 날의 다음 날
　　　4. 직장가입자의 피부양자가 된 날
　　　5. <u>수급권자가 된 날</u>
　　　6. 건강보험을 적용받고 있던 사람이 유공자 등 의료보호대상자가 되어 건강보험의 적용배제신청을 한 날

30 ⑤ 교도소, 그 밖에 이에 준하는 시설에 수용되어 있는 경우는 <u>보험료를 면제하고 급여의 지급을 면제하는 경우</u>이다.

제12장 주관식 기입형 문제

01 근로기준법 시행령에서 정하는 통상임금에 관한 내용이다. (   ) 안에 들어갈 용어를 쓰시오.

> 제6조【통상임금】① 법과 이 영에서 '통상임금'이란 근로자에게 정기적이고 일률적으로 (㉠)근로 또는 총근로에 대하여 지급하기로 정한 시간급 금액, 일급 금액, (㉡) 금액, 월급 금액 또는 도급 금액을 말한다.

02 근로기준법상 연차 유급휴가의 사용 촉진에 관한 내용이다. (   ) 안에 들어갈 아라비아 숫자를 쓰시오.

> 제61조【연차 유급휴가의 사용 촉진】① 〈생략〉
> ② 사용자가 계속하여 근로한 기간이 1년 미만인 근로자의 제60조 제2항에 따른 유급휴가의 사용을 촉진하기 위하여 다음 각 호의 조치를 하였음에도 불구하고 근로자가 휴가를 사용하지 아니하여 제60조 제7항 본문에 따라 소멸된 경우에는 사용자는 그 사용하지 아니한 휴가에 대하여 보상할 의무가 없고, 같은 항 단서에 따른 사용자의 귀책사유에 해당하지 아니하는 것으로 본다.
> 1. 최초 1년의 근로기간이 끝나기 3개월 전을 기준으로 10일 이내에 사용자가 근로자별로 사용하지 아니한 휴가일수를 알려주고, 근로자가 그 사용시기를 정하여 사용자에게 통보하도록 서면으로 촉구할 것. 다만, 사용자가 서면 촉구한 후 발생한 휴가에 대해서는 최초 1년의 근로기간이 끝나기 1개월 전을 기준으로 (㉠)일 이내에 촉구하여야 한다.
> 2. 제1호에 따른 촉구에도 불구하고 근로자가 촉구를 받은 때부터 (㉡)일 이내에 사용하지 아니한 휴가의 전부 또는 일부의 사용시기를 정하여 사용자에게 통보하지 아니하면 최초 1년의 근로기간이 끝나기 1개월 전까지 사용자가 사용하지 아니한 휴가의 사용시기를 정하여 근로자에게 서면으로 통보할 것. 다만, 제1호 단서에 따라 촉구한 휴가에 대해서는 최초 1년의 근로기간이 끝나기 (㉢)일 전까지 서면으로 통보하여야 한다.

03 근로기준법상 연장·야간 및 휴일 근로에 관한 내용이다. (   ) 안에 들어갈 용어와 아라비아 숫자를 쓰시오.

> 제56조【연장·야간 및 휴일 근로】① 사용자는 연장근로(제53조, 제59조 및 제69조 단서에 따라 연장된 시간의 근로를 말한다)에 대하여는 (㉠)임금의 100분의 (㉡) 이상을 가산하여 근로자에게 지급하여야 한다.
> ② 제1항에도 불구하고 사용자는 휴일근로에 대하여는 다음 각 호의 기준에 따른 금액 이상을 가산하여 근로자에게 지급하여야 한다.
>   1. 8시간 이내의 휴일근로: (㉠)임금의 100분의 50
>   2. 8시간을 초과한 휴일근로: (㉠)임금의 100분의 (㉢)
> ③ 사용자는 야간근로(오후 10시부터 다음 날 오전 6시 사이의 근로를 말한다)에 대하여는 (㉠)임금의 100분의 (㉡) 이상을 가산하여 근로자에게 지급하여야 한다.

04 최저임금법상 최저임금의 결정기준과 구분에 관한 규정의 일부이다. (   ) 안에 들어갈 용어를 쓰시오.

> 제4조【최저임금의 결정기준과 구분】① 최저임금은 근로자의 생계비, 유사 근로자의 임금, (   ) 및 소득분배율 등을 고려하여 정한다. 이 경우 사업의 종류별로 구분하여 정할 수 있다.

정답 및 해설

01 ㉠ 소정, ㉡ 주급
02 ㉠ 5, ㉡ 10, ㉢ 10
03 ㉠ 통상, ㉡ 50, ㉢ 100
04 노동생산성

05 최저임금법령상 최저임금의 결정기준과 구분에 관한 설명이다. (　) 안에 들어갈 용어를 쓰시오.

> 1. 최저임금은 근로자의 생계비, 유사 근로자의 임금, 노동생산성 및 (㉠) 등을 고려하여 정한다. 이 경우 사업의 종류별로 구분하여 정할 수 있다.
> 2. 1.에 따른 사업의 종류별 구분은 (㉡)의 심의를 거쳐 (㉢)이 정한다.

06 근로자퇴직급여 보장법령상 확정급여형 퇴직연금제도의 급여수준에 관한 내용이다. (　) 안에 들어갈 아라비아 숫자와 용어를 쓰시오.

> 급여수준은 가입자의 퇴직일을 기준으로 산정한 일시금이 계속근로기간 (㉠)년에 대하여 30일분의 (㉡)에 상당하는 금액 이상이 되도록 하여야 한다.

07 근로자퇴직급여 보장법령상 정의에 관한 내용이다. (　) 안에 들어갈 아라비아 숫자와 용어를 쓰시오.

> '중소기업 퇴직연금기금제도'란 중소기업[상시 (㉠)명 이하의 근로자를 사용하는 사업에 한정한다] 근로자의 안정적인 노후생활 보장을 지원하기 위하여 둘 이상의 중소기업 사용자 및 (㉡)가 납입한 (㉢) 등으로 공동의 기금을 조성·운영하여 근로자에게 급여를 지급하는 제도를 말한다.

08 근로자퇴직급여 보장법상 개인형 퇴직연금제도의 설정 및 운영 등에 관한 내용이다. (　) 안에 들어갈 용어를 쓰시오.

> 다음의 어느 하나에 해당하는 사람은 개인형 퇴직연금제도를 설정할 수 있다.
> 1. 퇴직급여제도의 (㉠)을 수령한 사람
> 2. 확정급여형 퇴직연금제도, 확정기여형 퇴직연금제도 또는 (㉡)제도의 가입자로서 자기의 부담으로 개인형 퇴직연금제도를 추가로 설정하려는 사람
> 3. 자영업자 등 안정적인 노후소득 확보가 필요한 사람으로서 대통령령으로 정하는 사람

09 근로자퇴직급여 보장법령상 퇴직금의 중간정산 사유에 관한 내용이다. (   ) 안에 들어갈 아라비아 숫자를 쓰시오.

> 제3조【퇴직금의 중간정산 사유】① 법 제8조 제2항 전단에서 '주택구입 등 대통령령으로 정하는 사유'란 다음 각 호의 경우를 말한다.
> 1.~2. 〈생략〉
> 3. 근로자가 6개월 이상 요양을 필요로 하는 다음 각 목의 어느 하나에 해당하는 사람의 질병이나 부상에 대한 의료비를 해당 근로자가 본인 연간 임금총액의 1천분의 (㉠)를 초과하여 부담하는 경우
>   가. 근로자 본인
>   나. 근로자의 배우자
>   다. 근로자 또는 그 배우자의 부양가족
> 4.~6. 〈생략〉
> 6의2. 사용자가 근로자와의 합의에 따라 소정근로시간을 1일 1시간 또는 1주 5시간 이상 단축함으로써 단축된 소정근로시간에 따라 근로자가 (㉡)개월 이상 계속 근로하기로 한 경우
> 6의3.~7. 〈생략〉
> ② 사용자는 제1항 각 호의 사유에 따라 퇴직금을 미리 정산하여 지급한 경우 근로자가 퇴직한 후 (㉢)년이 되는 날까지 관련 증명서류를 보존하여야 한다.

정답 및 해설

05 ㉠ 소득분배율, ㉡ 최저임금위원회, ㉢ 고용노동부장관
06 ㉠ 1, ㉡ 평균임금
07 ㉠ 30, ㉡ 근로자, ㉢ 부담금
08 ㉠ 일시금, ㉡ 중소기업 퇴직연금기금
09 ㉠ 125, ㉡ 3, ㉢ 5

10 남녀고용평등과 일·가정 양립 지원에 관한 법률상 용어의 뜻에 관한 정의이다. (   ) 안에 들어갈 용어를 쓰시오.

> 1. '적극적 (㉠)'란 현존하는 남녀간의 고용차별을 없애거나 고용평등을 촉진하기 위하여 잠정적으로 특정 성을 우대하는 조치를 말한다.
> 2. '(㉡)'란 사업주에게 고용된 사람과 취업할 의사를 가진 사람을 말한다.

11 남녀고용평등과 일·가정 양립 지원에 관한 법률상 배우자의 출산휴가에 관한 내용이다. (   ) 안에 들어갈 아라비아 숫자를 쓰시오.

> 1. 사업주는 근로자가 배우자의 출산을 이유로 휴가를 청구하는 경우에 (㉠)일의 휴가를 주어야 한다. 이 경우 사용한 휴가기간은 유급으로 한다.
> 2. 배우자 출산휴가는 근로자의 배우자가 출산한 날부터 (㉡)일이 지나면 사용할 수 없다.
> 3. 배우자 출산휴가는 (㉢)회에 한정하여 나누어 사용할 수 있다.

12 남녀고용평등과 일·가정 양립 지원에 관한 법률상 육아기 근로시간 단축에 관한 내용이다. (   ) 안에 들어갈 아라비아 숫자를 쓰시오.

> 사업주가 해당 근로자에게 육아기 근로시간 단축을 허용하는 경우, 단축 후 근로시간은 주당 15시간 이상이어야 하고 (   )시간을 넘어서는 아니 된다.

13 남녀고용평등과 일·가정 양립 지원에 관한 법률 시행령상 육아휴직과 육아기 근로시간 단축의 사용형태에 관한 내용이다. ( ) 안에 들어갈 아라비아 숫자를 쓰시오.

> 제19조의4【육아휴직과 육아기 근로시간 단축의 사용형태】① 근로자는 육아휴직을 (㉠)회에 한정하여 나누어 사용할 수 있다. 이 경우 임신 중인 여성 근로자가 모성보호를 위하여 육아휴직을 사용한 횟수는 육아휴직을 나누어 사용한 횟수에 포함하지 아니한다.
> ② 근로자는 육아기 근로시간 단축을 나누어 사용할 수 있다. 이 경우 나누어 사용하는 1회의 기간은 (㉡)개월[근로계약기간의 만료로 (㉡)개월 이상 근로시간 단축을 사용할 수 없는 기간제근로자에 대해서는 남은 근로계약기간을 말한다] 이상이 되어야 한다.

14 남녀고용평등과 일·가정 양립 지원에 관한 법률에서 정하는 차별적 처우 등의 시정신청에 관한 설명이다. ( ) 안에 들어갈 아라비아 숫자를 쓰시오.

> 근로자는 사업주로부터 다음 각 호의 어느 하나에 해당하는 차별적 처우 등을 받은 경우 노동위원회법 제1조에 따른 노동위원회에 그 시정을 신청할 수 있다. 다만, 차별적 처우 등을 받은 날(제1호 및 제3호에 따른 차별적 처우 등이 계속되는 경우에는 그 종료일)부터 ( )개월이 지난 때에는 그러하지 아니하다.
> 1. 제7조부터 제11조까지 중 어느 하나를 위반한 행위
> 2. 제14조 제4항 또는 제14조의2 제1항에 따른 적절한 조치를 하지 아니한 행위
> 3. 제14조 제6항을 위반한 불리한 처우 또는 제14조의2 제2항을 위반한 해고나 그 밖의 불이익한 조치

정답 및 해설

10 ㉠ 고용개선조치, ㉡ 근로자
11 ㉠ 20, ㉡ 120, ㉢ 3
12 35
13 ㉠ 3, ㉡ 1
14 6

15 노동조합 및 노동관계조정법령상 단체협약에 관한 설명이다. ( ) 안에 들어갈 용어와 아라비아 숫자를 쓰시오.

> - 일반적 구속력: 하나의 사업 또는 사업장에 상시 사용되는 동종의 근로자 (㉠) 이상이 하나의 단체협약의 적용을 받게 된 때에는 당해 사업 또는 사업장에 사용되는 다른 동종의 근로자에 대하여도 당해 단체협약이 적용된다.
> - 지역적 구속력: 하나의 지역에 있어서 종업하는 동종의 근로자 3분의 (㉡) 이상이 하나의 단체협약의 적용을 받게 된 때에는 행정관청은 당해 단체협약의 당사자의 쌍방 또는 일방의 신청에 의하거나 그 직권으로 노동위원회의 의결을 얻어 당해 지역에서 종업하는 다른 동종의 근로자와 그 사용자에 대하여도 당해 단체협약을 적용한다는 결정을 할 수 있다.

16 다음은 노동조합 및 노동관계조정법령에 따른 단체협약의 유효기간의 상한 내용이다. ( ) 안에 공통으로 들어갈 아라비아 숫자를 쓰시오.

> 1. 단체협약의 유효기간은 ( )년을 초과하지 않는 범위에서 노사가 합의하여 정할 수 있다.
> 2. 단체협약에 그 유효기간을 정하지 아니한 경우 또는 1.의 기간을 초과하는 유효기간을 정한 경우에 그 유효기간은 ( )년으로 한다.

17 고용보험 및 산업재해보상보험의 보험료징수 등에 관한 법령에서 정하는 고액·상습 체납자의 인적 사항 공개에 관한 규정이다. ( ) 안에 들어갈 아라비아 숫자를 쓰시오.

> 제28조의6【고액·상습 체납자의 인적 사항 공개】① 건강보험공단은 이 법에 따른 납부기한의 다음 날부터 (㉠)년이 지난 보험료와 이 법에 따른 그 밖의 징수금과 체납처분비(제29조에 따라 결손처분한 보험료, 이 법에 따른 그 밖의 징수금과 체납처분비로서 징수권 소멸시효가 완성되지 아니한 것을 포함한다)의 총액이 (㉡)천만원 이상인 체납자가 납부능력이 있음에도 불구하고 체납한 경우에는 그 인적 사항 및 체납액 등을 공개할 수 있다. 다만, 체납된 보험료, 이 법에 따른 그 밖의 징수금과 체납처분비와 관련하여 행정심판 또는 행정소송이 계류 중인 경우, 그 밖에 체납된 금액의 일부납부 등 대통령령으로 정하는 사유가 있을 때에는 그러하지 아니하다.

18 산업재해보상보험법령상 용어에 관한 설명이다. ( ) 안에 들어갈 용어를 쓰시오.

> 1. '(㉠)'(이)란 부상 또는 질병이 완치되거나 치료의 효과를 더 이상 기대할 수 없고 그 증상이 고정된 상태에 이르게 된 것을 말한다.
> 2. '(㉡)'(이)란 부상 또는 질병이 치유되었으나 정신적 또는 육체적 훼손으로 인하여 노동능력이 상실되거나 감소된 상태를 말한다.

19 산업재해보상보험법상 보험급여에 관한 설명이다. ( ) 안에 들어갈 용어를 쓰시오.

> 요양급여를 받는 근로자가 요양을 시작한 지 2년이 지난 날 이후에 다음의 요건 모두에 해당하는 상태가 계속되면 (㉠) 대신 (㉡)을 그 근로자에게 지급한다.
> 1. 그 부상이나 질병이 치유되지 아니한 상태일 것
> 2. 그 부상이나 질병에 따른 (㉢)요양상태 등급의 정도가 대통령령으로 정하는 (㉢)요양상태 등급기준에 해당할 것
> 3. 요양으로 인하여 취업하지 못하였을 것

정답 및 해설

15 ㉠ 반수, ㉡ 2
16 3
17 ㉠ 1, ㉡ 5
18 ㉠ 치유, ㉡ 장해
19 ㉠ 휴업급여, ㉡ 상병보상연금, ㉢ 중증

20 산업재해보상보험법상 보험급여 중 장례비에 관한 내용이다. (   ) 안에 들어갈 용어와 아라비아 숫자를 쓰시오.

> 장례비는 근로자가 업무상의 사유로 사망한 경우에 지급하되, (㉠)임금의 (㉡)일분에 상당하는 금액을 그 장례를 지낸 유족에게 지급한다. 다만, 장례를 지낼 유족이 없거나 그 밖에 부득이한 사유로 유족이 아닌 사람이 장례를 지낸 경우에는 (㉠)임금의 (㉡)일분에 상당하는 금액의 범위에서 실제 드는 비용을 그 장례를 지낸 사람에게 지급한다.

21 산업재해보상보험법령상 심사청구에 관한 설명이다. (   ) 안에 들어갈 아라비아 숫자를 쓰시오.

> 보험급여 결정 등에 불복하는 자는 보험급여 결정 등이 있음을 안 날부터 (㉠)일 이내에 근로복지공단에 심사청구를 하여야 하고, 심사청구서를 받은 근로복지공단의 소속기관은 (㉡)일 이내에 의견서를 첨부하여 근로복지공단에 보내야 한다. 근로복지공단은 심사청구서를 받은 날부터 (㉢)일 이내에 심사청구에 대한 결정을 하여야 한다. 다만, 부득이한 사유로 그 기간 이내에 결정을 할 수 없으면 한 차례만 20일을 넘지 아니하는 범위에서 그 기간을 연장할 수 있다.

22 산업재해보상법령에 따른 시효의 내용이다. (   ) 안에 들어갈 용어와 아라비아 숫자를 쓰시오.

> 제112조【시효】① 다음 각 호의 권리는 (㉠)년간 행사하지 아니하면 시효로 말미암아 소멸한다. 다만, 제1호의 보험급여 중 장해급여, 유족급여, (㉡), 진폐보상연금 및 진폐유족연금을 받을 권리는 (㉢)년간 행사하지 아니하면 시효의 완성으로 소멸한다.
> 1. 제36조 제1항에 따른 보험급여를 받을 권리
> 2. 제45조에 따른 산재보험 의료기관의 권리
> 3. 제46조에 따른 약국의 권리
> 4. 제89조에 따른 보험가입자의 권리
> 5. 제90조 제1항에 따른 국민건강보험공단 등의 권리
> ② 제1항에 따른 소멸시효에 관하여는 이 법에 규정된 것 외에는 민법에 따른다.

23 고용보험법상 실업급여의 기초가 되는 임금일액에 관한 내용이다. ( ) 안에 들어갈 용어를 쓰시오.

> 구직급여의 산정 기초가 되는 임금일액은 고용보험법에 따른 수급자격의 인정과 관련된 마지막 이직 당시 근로기준법에 따라 산정된 (   )(으)로 한다.

24 고용보험법령상 구직급여의 소정급여일수에 관한 설명이다. ( ) 안에 들어갈 아라비아 숫자를 쓰시오. (단, A, B는 구직급여의 수급요건을 갖춘 자로서 자영업자가 아님)

> 1. A는 이직일 현재 연령이 28세인 자로서 피보험기간이 2년인 경우 - (㉠)일
> 2. B는 장애인고용촉진 및 직업재활법에 따른 장애인으로서 이직일 현재 연령이 32세인 자로서 피보험기간이 4년인 경우 - (㉡)일

25 고용보험법령상 심사와 재심사에 관한 설명이다. ( ) 안에 들어갈 용어를 쓰시오.

> 피보험자격의 취득·상실에 대한 확인, 실업급여 및 육아휴직급여와 출산전후휴가급여 등에 관한 처분에 이의가 있는 자는 고용보험 (㉠)에게 심사를 청구할 수 있고, 그 결정에 이의가 있는 자는 고용보험 (㉡)에 재심사를 청구할 수 있다.

정답 및 해설

20 ㉠ 평균, ㉡ 120
21 ㉠ 90, ㉡ 5, ㉢ 60
22 ㉠ 3, ㉡ 장례비, ㉢ 5
23 평균임금
24 ㉠ 150, ㉡ 210
25 ㉠ 심사관, ㉡ 심사위원회

26 국민연금법상 반환일시금에 관한 내용이다. (   ) 안에 들어갈 아라비아 숫자를 쓰시오.

> 제77조 【반환일시금】 ① 가입자 또는 가입자였던 자가 다음 각 호의 어느 하나에 해당하게 되면 본인이나 그 유족의 청구에 의하여 반환일시금을 지급받을 수 있다.
> 1. 가입기간이 (㉠)년 미만인 자가 (㉡)세가 된 때
> 2. 가입자 또는 가입자였던 자가 사망한 때. 다만, 제72조에 따라 유족연금이 지급되는 경우에는 그러하지 아니하다.
> 3. 국적을 상실하거나 국외로 이주한 때

27 국민건강보험법상 행정소송에 관한 내용이다. (   ) 안에 들어갈 용어를 쓰시오.

> 공단 또는 심사평가원의 처분에 이의가 있는 자와 (㉠) 또는 (㉡)에 대한 결정에 불복하는 자는 행정소송법에서 정하는 바에 따라 행정소송을 제기할 수 있다.

정답 및 해설

26 ㉠ 10, ㉡ 60
27 ㉠ 이의신청, ㉡ 심판청구

house.Hackers.com

10개년 출제비중분석

제2편 출제비중 56%

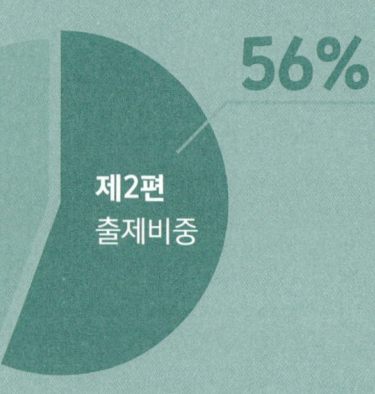

장별 출제비중

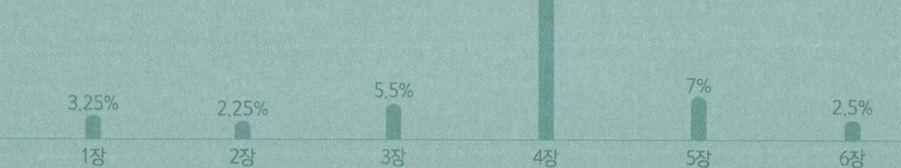

1장	2장	3장	4장	5장	6장
3.25%	2.25%	5.5%	35.5%	7%	2.5%

제2편 기술실무

제1장 시설관리 및 행위허가
제2장 하자담보책임
제3장 건물관리
제4장 설비관리
제5장 환경관리
제6장 안전관리

제1장 시설관리 및 행위허가

대표예제 34 / 장기수선계획 ★★

공동주택관리법령상 장기수선계획에 관한 설명으로 옳지 않은 것은?

① 장기수선계획을 수립하는 자는 국토교통부령으로 정하는 기준에 따라 장기수선계획을 수립하여야 한다.
② 입주자대표회의와 관리주체는 장기수선계획을 3년마다 검토하고, 필요한 경우 이를 국토교통부령으로 정하는 바에 따라 조정하여야 하며, 수립 또는 조정된 장기수선계획에 따라 주요 시설을 교체하거나 보수하여야 한다.
③ ②의 경우 입주자대표회의와 관리주체는 장기수선계획에 대한 검토사항을 기록하고 보관하여야 한다.
④ 입주자대표회의와 관리주체는 주요 시설을 신설하는 등 관리여건상 필요하여 전체 입주자 과반수 서면동의를 받은 경우에는 3년이 지나기 전에 장기수선계획을 조정할 수 있다.
⑤ 관리주체는 장기수선계획을 검토하기 전에 해당 공동주택의 관리사무소장으로 하여금 국토교통부령으로 정하는 바에 따라 시장·군수·구청장이 실시하는 장기수선계획의 비용산출 및 공사방법 등에 관한 교육을 받게 할 수 있다.

해설 | 관리주체는 장기수선계획을 검토하기 전에 해당 공동주택의 관리사무소장으로 하여금 국토교통부령으로 정하는 바에 따라 시·도지사가 실시하는 장기수선계획의 비용산출 및 공사방법 등에 관한 교육을 받게 할 수 있다.

기본서 p.433   정답 ⑤

> 종합

01 공동주택관리법령상 장기수선계획에 관한 설명으로 옳은 것은?

① 300세대 이상의 공동주택을 건설·공급하는 사업주체는 그 공동주택의 전유부분 및 공용부분에 대한 장기수선계획을 수립하여야 한다.
② ①에 따라 수립된 장기수선계획은 사용검사를 신청할 때에 사용검사권자에게 제출하고, 사용검사권자는 이를 해당 공동주택의 입주자대표회의에 인계하여야 한다.
③ 승강기가 설치된 공동주택, 중앙집중식 난방방식의 공동주택, 건축허가를 받아 주택 외의 시설과 주택을 동일 건축물로 건축한 건축물도 300세대 이상의 경우 수립대상 공동주택에 포함된다.
④ 장기수선계획 조정은 관리주체가 조정안을 작성하고, 입주자대표회의가 의결하는 방법으로 한다.
⑤ 수립되거나 조정된 장기수선계획에 따라 주요 시설을 교체하거나 보수하지 아니한 입주자대표회의의 대표자에게는 5백만원 이하의 과태료를 부과한다.

> 고난도

02 공동주택관리법령상 장기수선계획의 수립기준 중 전기·소화·승강기 및 지능형 홈네트워크설비의 수선주기가 25년인 것은?

① 보일러실 및 기계실의 동력반 전면교체
② 자동화재감지설비의 수신반 전면교체
③ 소화설비의 소화수관(강관) 전면교체
④ 소화설비의 소화펌프 전면교체
⑤ 지능형 홈네트워크설비의 단지공용시스템 장비 전면교체

정답 및 해설

01 ④ ① 300세대 이상의 공동주택을 건설·공급하는 사업주체는 그 공동주택의 <u>공용부분</u>에 대한 장기수선계획을 수립하여야 한다.
② ①에 따라 수립된 장기수선계획은 사용검사를 신청할 때에 사용검사권자에게 제출하고, 사용검사권자는 이를 해당 공동주택의 <u>관리주체에게</u> 인계하여야 한다.
③ 승강기가 설치된 공동주택, 중앙집중식 난방방식의 공동주택, 건축허가를 받아 주택 외의 시설과 주택을 동일 건축물로 건축한 <u>건축물도 수립대상 공동주택에 포함된다.</u>
⑤ 수립되거나 조정된 장기수선계획에 따라 주요 시설을 교체하거나 보수하지 아니한 입주자대표회의의 대표자에게는 <u>1천만원 이하</u>의 과태료를 부과한다.

02 ③ 소화설비의 소화수관(강관) 전면교체 수선주기는 25년, <u>나머지는 20년</u>이다.

03 공동주택관리법령상 장기수선계획과 장기수선충당금에 관한 설명으로 옳은 것은?

① 입주자대표회의와 관리주체는 장기수선계획을 매년 검토하고, 필요한 경우 이를 국토교통부령으로 정하는 바에 따라 조정하여야 하며, 수립 또는 조정된 장기수선계획에 따라 주요 시설을 교체하거나 보수하여야 한다. 이 경우 입주자대표회의와 관리주체는 장기수선계획에 대한 검토사항을 기록하고 보관하여야 한다.

② 입주자대표회의와 관리주체는 주요 시설을 신설하는 등 관리여건상 필요하여 전체 입주자등 과반수의 서면동의를 받은 경우에는 3년이 지나기 전에 장기수선계획을 조정할 수 있다.

③ 입주자대표회의는 장기수선계획을 검토하기 전에 해당 공동주택의 관리사무소장으로 하여금 국토교통부령으로 정하는 바에 따라 시·도지사가 실시하는 장기수선계획의 비용산출 및 공사방법 등에 관한 교육을 받게 할 수 있다.

④ 장기수선충당금의 요율은 해당 공동주택의 공용부분의 내구연한 등을 고려하여 정한다.

⑤ 장기수선충당금의 적립금액은 관리규약으로 정한다. 이 경우 국토교통부장관이 주요 시설의 계획적인 교체 및 보수를 위하여 최소적립금액의 기준을 정하여 고시하는 경우에는 그에 맞아야 한다.

대표예제 35 | 장기수선충당금 ★★★

공동주택관리법령상 장기수선충당금의 적립에 관한 설명으로 옳은 것을 모두 고른 것은?

㉠ 관리주체는 장기수선계획에 따라 공동주택의 주요 시설의 교체 및 보수에 필요한 장기수선충당금을 해당 주택의 입주자등으로부터 징수하여 적립하여야 한다.
㉡ 해당 공동주택의 입주자 과반수의 서면동의가 있는 경우에는 장기수선충당금을 하자진단 및 감정에 드는 비용으로 사용할 수 있다.
㉢ 공동주택 중 분양되지 아니한 세대의 장기수선충당금은 관리주체가 부담하여야 한다.
㉣ 장기수선충당금은 입주자대표회의가 장기수선충당금 사용계획서를 장기수선계획에 따라 작성하여 사용한다.
㉤ 장기수선충당금의 요율·산정방법·적립방법 및 사용절차와 사후관리 등에 필요한 사항은 국토교통부령으로 정한다.

① ㉠ ② ㉡ ③ ㉠, ㉣
④ ㉡, ㉢ ⑤ ㉣, ㉤

해설 | ⓒ 해당 공동주택의 입주자 과반수의 서면동의가 있는 경우라도 장기수선충당금을 하자소송비용으로 사용할 수 없다.
▶ 장기수선충당금의 사용은 장기수선계획에 따른다. 다만, 해당 공동주택의 입주자 과반수의 서면동의가 있는 경우에는 다음의 용도로 사용할 수 있다.
1. 조정 등의 비용
2. 하자진단 및 감정에 드는 비용
3. 1. 또는 2.의 비용을 청구하는 데 드는 비용

㉠ 관리주체는 장기수선계획에 따라 공동주택의 주요 시설의 교체 및 보수에 필요한 장기수선충당금을 해당 주택의 소유자로부터 징수하여 적립하여야 한다.
㉢ 공동주택 중 분양되지 아니한 세대의 장기수선충당금은 사업주체가 부담하여야 한다.
㉣ 장기수선충당금은 관리주체가 장기수선충당금 사용계획서를 장기수선계획에 따라 작성하고 입주자대표회의의 의결을 거쳐 사용한다.
㉤ 장기수선충당금의 요율·산정방법·적립방법 및 사용절차와 사후관리 등에 필요한 사항은 대통령령으로 정한다.

기본서 p.438

정답 ②

정답 및 해설

03 ④ ④ 장기수선충당금의 요율은 해당 공동주택의 공용부분의 내구연한 등을 고려하여 관리규약으로 정한다.
① 입주자대표회의와 관리주체는 장기수선계획을 3년마다 검토하고, 필요한 경우 이를 국토교통부령으로 정하는 바에 따라 조정하여야 하며, 수립 또는 조정된 장기수선계획에 따라 주요 시설을 교체하거나 보수하여야 한다. 이 경우 입주자대표회의와 관리주체는 장기수선계획에 대한 검토사항을 기록하고 보관하여야 한다.
② 입주자대표회의와 관리주체는 주요 시설을 신설하는 등 관리여건상 필요하여 전체 입주자 과반수의 서면동의를 받은 경우에는 3년이 지나기 전에 장기수선계획을 조정할 수 있다.
③ 관리주체는 장기수선계획을 검토하기 전에 해당 공동주택의 관리사무소장으로 하여금 국토교통부령으로 정하는 바에 따라 시·도지사가 실시하는 장기수선계획의 비용산출 및 공사방법 등에 관한 교육을 받게 할 수 있다.
⑤ 장기수선충당금의 적립금액은 장기수선계획으로 정한다. 이 경우 국토교통부장관이 주요 시설의 계획적인 교체 및 보수를 위하여 최소적립금액의 기준을 정하여 고시하는 경우에는 그에 맞아야 한다.

04 공동주택관리법령상 장기수선충당금의 적립 등에 대한 설명으로 옳지 않은 것은?

① 장기수선충당금의 요율은 해당 공동주택의 공용부분의 내구연한 등을 고려하여 관리규약으로 정한다.
② 장기수선충당금의 적립금액은 장기수선계획으로 정한다. 이 경우 국토교통부장관이 주요 시설의 계획적인 교체 및 보수를 위하여 최소적립금액의 기준을 정하여 고시하는 경우에는 그에 맞아야 한다.
③ 장기수선충당금은 관리주체가 수선공사의 명칭과 공사내용의 사항 등이 포함된 장기수선충당금 사용계획서를 장기수선계획에 따라 작성하고 입주자대표회의의 의결을 거쳐 사용한다.
④ 공동주택 중 분양되지 아니한 세대의 장기수선충당금은 사업주체가 부담한다.
⑤ 입주자대표회의는 공동주택의 사용자가 장기수선충당금의 납부확인을 요구하는 경우에는 지체 없이 확인서를 발급해 주어야 한다.

05 공동주택관리법령상 장기수선충당금의 사용에 관한 내용이다. 다음 밑줄 친 사용범위로 옳지 않은 것은?

> 장기수선충당금의 사용은 장기수선계획에 따른다. 다만, 해당 공동주택의 입주자 과반수의 서면동의가 있는 경우에는 <u>다음의 용도로</u> 사용할 수 있다.

① 분쟁조정에 드는 비용   ② 분쟁재정에 드는 비용
③ 하자진단에 드는 비용   ④ 하자감정에 드는 비용
⑤ 하자소송에 드는 비용

대표예제 36 행위허가 ★★★

공동주택관리법령상 공동주택의 관리주체가 관할 특별자치시장·특별자치도지사·시장·군수·구청장(자치구의 구청장을 말한다)의 허가를 받거나 신고를 하여야 하는 행위가 아닌 것을 모두 고른 것은?

㉠ 세대 내 난방설비의 교체(시설물의 파손·철거는 제외한다)
㉡ 주민운동시설의 교체(다른 운동종목을 위한 시설로 변경하는 것을 말하며, 면적이 변경되는 경우에는 제외한다)
㉢ 구내통신선로설비, 경비실과 통화가 가능한 구내전화, 지능형 홈네트워크설비, 방송수신을 위한 공동수신설비 또는 영상정보처리기기의 교체(폐쇄회로 텔레비전과 네트워크 카메라간의 교체를 포함한다)
㉣ 부대시설 중 각종 설비나 장비의 수선·유지·보수를 위한 부품의 일부 교체

① ㉠
② ㉣
③ ㉠, ㉡, ㉣
④ ㉡, ㉢, ㉣
⑤ ㉠, ㉡, ㉢, ㉣

해설 | ㉠㉡㉢㉣은 국토교통부령이 정하는 경미한 행위로서 허가 또는 신고행위에서 제외된다.

보충 | 국토교통부령으로 정하는 경미한 행위
1. 창틀·문틀의 교체
2. 세대 내 천장·벽·바닥의 마감재 교체
3. 급·배수관 등 배관설비의 교체
4. 세대 내 난방설비의 교체(시설물의 파손·철거는 제외한다)
5. 구내통신선로설비, 경비실과 통화가 가능한 구내전화, 지능형 홈네트워크설비, 방송수신을 위한 공동수신설비 또는 영상정보처리기기의 교체(폐쇄회로 텔레비전과 네트워크 카메라간의 교체를 포함한다)
6. 보안등, 자전거보관소, 안내표지판, 담장(축대는 제외한다) 또는 보도블록의 교체
7. 폐기물 보관시설(재활용품 분류보관시설을 포함한다), 택배보관함 또는 우편함의 교체
8. 조경시설 중 수목(樹木)의 일부 제거 및 교체
9. 주민운동시설의 교체(다른 운동종목을 위한 시설로 변경하는 것을 말하며, 면적이 변경되는 경우는 제외한다)
10. 부대시설 중 각종 설비나 장비의 수선·유지·보수를 위한 부품의 일부 교체
11. 그 밖에 1.부터 10.까지의 규정에서 정한 사항과 유사한 행위로서 시장·군수·구청장이 인정하는 행위

기본서 p.443   정답 ⑤

정답 및 해설

04 ⑤ 관리주체는 공동주택의 사용자가 장기수선충당금의 납부확인을 요구하는 경우에는 지체 없이 확인서를 발급해 주어야 한다.

05 ⑤ 하자소송에 드는 비용의 경우는 해당 공동주택의 입주자 과반수의 서면동의가 있는 경우에도 장기수선충당금을 사용할 수 없다.

06 공동주택관리법령상 행위허가 기준 등에 관하여 대통령령으로 정하는 기준 및 절차 등에 따라 시장·군수·구청장의 허가를 받거나 시장·군수·구청장에게 신고를 하여야 하는 대상으로 옳지 않은 것은?

① 공동주택을 사업계획에 따른 용도 외의 용도에 사용하는 행위
② 공동주택을 증축·개축·대수선하는 행위(주택법에 따른 리모델링은 제외한다)
③ 공동주택을 파손하거나 해당 시설의 전부 또는 일부를 철거하는 행위(국토교통부령으로 정하는 경미한 행위는 제외한다)
④ 주택법에 따른 세대구분형 공동주택을 설치하는 행위
⑤ 공동주택의 재축·증설 및 비내력벽의 철거(입주자 공유가 아닌 복리시설의 비내력벽 철거를 포함한다)

┌종합
07 공동주택관리법령상 공동주택의 용도변경 등에 관한 설명으로 옳지 않은 것은?

① 시설물 또는 설비의 철거로 구조안전에 이상이 없다고 시장·군수·구청장이 인정하는 경우로서 공동주택 전유부분의 시설물 또는 설비를 철거하는 경우에는 해당 동에 거주하는 입주자등 2분의 1 이상의 동의 후 허가를 받아 행위할 수 있다.
② 부대시설 및 입주자 공유인 복리시설의 파손·철거는 노약자나 장애인의 편리를 위한 계단의 단층 철거 등 경미한 행위로서 입주자대표회의의 동의를 받은 경우에는 신고 후 행위할 수 있다.
③ 공동주택 공용부분의 비내력벽을 철거하는 경우에는 해당 동에 거주하는 입주자 3분의 2 이상의 동의를 받아야 한다.
④ 물막이설비를 철거하는 경우로서 입주자대표회의의 동의를 받은 경우 신고 후 행위할 수 있다.
⑤ 공동주택에서 사용검사를 받은 면적의 10퍼센트의 범위에서 유치원을 증축하거나 장애인·노인·임산부 등의 편의증진 보장에 관한 법률에 따른 편의시설을 설치하는 경우에는 신고 후 행위할 수 있다.

[고난도]

08 공동주택관리법령에서 정하는 행위허가 등의 내용 중 파손·철거에 대한 설명으로 옳지 않은 것은?

① 공동주택의 파손·철거는 전유부분의 경우, 시설물 또는 설비의 철거로 구조안전에 이상이 없다고 시장·군수·구청장이 인정하는 경우로서 해당 동에 거주하는 입주자 등 2분의 1 이상의 동의를 받아야 한다.

② 공동주택의 파손·철거는 공용부분의 경우, 시설물 또는 설비의 철거로 구조안전에 이상이 없다고 시장·군수·구청장이 인정하는 경우로서 해당 동에 거주하는 입주자 등 3분의 2 이상의 동의를 받아야 한다. 다만, 비내력벽을 철거하는 경우에는 해당 동에 거주하는 입주자등 2분의 1 이상의 동의를 받아야 한다.

③ 공동주택의 파손·철거는 위해의 방지를 위하여 시장·군수·구청장이 부득이하다고 인정하는 경우로서 해당 동에 거주하는 입주자등 2분의 1 이상의 동의를 받은 경우에 가능하다.

④ 부대시설 및 입주자 공유인 복리시설의 파손·철거는 건축물인 부대시설 또는 복리시설을 전부 철거하는 경우로서 해당 동에 거주하는 입주자등 2분의 1 이상의 동의를 받은 경우에 가능하다.

⑤ 부대시설 및 입주자 공유인 복리시설의 파손·철거는 시설물 또는 설비의 철거로 구조안전에 이상이 없다고 시장·군수·구청장이 인정하는 경우로서 건축물 내부인 경우, 전체 입주자등 2분의 1 이상의 동의를 받아야 한다.

정답 및 해설

06 ⑤ 공동주택의 재축·증설 및 비내력벽의 철거(입주자 공유가 아닌 복리시설의 비내력벽 철거를 <u>제외한다</u>)

07 ③ 공동주택 공용부분의 비내력벽을 철거하는 경우에는 해당 동에 거주하는 <u>입주자등 2분의 1 이상의 동의</u>를 받아야 한다.

08 ④ 부대시설 및 입주자 공유인 복리시설의 파손·철거는 건축물인 부대시설 또는 복리시설을 전부 철거하는 경우로서 <u>전체 입주자 3분의 2 이상의 동의</u>를 받은 경우에 가능하다.

09 공동주택관리법 제35조에 따른 행위의 허가를 받거나 신고를 하고 설치하는 세대구분형 공동주택에 관한 설명으로 옳지 않은 것은?

① 구분된 공간의 세대수는 기존 세대를 포함하여 2세대 이하일 것
② 세대별로 구분된 각각의 공간마다 별도의 욕실, 부엌과 구분 출입문을 설치할 것
③ 세대구분형 공동주택의 세대수가 해당 주택단지 안의 공동주택 전체 세대수의 3분의 1과 해당 동의 전체 세대수의 3분의 1을 각각 넘지 않을 것. 다만, 시장·군수·구청장이 부대시설의 규모 등 해당 주택단지의 여건을 고려하여 인정하는 범위에서 세대수의 기준을 넘을 수 있다.
④ 구조, 화재, 소방 및 피난안전 등 관계법령에서 정하는 안전기준을 충족할 것
⑤ 주택건설기준 등을 적용하는 경우 세대구분형 공동주택의 세대수는 그 구분된 공간의 세대수에 관계없이 하나의 세대로 산정한다.

10 주택법령상 증축형 리모델링의 안전진단에 대한 설명으로 옳지 않은 것은?

① 증축형 리모델링을 하려는 자는 시장·군수·구청장에게 안전진단을 요청하여야 하며, 안전진단을 요청받은 시장·군수·구청장은 해당 건축물의 증축 가능 여부의 확인 등을 위하여 안전진단을 실시하여야 한다.
② 시장·군수·구청장은 ①에 따라 안전진단을 실시하는 경우에는 대통령령으로 정하는 기관에 안전진단을 의뢰하여야 하며, 안전진단을 의뢰받은 기관은 리모델링을 하려는 자가 추천한 건축구조기술사(구조설계를 담당할 자를 말한다)와 함께 안전진단을 실시하여야 한다.
③ 시장·군수·구청장이 ①에 따른 안전진단으로 건축물 구조의 안전에 위험이 있다고 평가하여 도시 및 주거환경정비법에 따른 재건축사업과 빈집 및 소규모주택 정비에 관한 특례법에 따른 소규모 재건축사업의 시행이 필요하다고 결정한 건축물은 리모델링을 하여서는 아니 된다.
④ 시장·군수·구청장은 수직증축형 리모델링을 허가한 후에 해당 건축물의 구조안전성 등에 대한 상세 확인을 위하여 안전진단을 실시하여야 한다.
⑤ 시장·군수·구청장은 ① 및 ④에 따라 안전진단을 실시하는 비용의 전부 또는 일부를 리모델링을 하려는 자에게 부담하게 할 수 있다.

정답 및 해설

09 ③ 세대구분형 공동주택의 세대수가 해당 주택단지 안의 공동주택 전체 세대수의 10분의 1과 해당 동의 전체 세대수의 3분의 1을 각각 넘지 않아야 한다.

10 ③ 시장·군수·구청장이 ①에 따른 안전진단으로 건축물 구조의 안전에 위험이 있다고 평가하여 도시 및 주거환경정비법에 따른 재건축사업과 빈집 및 소규모주택 정비에 관한 특례법에 따른 소규모 재건축사업의 시행이 필요하다고 결정한 건축물은 증축형 리모델링을 하여서는 아니 된다.

제1장 주관식 기입형 문제

01 공동주택관리법 시행규칙상 장기수선계획의 수립기준 등에 관한 규정의 일부이다. (   ) 안에 들어갈 용어를 쓰시오.

> 제7조 【장기수선계획의 수립기준 등】 ① 〈생략〉
> ② 법 제29조 제2항에 따른 장기수선계획 조정은 (㉠)(이)가 조정안을 작성하고, (㉡)가 의결하는 방법으로 한다.
> ③ 입주자대표회의와 관리주체는 법 제29조 제2항 및 제3항에 따라 장기수선계획을 조정하려는 경우에는 에너지이용 합리화법 제25조에 따라 산업통상자원부장관에게 등록한 에너지절약전문기업이 제시하는 에너지절약을 통한 주택의 (㉢) 감소를 위한 시설 개선 방법을 반영할 수 있다.

02 공동주택관리법 시행령에서 정하는 장기수선충당금의 적립 등에 관한 내용이다. (   ) 안에 들어갈 용어를 쓰시오.

> 장기수선충당금은 다음의 계산식에 따라 산정한다.
> $$(㉠) \text{ 세대별 장기수선충당금} = \frac{\text{장기수선계획기간 중의 수선비 총액}}{\text{총}(㉡) \times 12 \times (㉢)(\text{년})} \times \text{세대당 주택}(㉡)$$

03 공동주택관리법령상 장기수선충당금의 사용과 관련된 내용이다. (   ) 안에 들어갈 용어를 쓰시오.

> 건설임대주택을 분양전환한 이후 관리업무를 인계하기 전까지의 (㉠) 요율은 민간임대주택에 관한 특별법 시행령 또는 공공주택 특별법 시행령에 따른 (㉡) 적립요율에 따른다.

04 민간임대주택에 관한 특별법령상 특별수선충당금에 관한 내용이다. ( ) 안에 들어갈 용어를 쓰시오.

> 임대사업자가 민간임대주택을 양도하는 경우에는 특별수선충당금을 (㉠)에 따라 최초로 구성되는 (㉡)에 넘겨주어야 한다.

05 공동주택관리법 시행규칙에서 정하는 공용부분 시설물의 교체, 유지보수 및 하자보수 등의 이력관리에 관한 내용이다. ( ) 안에 들어갈 용어를 쓰시오.

> 의무관리대상 공동주택의 관리주체는 공용부분 시설물의 교체, 유지보수 및 (㉠) 등을 한 경우에는 다음의 서류를 (㉡)에 등록하여야 한다.
> 1. 이력 명세
> 2. 공사 전·후의 평면도 및 단면도 등 주요 도면
> 3. 주요 공사 사진

정답 및 해설

01 ㉠ 관리주체, ㉡ 입주자대표회의, ㉢ 온실가스
02 ㉠ 월간, ㉡ 공급면적, ㉢ 계획기간
03 ㉠ 장기수선충당금, ㉡ 특별수선충당금
04 ㉠ 공동주택관리법, ㉡ 입주자대표회의
05 ㉠ 하자보수, ㉡ 공동주택관리정보시스템

06 공동주택관리법 시행령 [별표 3]에 따른 부대시설 및 입주자 공유인 복리시설의 용도변경 허가기준 일부이다. ( ) 안에 들어갈 아라비아 숫자를 쓰시오.

> 전체 입주자 3분의 (㉠) 이상의 동의를 얻어 주민운동시설, 주택단지 안의 도로 및 어린이놀이터를 각각 전체 면적의 4분의 (㉡) 범위에서 주차장 용도로 변경하는 경우[2013년 12월 17일 이전에 종전의 주택건설촉진법(법률 제6916호 주택건설촉진법 개정법률로 개정되기 전의 것을 말한다) 제33조 및 종전의 주택법(법률 제13805호 주택법 전부개정법률로 개정되기 전의 것을 말한다) 제16조에 따른 사업계획승인을 신청하거나 건축법 제11조에 따른 건축허가를 받아 건축한 20세대 이상의 공동주택으로 한정한다]로서 그 용도변경의 필요성을 시장·군수·구청장이 인정하는 경우

07 2013년 12월 17일 이전에 종전의 주택건설촉진법 제16조에 따른 사업계획승인을 신청하거나 건축법에 따른 건축허가를 받아 건축한 20세대 이상의 공동주택에 있어서의 용도변경에 관한 설명이다. ( ) 안에 들어갈 용어를 쓰시오.

> 위의 공동주택이 주민운동시설, 주택단지 안의 ( ) 및 어린이놀이터 시설을 주차장 용도로 변경하려면 각각 전체 면적의 4분의 3의 범위 안에서 전체 입주자의 3분의 2 이상의 동의를 얻어야 하고, 그 용도변경의 필요성을 시장·군수·구청장이 인정하여야 가능하다.

08 주택법령상 리모델링 주택조합의 경우 리모델링 동의비율이다. ( ) 안에 들어갈 용어와 아라비아 숫자를 쓰시오.

> 다음의 사항이 적혀 있는 결의서에 주택단지 전체를 리모델링하는 경우에는 주택단지 전체 구분소유자 및 (㉠)의 각 (㉡)퍼센트 이상의 동의와 각 동별 구분소유자 및 (㉠)의 각 (㉢)퍼센트 이상의 동의를 받아야 하며(리모델링을 하지 않는 별동의 건축물로 입주자 공유가 아닌 복리시설 등의 소유자는 권리변동이 없는 경우에 한정하여 동의비율 산정에서 제외한다), 동을 리모델링하는 경우에는 그 동의 구분소유자 및 (㉠)의 각 (㉡)퍼센트 이상의 동의를 받아야 한다.
> 1. 리모델링 설계의 개요
> 2. 공사비
> 3. 조합원의 비용분담 명세

09 주택법령상 공동주택 리모델링시 리모델링 주택조합의 동의비율에 관한 설명이다. ( ) 안에 들어갈 용어와 아라비아 숫자를 쓰시오.

> 1. 주택단지 전체 (㉠) 및 의결권의 각 75퍼센트 이상의 동의와 각 동별 구분소유자 및 의결권의 각 (㉡)퍼센트 이상의 동의
> 2. 동을 리모델링하는 경우에는 그 동의 (㉠) 및 의결권의 각 75퍼센트 이상의 동의

10 주택법령상 리모델링 기본계획의 고시 등에 관한 설명이다. ( ) 안에 들어갈 아라비아 숫자를 쓰시오.

> 제73조【리모델링 기본계획의 고시 등】① 특별시장·광역시장 및 대도시의 시장은 리모델링 기본계획을 수립하거나 변경한 때에는 이를 지체 없이 해당 지방자치단체의 공보에 고시하여야 한다.
> ② 특별시장·광역시장 및 대도시의 시장은 (   )년마다 리모델링 기본계획의 타당성을 검토하여 그 결과를 리모델링 기본계획에 반영하여야 한다.
> ③ 그 밖에 주민공람 절차 등 리모델링 기본계획 수립에 필요한 사항은 대통령령으로 정한다.

정답 및 해설

06 ㉠ 2, ㉡ 3
07 도로
08 ㉠ 의결권, ㉡ 75, ㉢ 50
09 ㉠ 구분소유자, ㉡ 50
10 5

11 건축법령상 정의에 관한 내용이다. (   ) 안에 들어갈 아라비아 숫자와 용어를 쓰시오.

- '지하층'이란 건축물의 바닥이 지표면 아래에 있는 층으로서 바닥에서 지표면까지 평균높이가 해당 층 높이의 (㉠)분의 1 이상인 것을 말한다.
- '리모델링'이란 건축물의 노후화를 억제하거나 기능향상 등을 위하여 대수선하거나 건축물의 일부를 증축 또는 (㉡)하는 행위를 말한다.
- '고층건축물'이란 층수가 (㉢)층 이상이거나 높이가 120미터 이상인 건축물을 말한다.

정답 및 해설

11 ㉠ 2, ㉡ 개축, ㉢ 30

제2장 하자담보책임

대표예제 37 　　하자담보책임 ★★★

공동주택관리법령상 하자담보책임에 관한 내용으로 옳은 것은?

① 주택법에 따른 리모델링을 수행한 시공자는 수급인이 담보책임을 지지 아니한다.
② 공용부분은 주택법에 따른 사업계획승인일 또는 건축법에 따른 공동주택의 건축허가일부터 기산한다.
③ 내력구조부별(건축법에 따른 건물의 주요구조부) 하자에 대한 담보책임기간은 5년이다.
④ 태양광설비공사 등 신재생에너지설비공사의 담보책임기간은 5년이다.
⑤ 사업주체는 대통령령으로 정하는 바에 따라 하자보수를 보장하기 위하여 하자보수보증금을 담보책임기간 동안 예치하여야 한다. 다만, 국가·지방자치단체·한국토지주택공사 및 지방공사인 사업주체의 경우에는 그러하지 아니하다.

오답체크 ① 주택법에 따른 리모델링을 수행한 시공자는 수급인이 담보책임을 진다.
② 공용부분은 주택법에 따른 사용검사일(공동주택의 전부에 대하여 임시사용승인을 받은 경우에는 그 임시사용승인일을 말하고, 분할 사용검사나 동별 사용검사를 받은 경우에는 그 분할 사용검사일 또는 동별 사용검사일을 말한다) 또는 건축법에 따른 공동주택의 사용승인일부터 기산한다.
③ 내력구조부별(건축법에 따른 건물의 주요구조부) 하자에 대한 담보책임기간은 10년이다.
④ 태양광설비공사 등 신재생에너지설비공사의 담보책임기간은 3년이다.

기본서 p.473　　　　　　　　　　　　　　　　　　　　　　　　　　　　　　　　　　정답 ⑤

01 공동주택관리법령상 하자담보책임기간으로 옳은 것은?

① 수장공사(건축물 내부 마무리 공사) – 3년
② 석공사(건물 내부 공사) – 2년
③ 저수조(물탱크)공사 – 5년
④ 온돌공사(세대매립배관 포함) – 5년
⑤ 옹벽공사(건축 옹벽) – 10년

02 공동주택관리법령상 시설공사별 담보책임기간의 내용으로 옳지 않은 것은?

① 마감공사 중 석공사(건물 내부 공사) – 2년
② 마감공사 중 가전제품 – 2년
③ 급·배수 및 위생설비공사 중 특수설비공사 – 5년
④ 목공사 중 수장목공사 – 3년
⑤ 조적공사 중 점토벽돌공사 – 5년

03 공동주택관리법령상 시설공사별 담보책임기간에 관한 내용으로 옳지 않은 것은?

① 석공사(건물 내부 공사) – 5년
② 옥외위생(정화조) 관련 공사 – 3년
③ 온돌공사(세대매립배관 포함) – 3년
④ 조경포장공사 – 3년
⑤ 일반벽돌공사 – 5년

04 공동주택관리법령상 하자보수 등에 대한 설명으로 옳지 않은 것은?

① 사업주체(건설산업기본법에 따라 하자담보책임이 있는 자로서 사업주체로부터 건설공사를 일괄 도급받아 건설공사를 수행한 자가 따로 있는 경우에는 그 자를 말한다)는 담보책임기간에 하자가 발생한 경우에는 해당 공동주택의 입주자대표회의 등 또는 공공임대주택의 임차인 또는 임차인대표회의의 청구에 따라 그 하자를 보수하여야 한다.

② 사업주체는 담보책임기간에 공동주택에 하자가 발생한 경우에는 하자발생으로 인한 손해를 배상할 책임이 있다. 다만, 공공임대주택을 공급한 사업주체는 분양전환이 되기 전까지는 임차인에 대하여 손해배상책임은 제외한다.

③ ①에 따라 청구된 하자의 보수와 ②에 따른 손해배상책임을 위하여 필요한 하자의 조사방법 및 기준, 하자보수비용의 산정방법 등에 관하여는 법에 따라 정하는 하자판정에 관한 기준을 준용할 수 있다.

④ 관리주체는 담보책임기간에 공동주택의 구조안전에 중대한 하자가 있다고 인정하는 경우에는 안전진단기관에 의뢰하여 안전진단을 할 수 있다. 이 경우 안전진단의 대상·절차 및 비용부담에 관한 사항과 안전진단 실시기관의 범위 등에 필요한 사항은 대통령령으로 정한다.

⑤ 시장·군수·구청장은 ①에 따라 입주자대표회의 등 및 임차인 등이 하자보수를 청구한 사항에 대하여 사업주체가 정당한 사유 없이 따르지 아니할 때에는 시정을 명할 수 있다.

정답 및 해설

01 ② ① 수장공사(건축물 내부 마무리 공사) – 2년
③ 저수조(물탱크)공사 – 3년
④ 온돌공사(세대매립배관 포함) – 3년
⑤ 옹벽공사(건축 옹벽) – 5년

02 ③ 급·배수 및 위생설비공사 중 특수설비공사 – 3년

03 ① 석공사(건물 내부 공사) – 2년

04 ④ 시장·군수·구청장은 담보책임기간에 공동주택의 구조안전에 중대한 하자가 있다고 인정하는 경우에는 안전진단기관에 의뢰하여 안전진단을 할 수 있다. 이 경우 안전진단의 대상·절차 및 비용부담에 관한 사항과 안전진단 실시기관의 범위 등에 필요한 사항은 대통령령으로 정한다.

대표예제 38   하자보수 및 하자보수보증금 ★★★

공동주택관리법령상 하자보수 및 하자보수보증금에 관한 설명으로 옳은 것은?

① 사업주체는 담보책임기간에 공동주택에 하자(공용부분에 한한다)가 발생한 경우에는 하자 발생으로 인한 손해를 배상할 책임이 있다. 이 경우 손해배상책임에 관하여는 민법을 준용한다.
② 관리주체는 담보책임기간에 공동주택의 구조안전에 중대한 하자가 있다고 인정하는 경우에는 안전진단기관에 의뢰하여 안전진단을 할 수 있다.
③ 시·도지사는 입주자대표회의 등 및 임차인 등이 하자보수를 청구한 사항에 대하여 사업주체가 정당한 사유 없이 따르지 아니할 때에는 시정을 명할 수 있다.
④ 입주자대표회의 등은 하자보수보증금을 하자심사·분쟁조정위원회의 하자 여부 판정 등에 따른 하자보수비용 등 대통령령으로 정하는 용도로만 사용하여야 하며, 의무관리대상 공동주택의 경우에는 하자보수보증금의 사용 후 30일 이내에 그 사용내역을 국토교통부령으로 정하는 바에 따라 시장·군수·구청장에게 신고하여야 한다.
⑤ 사용검사권자는 입주자대표회의가 구성된 때에는 지체 없이 예치명의 또는 가입명의를 해당 입주자대표회의로 변경하고 관리주체에 현금예치증서 또는 보증서를 인계하여야 한다.

오답체크
① 사업주체는 담보책임기간에 공동주택에 <u>하자가 발생한 경우</u>에는 하자 발생으로 인한 손해를 배상할 책임이 있다. 이 경우 손해배상책임에 관하여는 민법을 준용한다.
② <u>시장·군수·구청장</u>은 담보책임기간에 공동주택의 구조안전에 중대한 하자가 있다고 인정하는 경우에는 안전진단기관에 의뢰하여 안전진단을 할 수 있다.
③ <u>시장·군수·구청장</u>은 입주자대표회의 등 및 임차인 등이 하자보수를 청구한 사항에 대하여 사업주체가 정당한 사유 없이 따르지 아니할 때에는 시정을 명할 수 있다.
⑤ 사용검사권자는 입주자대표회의가 구성된 때에는 지체 없이 예치명의 또는 가입명의를 해당 입주자대표회의로 변경하고 <u>입주자대표회의</u>에 현금예치증서 또는 보증서를 인계하여야 한다.

기본서 p.477   정답 ④

> 고난도

05 공동주택관리법령상 하자보수보증금의 용도로서 하자보수와 관련된 용도로 옳지 않은 것은?

① 하자 여부 판정서(재심의 결정서를 포함한다) 정본에 따라 하자로 판정된 시설공사 등에 대한 하자보수비용
② 하자분쟁조정위원회(하자심사·분쟁조정위원회를 말한다)가 송달한 조정서 정본에 따른 하자보수비용
③ 재판상 화해와 동일한 효력이 있는 재정에 따른 하자보수비용
④ 법원의 재판 결과에 따른 하자보수비용
⑤ 하자진단의 결과에 따른 하자보수비용

> 고난도

06 공동주택관리법령상 하자보수청구 서류 등의 보관 등에 관한 설명으로 옳은 것은?

① 입주자 또는 입주자대표회의를 대행하는 관리주체는 서류를 문서 또는 전자문서의 형태로 보관해야 하며, 그 내용을 공동주택관리정보시스템에 등록해야 한다.
② 문서 또는 전자문서와 하자관리정보시스템에 등록한 내용은 관리주체가 사업주체에게 하자보수를 청구한 날부터 5년간 보관해야 한다.
③ 입주자를 대행하는 입주자대표회의는 하자 관련 서류의 제공을 요구받은 경우 지체 없이 이를 열람하게 하거나 그 사본·복제물을 내주어야 한다.
④ 입주자대표회의는 ③에 따라 서류를 제공하는 경우 그 서류제공을 요구한 자가 입주자인지를 확인해야 한다.
⑤ 공동주택의 관리주체가 변경되는 경우 기존 관리주체는 새로운 관리주체에게 해당 공동주택의 하자보수청구 서류 등을 인계하여야 한다.

정답 및 해설

05 ① 하자 여부 판정서(재심의 결정서를 제외한다) 정본에 따라 하자로 판정된 시설공사 등에 대한 하자보수비용
06 ⑤ ① 입주자 또는 입주자대표회의를 대행하는 관리주체는 서류를 문서 또는 전자문서의 형태로 보관해야 하며, 그 내용을 하자관리정보시스템에 등록해야 한다.
② 문서 또는 전자문서와 하자관리정보시스템에 등록한 내용은 관리주체가 사업주체에게 하자보수를 청구한 날부터 10년간 보관해야 한다.
③ 입주자 또는 입주자대표회의를 대행하는 관리주체는 하자 관련 서류의 제공을 요구받은 경우 지체 없이 이를 열람하게 하거나 그 사본·복제물을 내주어야 한다.
④ 관리주체는 ③에 따라 서류를 제공하는 경우 그 서류제공을 요구한 자가 입주자나 입주자대표회의 구성원인지를 확인해야 한다.

[고난도]

07 공동주택관리법령상 하자진단 및 감정에 대한 사항으로 옳은 것은?

① 사업주체는 입주자대표회의 등이 청구하는 하자보수에 대하여 이의가 있는 경우, 입주자대표회의 등과 협의하여 대통령령으로 정하는 안전진단기관에 보수책임이 있는 하자범위에 해당하는지 여부 등 하자감정을 의뢰할 수 있다.
② 하자심사·분쟁조정위원회는 하자감정 결과에 대하여 다투는 사건의 경우에는 대통령령으로 정하는 안전진단기관에 그에 따른 진단을 요청할 수 있다.
③ 안전진단기관은 하자감정을 의뢰받은 날부터 20일 이내에 그 결과를 하자심사·분쟁조정위원회에 제출하여야 한다. 다만, 하자심사·분쟁조정위원회가 인정하는 부득이한 사유가 있는 때에는 그 기간을 연장할 수 있다.
④ 하자진단에 드는 비용은 당사자간 합의한 바에 따라 부담하되, 당사자간에 비용부담에 관한 합의가 이루어지지 아니하면 하자진단을 실시한 기관에서 부담비율을 정한다.
⑤ 감정에 드는 비용은 하자심사·분쟁조정위원회가 부담한다.

08 공동주택관리법령상 하자심사·분쟁조정위원회의 사무에 관한 설명으로 옳지 않은 것은?

① 사업주체 등과 입주자대표회의 등과 협의된 하자진단
② 하자담보책임 및 하자보수 등에 대한 하자보수보증금의 보증서 발급기관과 임차인 등 간의 분쟁의 조정 및 재정
③ 하자담보책임 및 하자보수 등에 대한 사업주체와 입주자대표회의 등간의 분쟁의 조정 및 재정
④ 하자의 책임범위 등에 대하여 사업주체 등·설계자·감리자간에 발생하는 분쟁의 조정 및 재정
⑤ 하자의 책임범위 등에 대하여 건설산업기본법에 따른 수급인·하수급인간에 발생하는 분쟁의 조정 및 재정

09 공동주택관리법령상 하자심사·분쟁조정위원회의 조정 등에 관한 설명으로 옳지 않은 것은?

① 하자분쟁조정위원회는 조정 등의 신청을 받은 때에는 지체 없이 조정 등의 절차를 개시하여야 한다.

② 하자분쟁조정위원회는 분쟁재정 신청을 받은 날부터 150일(공용부분의 하자는 180일로 하고, 흠결보정기간 및 하자감정기간을 포함한다) 이내에 그 절차를 완료하여야 한다.

③ 하자분쟁조정위원회는 신청사건의 내용에 흠이 있는 경우에는 상당한 기간을 정하여 그 흠을 바로잡도록 명할 수 있다. 이 경우 신청인이 흠을 바로잡지 아니하면 하자분쟁조정위원회의 결정으로 조정 등의 신청을 각하한다.

④ 하자분쟁조정위원회는 ②에 따라 기간 이내에 조정 등을 완료할 수 없는 경우에는 해당 사건을 담당하는 분과위원회 또는 소위원회의 의결로 그 기간을 1회에 한하여 연장할 수 있으나, 그 기간은 30일 이내로 한다.

⑤ 조정 등의 진행과정에서 증인 또는 증거의 채택에 드는 비용이 발생할 때에는 당사자가 합의한 바에 따라 그 비용을 부담한다.

정답 및 해설

07 ③ ① 사업주체는 입주자대표회의 등이 청구하는 하자보수에 대하여 이의가 있는 경우, 입주자대표회의 등과 협의하여 대통령령으로 정하는 안전진단기관에 보수책임이 있는 하자범위에 해당하는지 여부 등 하자진단을 의뢰할 수 있다.
② 하자심사·분쟁조정위원회는 하자진단 결과에 대하여 다투는 사건의 경우에는 대통령령으로 정하는 안전진단기관에 그에 따른 감정을 요청할 수 있다.
④⑤ 감정에 드는 비용은 당사자간 합의한 바에 따라 부담하되, 당사자간에 비용부담에 관한 합의가 이루어지지 아니하면 하자심사·분쟁조정위원회에서 부담비율을 정한다. 이 경우 당사자는 그 비용을 위원회가 정한 기한 내에 안전진단기관에 납부하여야 한다.

08 ① 하자진단은 공동주택관리법령상 하자심사·분쟁조정위원회의 사무에 포함되지 않는다.

09 ② 하자분쟁조정위원회는 분쟁재정 신청을 받은 날부터 150일(공용부분의 하자는 180일로 하고, 흠결보정기간 및 하자감정기간은 제외한다) 이내에 그 절차를 완료하여야 한다.

| 대표예제 39 | 분쟁재정 ★★★ |

공동주택관리법령상 하자심사 · 분쟁조정위원회의 분쟁재정에 관한 설명으로 옳은 것은?

① 하자분쟁조정위원회는 분쟁의 재정을 위하여 심문(審問)의 기일을 정하고 당사자에게 의견을 진술하게 하여야 한다.
② 분쟁조정을 다루는 분과위원회는 조정신청된 사건을 분쟁재정에 회부하는 것이 적합하다고 인정하는 경우에는 분쟁재정을 다루는 분과위원회에 송부하여 재정하게 할 수 있다.
③ 분쟁조정에 회부된 사건에 관하여 당사자간에 합의가 이루어졌을 때에는 재정절차를 계속 진행하고, 합의가 이루어지지 아니하였을 때에는 재정의 신청은 철회된 것으로 본다.
④ 재정문서는 그 정본이 당사자에게 송달된 날부터 180일 이내에 당사자 양쪽 또는 어느 한쪽이 그 재정의 대상인 공동주택의 하자담보책임을 원인으로 하는 소송을 제기하지 아니하거나 그 소송을 취하한 경우 재판상 화해와 동일한 효력이 있다.
⑤ 사업주체는 재판상 화해와 동일한 효력이 있는 재정에 따라 하자를 보수하고 그 결과를 지체 없이 공동주택관리정보시스템에 등록해야 한다.

오답체크 ② 분쟁재정을 다루는 분과위원회는 재정신청된 사건을 분쟁조정에 회부하는 것이 적합하다고 인정하는 경우에는 분쟁조정을 다루는 분과위원회에 송부하여 조정하게 할 수 있다.
③ 분쟁조정에 회부된 사건에 관하여 당사자간에 합의가 이루어지지 아니하였을 때에는 재정절차를 계속 진행하고, 합의가 이루어졌을 때에는 재정의 신청은 철회된 것으로 본다.
④ 재정문서는 그 정본이 당사자에게 송달된 날부터 60일 이내에 당사자 양쪽 또는 어느 한쪽이 그 재정의 대상인 공동주택의 하자담보책임을 원인으로 하는 소송을 제기하지 아니하거나 그 소송을 취하한 경우 재판상 화해와 동일한 효력이 있다.
⑤ 사업주체는 재판상 화해와 동일한 효력이 있는 재정에 따라 하자를 보수하고 그 결과를 지체 없이 하자관리정보시스템에 등록해야 한다.

기본서 p.496   정답 ①

제2장 주관식 기입형 문제

01 공동주택관리법령상 시설공사별 하자담보책임기간에 관한 내용이다. ( ) 안에 들어갈 아라비아 숫자와 용어를 쓰시오.

잡공사	옥내설비공사(우편함, 무인택배시스템 등)	(㉠)년
	옥외설비공사[담장, (㉡), 안내시설물 등], 금속공사	3년

02 공동주택관리법령상 담보책임 종료확인서 작성에 관한 내용이다. ( ) 안에 들어갈 용어와 아라비아 숫자를 쓰시오.

> 사업주체와 다음의 구분에 따른 자는 하자보수가 끝난 때에는 공동으로 담보책임 종료확인서를 작성해야 한다. 이 경우 담보책임기간이 만료되기 전에 담보책임 종료확인서를 작성해서는 안 된다.
> 1. 전유부분: (㉠)
> 2. 공용부분: 입주자대표회의의 회장(의무관리대상 공동주택이 아닌 경우에는 집합건물의 소유 및 관리에 관한 법률에 따른 관리인을 말한다) 또는 5분의 (㉡) 이상의 입주자(입주자대표회의의 구성원 중 사용자인 동별 대표자가 과반수인 경우만 해당한다)

정답 및 해설

01 ㉠ 3, ㉡ 울타리
02 ㉠ 입주자, ㉡ 4

03 공동주택관리법령상 하자보수보증금의 예치에 관한 설명이다. (　) 안에 들어갈 용어를 쓰시오.

> (㉠)(은)는 대통령령으로 정하는 바에 따라 하자보수보증금을 예치하여야 한다. 다만, 국가 · 지방자치단체 · 한국토지주택공사 및 (㉡)인 사업주체의 경우에는 그러하지 아니하다.

04 공동주택관리법령상 하자보수청구 서류 등의 보관 등에 관한 내용이다. (　) 안에 들어갈 용어와 아라비아 숫자를 쓰시오.

> 문서 또는 전자문서와 (㉠)에 등록한 내용은 (㉡)가 사업주체에게 하자보수를 청구한 날부터 (㉢)년간 보관해야 한다.

05 공동주택관리법 시행규칙에서 정하는 하자보수 결과 확인서에 관한 내용이다. (　) 안에 들어갈 용어를 쓰시오.

> 제22조의2 【하자보수 결과 확인서】 사업주체는 영 제57조 제3항, 제59조 제3항 및 제60조의5에 따라 [별지 제22호의2] 서식의 하자보수 결과 확인서에 하자보수 결과를 확인할 수 있는 자료를 첨부하여 (　)에 등록해야 한다.

06 공동주택관리법령상 분쟁재정에 관한 내용이다. ( ) 안에 들어갈 아라비아 숫자와 용어를 쓰시오.

> 제44조의2 【분쟁재정】 ①~⑤ 〈생략〉
> ⑥ 하자분쟁조정위원회는 재정절차를 완료한 경우에는 대통령령으로 정하는 사항을 기재하고 재정에 참여한 위원이 기명날인한 재정문서의 정본을 각 당사자 또는 그 대리인에게 송달하여야 한다.
> ⑦ 제6항에 따른 재정문서는 그 정본이 당사자에게 송달된 날부터 (㉠)일 이내에 당사자 양쪽 또는 어느 한쪽이 그 재정의 대상인 공동주택의 하자담보책임을 원인으로 하는 소송을 제기하지 아니하거나 그 소송을 취하한 경우 (㉡)와 동일한 효력이 있다. 다만, 당사자가 임의로 처분할 수 없는 사항으로서 대통령령으로 정하는 사항은 그러하지 아니하다.

정답 및 해설

03 ㉠ 사업주체, ㉡ 지방공사
04 ㉠ 하자관리정보시스템, ㉡ 관리주체, ㉢ 10
05 하자관리정보시스템
06 ㉠ 60, ㉡ 재판상 화해

제3장 건물관리

대표예제 40 / 표면결로 방지 대책 ★★

표면결로 방지 대책으로 옳은 것은?

① 습한 공기를 제거하기 위해 환기를 저하시킨다.
② 벽의 단열성을 좋게 하여 열관류저항을 작게 한다.
③ 실내수증기압을 낮추어 실내공기의 노점온도를 높게 한다.
④ 방습재는 고온측(실내)에 배치한다.
⑤ 단열재를 사용하여 벽면온도의 저하를 방지한다.

오답체크
① 습한 공기를 제거하기 위해 <u>환기가 잘되게 한다</u>.
② 벽의 단열성을 좋게 하여 열관류저항을 <u>크게 한다</u>.
③ 실내수증기압을 낮추어 실내공기의 노점온도를 <u>낮게 한다</u>.
④ 방습재는 <u>저온측(실외)</u>에 배치한다.

기본서 p.540　　　　　　　　　　　　　　　　　　　　정답 ⑤

---

01 도장공사시 유의사항으로 옳지 않은 것은?

① 도장마감은 도막이 너무 두껍지 않도록 얇게 몇 회로 나누어 실시한다.
② 도장을 수회 반복할 때에는 칠의 색을 동일하게 하여 혼동을 방지해야 한다.
③ 칠하는 장소에서 저온, 다습하고 환기가 충분하지 못할 때는 도장작업을 금지해야 한다.
④ 도장 후 기름, 산, 수지, 알칼리 등의 유해물이 배어 나오거나 녹아 나올 때에는 재시공한다.
⑤ 휘발성 도료의 경우 화기에 유의하여야 한다.

02 주택건설기준 등에 관한 규정상 세대간의 경계벽 등에 관한 설명으로 옳지 않은 것은?

① 공동주택 각 세대간의 경계벽 및 공동주택과 주택 외의 시설간의 경계벽은 내화구조로 하여야 한다.

② ①에 따른 경계벽은 이를 지붕 밑 또는 바로 윗층 바닥판까지 닿게 하여야 하며, 소리를 차단하는 데 장애가 되는 부분이 없도록 설치하여야 한다. 이 경우 경계벽의 구조가 벽돌구조인 경우에는 줄눈 부위에 빈틈이 생기지 않도록 시공하여야 한다.

③ 공동주택 각 세대간의 경계벽의 구조가 철근콘크리트조 또는 철골·철근콘크리트조로서 그 두께(시멘트모르타르, 회반죽, 석고플라스터, 그 밖에 이와 유사한 재료를 바른 후의 두께를 포함한다)가 15센티미터 이상인 것으로 하여야 한다.

④ 공동주택의 4층 이상인 층의 발코니에 세대간 경계벽을 설치하는 경우에는 화재 등의 경우에 피난용도로 사용할 수 있는 피난구를 경계벽에 설치하거나 경계벽의 구조를 파괴하기 쉬운 경량구조 등으로 할 수 있다. 다만, 경계벽에 창고 기타 이와 유사한 시설을 설치하는 경우에는 그러하지 아니하다.

⑤ ④에 따라 피난구를 설치하거나 경계벽의 구조를 경량구조 등으로 하는 경우에는 그에 대한 정보를 포함한 표지 등을 식별하기 쉬운 위치에 부착 또는 설치하여야 한다.

정답 및 해설

01 ② 도장을 수회 반복할 때에는 칠의 색을 <u>다르게 하여</u> 혼동을 방지해야 한다.

02 ④ 공동주택의 <u>3층 이상</u>인 층의 발코니에 세대간 경계벽을 설치하는 경우에는 화재 등의 경우에 피난용도로 사용할 수 있는 피난구를 경계벽에 설치하거나 경계벽의 구조를 파괴하기 쉬운 경량구조 등으로 할 수 있다. 다만, 경계벽에 창고 기타 이와 유사한 시설을 설치하는 경우에는 그러하지 아니하다.

대표예제 41 　　주택단지 안의 도로 ★★

주택건설기준 등에 관한 규정에서 정하는 주택단지 안의 도로에 대한 설명으로 옳은 것은?

① 공동주택을 건설하는 주택단지에는 폭 1.5미터 이상의 보도를 포함한 폭 7미터 이상의 도로(보행자전용도로, 자전거도로는 제외한다)를 설치하여야 한다.
② ①에도 불구하고 해당 도로를 이용하는 공동주택의 세대수가 100세대 미만이고 해당 도로가 막다른 도로로서 그 길이가 50미터 미만인 경우에 해당하는 경우에는 도로의 폭을 4미터 이상으로 할 수 있다. 이 경우 해당 도로에는 보도를 설치하지 아니할 수 있다.
③ 주택단지 안의 도로는 유선형(流線型) 도로로 설계하거나 도로 노면의 요철(凹凸) 포장 또는 과속방지턱의 설치 등을 통하여 도로의 설계속도(도로설계의 기초가 되는 속도를 말한다)가 시속 20킬로미터 이하가 되도록 하여야 한다.
④ 500세대 이상의 공동주택을 건설하는 주택단지 안의 도로에는 어린이 통학버스의 정차가 가능하도록 국토교통부령으로 정하는 기준에 적합한 어린이 안전보호구역을 1개소 이상 설치하여야 한다.
⑤ ①부터 ④까지에서 규정한 사항 외에 주택단지에 설치하는 도로 및 교통안전시설의 설치기준 등에 관하여 필요한 사항은 국토교통부령으로 정한다.

오답체크　① 공동주택을 건설하는 주택단지에는 폭 1.5미터 이상의 보도를 포함한 폭 <u>6미터 이상</u>의 도로(보행자전용도로, 자전거도로는 제외한다)를 설치하여야 한다.
　② ①에도 불구하고 해당 도로를 이용하는 공동주택의 세대수가 100세대 미만이고 해당 도로가 막다른 도로로서 그 길이가 <u>35미터 미만</u>인 경우에 해당하는 경우에는 도로의 폭을 4미터 이상으로 할 수 있다.
　③ 주택단지 안의 도로는 유선형(流線型) 도로로 설계하거나 도로 노면의 요철(凹凸) 포장 또는 과속방지턱의 설치 등을 통하여 도로의 설계속도(도로설계의 기초가 되는 속도를 말한다)가 시속 <u>10킬로미터 이하</u>가 되도록 하여야 한다.
　④ <u>300세대 이상</u>의 공동주택을 건설하는 주택단지 안의 도로에는 어린이 통학버스의 정차가 가능하도록 국토교통부령으로 정하는 기준에 적합한 어린이 안전보호구역을 1개소 이상 설치하여야 한다.

기본서 p.517　　　　　　　　　　　　　　　　　　　　　　　　　　　　　　　　　　　　정답 ⑤

03 주택건설기준 등에 관한 규칙상 영상정보처리기기의 설치기준에 관한 내용이다. 옳지 않은 것은?

① 승강기, 어린이놀이터 및 공동주택 각 동의 출입구마다 영상정보처리기기의 카메라를 설치할 것
② 영상정보처리기기의 카메라는 전체 또는 주요 부분이 조망되고 잘 식별될 수 있도록 설치하되, 카메라의 해상도는 300만화소 이상일 것
③ 영상정보처리기기의 카메라수와 녹화장치의 모니터수가 같도록 설치할 것
④ 다채널의 카메라 신호를 1대의 녹화장치에 연결하여 감시할 경우에 연결된 카메라 신호가 전부 모니터 화면에 표시되어야 하며, 1채널의 감시화면의 대각선방향 크기는 최소한 4인치 이상일 것
⑤ 네트워크 카메라를 설치하는 경우에는 공동주택관리법 시행규칙 [별표 1]의 장기수선계획의 수립기준에 따른 수선주기 이상으로 운영될 수 있도록 설치할 것

04 주택법 및 주택건설기준 등에 관한 규정상 장수명주택에 관한 설명으로 옳지 않은 것은?

① 장수명주택이란 구조적으로 오랫동안 유지·관리될 수 있는 내구성을 갖추고, 입주자의 필요에 따라 내부 구조를 쉽게 변경할 수 있는 가변성과 수리 용이성 등이 우수한 주택을 말한다.
② 장수명주택에 대하여 부여하는 등급은 최우수등급, 우수등급, 양호등급, 일반등급으로 구분한다.
③ 사업주체가 500세대 이상의 주택을 공급하고자 하는 때에는 인증제도에 따라 대통령령으로 정하는 기준 이상의 등급을 인정받아야 한다.
④ ③에 따른 대통령령으로 정하는 기준 이상의 등급이란 일반등급 이상의 등급을 말한다.
⑤ 국가, 지방자치단체 및 공공기관의 장은 장수명주택을 공급하는 사업주체 및 장수명주택 취득자에게 법률 등에서 정하는 비에 따라 행성상·세제상의 지원을 할 수 있다.

정답 및 해설

03 ② 영상정보처리기기의 카메라는 전체 또는 주요 부분이 조망되고 잘 식별될 수 있도록 설치하되, 카메라의 해상도는 <u>130만화소</u> 이상일 것
04 ③ 사업주체가 <u>1천세대 이상</u>의 주택을 공급하고자 하는 때에는 인증제도에 따라 대통령령으로 정하는 기준 이상의 등급을 인정받아야 한다.

제3장 주관식 기입형 문제

01 주택건설기준 등에 관한 규정에서 정하는 출입문에 관한 내용이다. (　) 안에 들어갈 용어를 쓰시오.

> 주택단지 안의 각 동 옥상 출입문에는 소방시설 설치 및 관리에 관한 법률에 따른 성능인증 및 제품검사를 받은 (㉠)을(를) 설치하여야 한다. 다만, (㉡)이 없는 옥상의 출입문은 제외한다.

02 주택건설기준 등에 관한 규칙상 주차장에 관한 내용이다. (　) 안에 들어갈 아라비아 숫자를 쓰시오.

> 환경친화적 자동차의 개발 및 보급 촉진에 관한 법률에 따른 전기자동차의 이동형 충전기를 이용할 수 있는 콘센트(각 콘센트별 이동형 충전기의 동시 이용이 가능하며, 사용자에게 요금을 부과하도록 설치된 것을 말한다)를 주차장법의 주차단위구획 총수에 (　　)퍼센트를 곱한 수(소수점 이하는 반올림한다) 이상 설치할 것. 다만, 환경친화적 자동차의 개발 및 보급 촉진에 관한 법률 시행령에 따른 급속충전시설 또는 완속충전시설이 설치된 경우 동일한 개수의 콘센트가 설치된 것으로 본다.

03 주택건설기준 등에 관한 규정상 주민공동시설에 관한 내용이다. (   ) 안에 들어갈 아라비아 숫자를 쓰시오.

> (㉠)세대 이상의 주택을 건설하는 주택단지에는 다음에 따라 산정한 면적 이상의 주민공동시설을 설치하여야 한다. 다만, 지역 특성, 주택 유형 등을 고려하여 특별시·광역시·특별자치시·특별자치도·시 또는 군의 조례로 주민공동시설의 설치면적을 그 기준의 4분의 1 범위에서 강화하거나 완화하여 정할 수 있다.
> 1. 100세대 이상 1천세대 미만: 세대당 2.5제곱미터를 더한 면적
> 2. 1천세대 이상: (㉡)제곱미터에 세대당 (㉢)제곱미터를 더한 면적

04 주택건설기준 등에 관한 규정상 세대수별 주민공동시설과 관련된 내용이다. (   ) 안에 들어갈 용어와 아라비아 숫자를 쓰시오.

> 주민공동시설을 설치하는 경우 해당 주택단지에는 다음의 구분에 따른 시설이 포함되어야 한다. 다만, 해당 주택단지의 특성, 인근 지역의 시설설치 현황 등을 고려할 때 사업계획승인권자가 설치할 필요가 없다고 인정하는 시설이거나 입주예정자의 과반수가 서면으로 반대하는 (㉠)은(는) 설치하지 아니할 수 있다.
> 1. 150세대 이상: 경로당, 어린이놀이터
> 2. 300세대 이상: 경로당, 어린이놀이터, 어린이집
> 3. (㉡)세대 이상: 경로당, 어린이놀이터, 어린이집, 주민운동시설, 작은도서관, (㉠)

정답 및 해설

01 ㉠ 비상문자동개폐장치, ㉡ 대피공간
02 10
03 ㉠ 100, ㉡ 500, ㉢ 2
04 ㉠ 다함께돌봄센터, ㉡ 500

05 주택건설기준 등에 관한 규정상 장수명주택의 인증대상 및 인증등급 등에 관한 내용이다. ( ) 안에 공통으로 들어갈 아라비아 숫자를 쓰시오.

> 장수명주택의 건폐율·용적률은 다음의 구분에 따라 조례로 그 제한을 완화할 수 있다.
> 1. 건폐율: 국토의 계획 및 이용에 관한 법률 및 같은 법 시행령에 따라 조례로 정한 건폐율의 100분의 ( )을(를) 초과하지 아니하는 범위에서 완화. 다만, 국토의 계획 및 이용에 관한 법률에 따른 건폐율의 최대한도를 초과할 수 없다.
> 2. 용적률: 국토의 계획 및 이용에 관한 법률 및 같은 법 시행령에 따라 조례로 정한 용적률의 100분의 ( )을(를) 초과하지 아니하는 범위에서 완화. 다만, 국토의 계획 및 이용에 관한 법률에 따른 용적률의 최대한도를 초과할 수 없다.

06 주택건설기준 등에 관한 규정에 따른 바닥구조의 내용이다. ( ) 안에 들어갈 아라비아 숫자를 쓰시오.

> 제14조의2 【바닥구조】 공동주택의 세대 내의 층간바닥(화장실의 바닥은 제외한다. 이하 이 조에서 같다)은 다음 각 호의 기준을 모두 충족해야 한다.
> 1. 콘크리트 슬래브 두께는 (㉠)밀리미터[라멘구조(보와 기둥을 통해서 내력이 전달되는 구조를 말한다. 이하 이 조에서 같다)의 공동주택은 (㉡)밀리미터] 이상으로 할 것. 다만, 다음 각 목의 어느 하나에 해당하는 주택의 층간바닥은 예외로 한다.
>   가. 법 제51조 제1항에 따라 인정받은 공업화주택
>   나. 목구조(주요 구조부를 목재의 지속가능한 이용에 관한 법률에 따른 목재 또는 목재제품으로 구성하는 구조를 말한다) 공동주택
> 2. 〈생략〉

07 주택법령상 공동주택 성능등급의 표시에 관한 설명이다. (   ) 안에 들어갈 아라비아 숫자를 쓰시오.

> 사업주체가 공동주택을 공급할 때 경량충격음 등 소음 관련 등급 등 주택의 성능 및 품질을 입주자가 알 수 있도록 공동주택 성능에 대한 등급을 받아 입주자모집공고에 표시해야 하는 세대는 (   )세대 이상을 말한다.

08 주택법령상 바닥충격음 성능등급 인정 등에 관한 설명이다. (   ) 안에 들어갈 아라비아 숫자와 용어를 쓰시오.

> 제41조【바닥충격음 성능등급 인정 등】①~⑦ 〈생략〉
> ⑧ 사업주체가 콘크리트 슬래브 두께 (㉠)밀리미터 이상으로 바닥구조를 시공하는 경우 사업계획승인권자는 국토의 계획 및 이용에 관한 법률 제50조 및 제52조 제1항 제4호에 따라 지구단위계획으로 정한 건축물 (㉡)의 최고한도의 100분의 (㉢)를 초과하지 아니하는 범위에서 조례로 정하는 기준에 따라 건축물 (㉡)의 최고한도를 완화하여 적용할 수 있다.

정답 및 해설

05 115
06 ㉠ 210, ㉡ 150
07 500
08 ㉠ 250, ㉡ 높이, ㉢ 115

09 건축물의 설비기준 등에 관한 규칙상 물막이설비에 관한 내용이다. (   ) 안에 들어갈 용어를 쓰시오.

> 제17조의2【물막이설비】① 다음 각 호의 어느 하나에 해당하는 지역에서 건축물을 건축하려는 자는 빗물 등의 유입으로 건축물이 침수되지 않도록 해당 건축물의 지하층 및 1층의 출입구[(㉠)의 출입구를 포함한다]에 물막이판 등 해당 건축물의 침수를 방지할 수 있는 설비를 설치해야 한다. 다만, 해당 건축물의 지하층 및 1층의 출입구를 국토교통부장관이 정하여 고시하는 예상 침수 높이 이상으로 설치한 경우에는 물막이설비를 설치한 것으로 본다.
> 1. 국토의 계획 및 이용에 관한 법률 제37조 제1항 제4호에 따른 (㉡)
> 2. 자연재해대책법 시행령 제15조 제2호 마목에 따른 (㉢)장관이 고시하는 지역

정답 및 해설

09 ㉠ 주차장, ㉡ 방재지구, ㉢ 행정안전부

제4장 설비관리

대표예제 42 | 건축구조 및 건축설비 용어 ★★

건축구조 및 건축설비와 관련된 설명으로 옳지 않은 것은?

① 비중이란 물질의 단위체적당 중량을 말한다.
② 1kW = 3,600kJ/s이다.
③ 정압비열이란 일정한 압력상태에서 어떤 물질 1kg을 1℃ 상승시키는 데 필요한 열량을 말한다.
④ 늑근(stirrup)이란 철근콘크리트 보의 주근을 둘러 감은 철근으로, 전단력에 의한 파괴에 대한 보강 철근을 말한다.
⑤ 주철관(cast iron pipe)은 주철로 만든 관으로, 다른 종류에 비해 방식성과 내압성이 우수하다.

해설 | 1kW = 3,600kJ/h이다.

기본서 p.565~570   정답 ②

---

01 건축설비의 기본사항에 관한 설명으로 옳지 않은 것은?

① 현열은 온도변화에 따라 유입 또는 유출되는 열이다.
② 노점온도는 습공기를 냉각하는 경우 포화상태로 되는 온도이다.
③ 열관류율은 건물 외피의 단열성능을 나타내며, 단위는 W/m · K이다.
④ 압력의 단위로 Pa이 사용된다.
⑤ 열은 매체를 통해 전도나 대류로 전달되지만 진공 중에서도 전달될 수 있다.

정답 및 해설

01 ③ 열관류율은 건물 외피의 단열성능을 나타내며, 단위는 W/m² · K이다.

02 배관 내 흐르는 유체의 마찰저항에 관한 설명으로 옳은 것은?

① 배관 내경이 2배 증가하면 마찰저항의 크기는 4분의 1로 감소한다.
② 배관 길이가 2배 증가하면 마찰저항의 크기는 1.4배 증가한다.
③ 배관 내 유체속도가 2배 증가하면 마찰저항의 크기는 2배 증가한다.
④ 배관 마찰손실계수가 2배 증가하면 마찰저항의 크기는 2배 증가한다.
⑤ 배관 내 유체밀도가 2배 증가하면 마찰저항의 크기는 2분의 1로 감소한다.

03 물의 경도에 관한 설명으로 옳지 않은 것은?

① 일반적으로 지하수는 경수로 간주한다.
② 경수는 센물이라고 한다.
③ 연수를 보일러 용수로 사용하면 배관 내에 스케일 생성을 야기한다.
④ 물속에 녹아 있는 칼슘, 마그네슘 등의 염류의 양을 탄산칼슘의 농도로 환산하여 나타낸 것이다.
⑤ 경도는 물속에 함유되어 있는 경도의 유발물질에 의해 나타나는 물의 세기를 말하며, 그 유발물질은 칼슘과 마그네슘이다.

04 직경 100mm의 강관에 2.4m³/min의 물을 통과시킬 때 강관 내의 유속은?

① 1.5m/sec ② 2.1m/sec
③ 3.2m/sec ④ 5.1m/sec
⑤ 6.2m/sec

05 내경 40mm, 길이 20m인 급수관에 유속 2m/s로 물을 보내는 경우 마찰손실수두는?
(단, 관마찰계수는 0.02이다)

① 0.5mAq ② 1.0mAq
③ 1.5mAq ④ 2.0mAq
⑤ 2.5mAq

06 내경이 30mm, 관길이 3m인 급수관에 1.5m/s의 속도로 물이 흐를 때 마찰손실수두(m)는? (단, 관마찰계수는 0.02이다)

① 0.129(m) ② 0.229(m)
③ 0.380(m) ④ 0.385(m)
⑤ 0.903(m)

정답 및 해설

02 ④ ① 배관 내경이 2배 증가하면 마찰저항의 크기는 <u>2분의 1</u>로 감소한다.
② 배관 길이가 2배 증가하면 마찰저항의 크기는 <u>2배</u> 증가한다.
③ 배관 내 유체속도가 2배 증가하면 마찰저항의 크기는 <u>4배</u> 증가한다.
⑤ 배관 내 유체밀도가 2배 증가하면 마찰저항의 크기는 <u>2배</u> 증가한다.

03 ③ <u>경수</u>를 보일러 용수로 사용하면 배관 내에 스케일 생성을 야기한다.

04 ④
$$v = \frac{Q}{\frac{\pi d^2}{4}} = \frac{\frac{2.4}{60}}{\frac{3.14 \times 0.1^2}{4}} = 5.1 \text{m/s}$$

▶ A(m²): 단면적, v(m/s): 유속, Q(m³/s): 유량

05 ④ 마찰손실수두(mAq)

$$= 관마찰손실계수 \times \frac{관의 길이(m) \times [유속(m/s)]^2}{관경(m) \times 2g} \quad *g = 9.8(\text{m/s}^2)$$

$$= 0.02 \times \frac{20(m) \times [2(m/s)]^2}{0.04(m) \times 2 \times 9.8(m/s^2)}$$

$$= 2.0 \text{mAq}$$

06 ②
$$H_f(m) = f \frac{l \times v^2}{d \times 2g}$$

$$= 0.02 \frac{3 \times 1.5^2}{0.03 \times 2 \times 9.8}$$

$$= 0.02 \frac{6.75}{0.588} = 0.229(m)$$

07 수도법령에서 정하는 대형건축물 등의 소유자 등이 해야 하는 소독 등 위생조치 등의 내용으로 옳지 않은 것은?

① 대형건축물 등의 소유자 등은 반기 1회 이상 저수조를 청소하여야 하고, 월 1회 이상 저수조의 위생상태를 점검하여야 한다.
② 대형건축물 등의 소유자 등은 저수조가 신축되었거나 1개월 이상 사용이 중단된 경우에는 사용 전에 청소를 하여야 한다.
③ 저수조 청소를 하는 경우에는 먹는물의 수질기준이 초과되지 않도록 해야 하며, 청소 후에는 저수조에 물을 채운 잔류염소의 경우 리터당 0.1밀리그램 이상 0.4밀리그램 이하의 기준을 충족하는지 여부를 점검해야 한다.
④ 대형건축물 등의 소유자 등은 매년 마지막 검사일부터 1년이 되는 날이 속하는 달의 말일까지의 기간 중에 1회 이상 수돗물의 안전한 위생관리를 위하여 먹는물관리법 시행규칙에 따라 지정된 먹는물 수질검사기관에 의뢰하여 수질검사를 하여야 한다.
⑤ ④에 따른 수질검사의 시료 검사항목은 탁도, 수소이온농도, 잔류염소, 일반세균, 총대장균군, 분원성 대장균군 또는 대장균이다.

08 급수방식에 관한 설명으로 옳지 않은 것은?

① 수도직결방식은 고가수조방식에 비해 수질오염 가능성이 낮다.
② 수도직결방식은 압력수조방식에 비해 기계실 면적이 작다.
③ 펌프직송방식은 고가수조방식에 비해 옥상탱크 면적이 작다.
④ 고가수조방식은 수도직결방식에 비해 수도 단전시 불리하다.
⑤ 압력수조방식은 수도직결방식에 비해 고층세대에서 원하는 압력을 얻을 수 있다.

09 급수방식 중 펌프직송방식에 관한 설명으로 옳지 않은 것은?

① 전력 차단시에는 급수가 불가능하다.
② 수도직결방식에 비하여 유지관리비용이 많이 든다.
③ 정속방식은 급수관 내 압력 또는 유량을 탐지하여 펌프의 대수를 제어하는 방식이다.
④ 상수를 지하저수탱크에 저장한 다음, 급수펌프로 필요한 장소로 직송하는 방식이다.
⑤ 상향식 공급방법이다.

대표예제 43 　수도직결식 수두압 ★

수도 본관에서 수직 높이 1m인 곳에 대변기의 세정밸브를 설치하였다. 이 세정밸브의 사용을 위해 필요한 수도 본관의 최저압력은? (단, 수도직결방식이며, 본관에서 세정밸브까지의 마찰손실은 0.02MPa, 세정밸브의 최저필요압력은 100kPa이다)

① 0.07MPa
② 0.09MPa
③ 0.13MPa
④ 0.17MPa
⑤ 0.19MPa

해설 | 계산식은 $P(MPa) \geq P_1 + P_2 + 0.01h$
> P: 수도 본관의 최저필요압력
> P_1: 기구의 최저필요압력
> P_2: 마찰손실수압
> h: 수도 본관에서 최고층 급수기구까지의 높이(m)

$P(MPa) \geq 100(kPa) + 0.02(MPa) + 1(m)$
$P(MPa) \geq 0.1(MPa) + 0.02(MPa) + 0.01(MPa) = 0.13MPa$

기본서 p.587　　　　　　　　　　　　　　　　　　　　　　　　　　　　　　　정답 ③

정답 및 해설

07 ③ 저수조 청소를 하는 경우에는 먹는물의 수질기준이 초과되지 않도록 해야 하며, 청소 후에는 저수조에 물을 채운 잔류염소의 경우 리터당 0.1밀리그램 이상 <u>4.0밀리그램 이하</u>의 기준을 충족하는지 여부를 점검해야 한다.

08 ③ 펌프직송방식은 고가수조방식에 비해 <u>옥상탱크 면적이 크다</u>.

09 ② 수도직결방식에 비하여 유지관리비용이 <u>적게 든다</u>.

10 고가수조방식으로 급수하는 공동주택에서 최상층세대 샤워기의 적정수압을 유지하기 위해 추가해야 할 최소필요수압(kPa)은? (단, 층고 3m, 옥상 바닥면에서 고가수조 수면까지의 높이 3m, 바닥에서 샤워기까지의 높이 1.5m, 샤워기의 적정급수압력은 0.07MPa이고, 배관마찰손실은 무시한다. 단위환산은 10mAq = 100kPa)

① 25(kPa)
② 50(kPa)
③ 75(kPa)
④ 100(kPa)
⑤ 125(kPa)

11 다음과 같은 조건의 경우 연면적 10,000m^2인 사무소 건물의 순간최대 예상급수량(L/min)은?

> 유효면적비 56%, 거주인원 0.2인/m^2, 1일 1인당 급수량은 0.1m^3/d, 건물 1일 평균사용시간은 8시간, 시간최대 예상급수량과 순간최대 예상급수량은 시간평균 예상급수량의 2배, 4배로 한다.

① 933(L/min)
② 14,000(L/min)
③ 28,000(L/min)
④ 56,000(L/min)
⑤ 112,000(L/min)

12 급수배관의 관경 결정법에 관한 설명으로 옳지 않은 것은?

① 같은 급수기구 중에서도 개인용과 공중용에 대한 기구급수부하단위는 개인용이 공중용보다 값이 크다.
② 유량선도에 의한 방법으로 관경을 결정하고자 할 때의 부하유량(급수량)은 기구급수부하단위로 산정한다.
③ 소규모 건물에는 관균등표에 의한 방법이, 중규모 이상의 건물에는 유량선도에 의한 방법이 주로 이용된다.
④ 기구급수부하단위는 각 급수기구의 표준 토수량, 사용빈도, 사용시간을 고려하여 1개의 급수기구에 대한 부하의 정도를 예상하여 단위화한 것이다.
⑤ 급수관의 관경을 결정하려는 경우에는 수량, 수압, 마찰손실수두 등을 고려하여야 한다.

13 기구급수부하단위(FU)가 1FU인 위생기구의 종류 및 접속관경으로 옳은 것은?

① 세면기, 15밀리미터
② 세면기, 25밀리미터
③ 대변기, 15밀리미터
④ 대변기, 25밀리미터
⑤ 대변기, 40밀리미터

14 급수배관의 설계 및 시공에 관한 설명으로 옳지 않은 것은?

① 급수주관으로부터 배관을 분기하는 경우에는 티(tee)를 사용한다.
② 주배관에는 적당한 위치에 플랜지 이음을 하여 보수점검을 용이하게 한다.
③ 배관의 수리시 교체가 쉽고 열의 신축에도 대응할 수 있도록 벽이나 바닥을 관통하는 곳에는 엘보를 설치한다.
④ 수평배관에는 공기가 정체하지 않도록 하며, 어쩔 수 없이 공기 정체가 일어나는 곳에는 공기빼기밸브를 설치한다.
⑤ 음료용 급수관과 다른 용도의 배관이 크로스커넥션되지 않도록 한다.

정답 및 해설

10 ① 수압 P(kPa) = 10 × 수두 H(mAq)
샤워기 최소필요수압 0.07(MPa) − {(옥상 바닥면에서 고가수조 수면까지의 높이 3m + 층고 3m) − 바닥면에서 샤워기까지의 높이 1.5m)}
P(kPa) = 10H(mAq) = 70(kPa) − {(10 × 3m) + (10 × 3m) − (10 × 1.5m)}
= 10H(mAq) = 70(kPa) − 4.5(mAq) = 70(kPa) − 45(kPa) = 25(kPa)

11 ① 계산식은 Qp(L/min) = (Qh × 4)/60
- 1일 급수량 Qd(L/d) = 10,000(m²) × 0.56 × 0.2(인/m²) × 0.1(m³/d · 인)
= 10,000(m²) × 0.56 × 0.2(인/m²) × 100(L/d · 인) = 112,000(L/d)
- 시간평균 예상급수량 Qh(L/h) = Qd/T = 112,000(L/d)/8 = 14,000(L/h)
- 시간최대 예상급수량 Qm(L/h) = 14,000(L/h) × 2 = 28,000(L/h)
- 순간최대 예상급수량 Qp(L/h) = 14,000(L/h) × 4 = 56,000(L/h)
- 순간최대 예상급수량 Qp(L/min) = 56,000/60(L/min) = 933(L/min)

12 ① 같은 급수기구 중에서도 개인용과 공중용에 대한 기구급수부하단위는 공중용이 개인용보다 값이 크다.

13 ① 기구급수부하단위가 1FU인 위생기구는 세면기이며, 접속관경은 15밀리미터이다.

14 ③ 배관의 수리시 교체가 쉽고 열의 신축에도 대응할 수 있도록 벽이나 바닥을 관통하는 곳에는 슬리브를 설치한다.

15 펌프의 양정에 관한 설명으로 옳지 않은 것은?

① 흡수면에서 펌프축 중심까지의 수직거리를 흡입 실양정이라고 한다.
② 물이 흐를 때는 유속에 상당하는 에너지가 필요하며, 이 에너지를 위치수두라 한다.
③ 흡수면으로부터 토출수면까지의 거리만큼 물이 올라가는 데 필요한 에너지를 전양정이라고 한다.
④ 물을 높은 곳으로 보내는 경우, 흡수면으로부터 토출수면까지의 수직거리를 실양정이라고 한다.
⑤ 전양정이란 유체의 압력수두, 위치수두, 속도수두를 모두 합한 수두를 말한다.

대표예제 44 > 펌프의 공동현상 ★★★

펌프의 공동현상(cavitation)을 방지하기 위해 고려할 사항으로 옳은 것은?

① 펌프를 저수조 수위보다 높게 설치한다.
② 방진장치를 설치한다.
③ 펌프의 토출측에 체크밸브를 설치한다.
④ 흡입양정을 낮추고 흡입배관의 지름을 작게 하여 흡입배관의 마찰손실을 줄인다.
⑤ 펌프의 흡입 및 토출측에 플렉시블 이음을 한다.

해설 | 흡입양정을 낮추고 흡입배관의 지름을 <u>크게 하여</u> 흡입배관의 마찰손실을 줄인다.

기본서 p.597　　　　　　　　　　　　　　　　　　　　　　　　　　정답 ④

16 펌프의 서징현상에 관한 설명으로 옳지 않은 것은?

① 토출배관 중에 수조 또는 공기체류가 있는 경우에 발생할 수 있다.
② 토출량을 조절하는 밸브의 위치가 수조 또는 공기가 체류하는 곳보다 하류에 있는 경우에 주로 발생한다.
③ 펌프의 흡입측에 바이패스를 설치하여 흡입수량의 일부를 토출측으로 되돌려주어 방지할 수 있다.
④ 펌프의 양정곡선이 산형 특성이고, 그 사용범위가 오른쪽으로 증가하는 특성을 갖는 범위에서 사용하는 경우에 발생할 수 있다.
⑤ 서징현상이 발생하면 유량 및 압력이 주기적으로 변동되면서 진동과 소음을 수반한다.

대표예제 45 | 펌프의 축동력 ★★

급수설비에 사용되는 펌프의 양수량이 1.8m³/min, 전양정이 10mAq일 경우, 이 펌프의 축동력은? (단, 펌프의 효율은 60%이다)

① 0.8kW
② 3.8kW
③ 4.4kW
④ 4.9kW
⑤ 8.9kW

해설 |
$$축동력(kW) = \frac{물의\ 밀도(1{,}000kg/m^3) \times Q[양수량(m^3/min)] \times H[전양정(m)]}{6{,}120 \times E[펌프의\ 효율(\%)]}$$

$$= \frac{1{,}000(kg/m^3) \times 1.8(m^3/min) \times 10(mAq)}{6{,}120 \times 60(\%)} = 4.9kW$$

기본서 p.596   정답 ④

정답 및 해설

15 ② 물이 흐를 때는 유속에 상당하는 에너지가 필요하며, 이 에너지를 <u>속도수두</u>라 한다.
16 ③ 펌프의 토출측에 바이패스를 설치하여 <u>토출수량의 일부를 흡입측으로</u> 되돌려주어 방지할 수 있다.

17 간접배수로 하여야 하는 기구에 속하지 않는 것은?

① 세면기
② 제빙기
③ 세탁기
④ 식기세척기
⑤ 공기조화기

18 다음 그림에서 배수트랩의 봉수깊이로 옳은 것은?

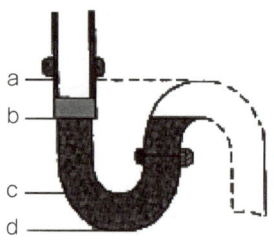

① a~b
② a~d
③ b~c
④ b~d
⑤ c~d

19 배수트랩이 갖추어야 할 요건에 속하지 않는 것은?

① 자정작용이 가능할 것
② 봉수깊이는 50밀리미터 이상 100밀리미터 이하일 것
③ 기구내장 트랩의 내벽 및 배수로의 단면형상에 급격한 변화가 없을 것
④ 봉수 유지를 위해 가동 부분이 없는 트랩 구조일 것
⑤ 배수의 흐름에 저항성을 갖지 아니할 것

20 배수트랩의 봉수가 파손되는 것을 방지하기 위한 방법으로 옳지 않은 것은?

① 자기사이펀작용에 의한 봉수파괴를 방지하기 위하여 통기관을 설치한다.
② 유도사이펀작용에 의한 봉수파괴를 방지하기 위하여 도피통기관을 설치한다.
③ 증발현상에 의한 봉수파괴를 방지하기 위하여 트랩 봉수 보급수 장치를 설치한다.
④ 역압에 의한 분출작용을 방지하기 위하여 배수수직관의 하단부에 통기관을 설치한다.
⑤ 배수트랩의 봉수파괴를 방지하기 위해 배수에 의해 생기는 기압변동으로부터 트랩 봉수를 보호할 목적으로 공기를 유통시키는 통기관을 선택하여 설치한다.

21 트랩의 봉수파괴현상 등에 관한 설명으로 옳지 않은 것은?

① 집을 오랫동안 비워두면 증발작용으로 봉수가 파괴된다.
② 유인사이펀(흡인작용)은 위층의 기구로부터 배수가 배수수직관 내를 급속히 흘러 하층 기구의 유출관 부분을 통과할 때 수평주관 내부의 공기를 감압시켜 봉수가 파괴되는 현상이다.
③ 각개통기관을 기구배수관에 접속하여 공기를 유입시키면 자기사이펀작용을 막을 수 있다.
④ 역압에 의한 봉수파괴현상은 하층부 기구에서 자주 발생한다.
⑤ 트랩의 유출구 쪽에 실이나 천조각 등의 고형물이 걸려 봉수가 파괴되는 현상을 모세관현상이라 한다.

정답 및 해설

17 ① 세면기는 <u>직접배수</u>로 한다.
▶ 원칙상 세닥기, 발수기, 건조기, 냉장고, 냉동고, 각종 음료 제조기, 공기조화기 등의 배수방식을 간접배수로 해야 하는 이유는 일반적으로 악취의 요소가 적고, 배수구의 역류나 막힘이 기기의 고장을 유발할 수 있으며, 배수구를 통해 벌레, 곰팡이, 균 등의 오염에 취약한 기기들이기 때문이다.

18 ③ 배수트랩의 봉수깊이는 <u>위어(b)</u>에서 <u>디프(c)까지</u>인 b~c이다.

19 ③ 기구내장 트랩의 내벽 및 배수로의 단면형상에 급격한 변화가 <u>있을 것</u>

20 ④ 역압에 의한 분출작용을 방지하기 위하여 배수수직관의 <u>상부에 통기관을 설치</u>한다.

21 ② 유인사이펀(흡인작용)은 위층의 기구로부터 배수가 배수수직관 내를 급속히 흘러 하층기구의 유출관 부분을 통과할 때 수평주관 내부의 <u>공기가 증대되어</u> 봉수가 파괴되는 현상이다.

| 대표예제 46 | 통기관의 종류 ★★ |

다음에서 설명하고 있는 통기관의 종류로 옳은 것은?

• 루프통기관의 통기 능률을 촉진시키기 위하여 설치한다.
• 최하류 기구배수관과 배수수직관 사이에 설치한다.
• 관경은 배수수평지관 관경의 2분의 1 이상, 최소 32밀리미터 이상으로 한다.

① 도피통기관
② 습윤(식)통기관
③ 결합통기관
④ 신정통기관
⑤ 공용통기관

해설 | 제시된 사항은 도피통기관에 대한 설명이다.

기본서 p.618   정답 ①

22 다음에서 설명하고 있는 통기관의 종류로 옳은 것은?

오배수 입상관으로부터 취출하여 위쪽의 통기관에 연결되는 배관으로 오배수 입상관 내의 압력을 같게 하기 위한 도피통기관을 말한다.

① 습통기관
② 각개통기관
③ 결합통기관
④ 회로통기관
⑤ 반송통기관

23 다음 설명에 알맞은 통기관의 종류는?

기구가 반대방향(좌우분기) 또는 병렬로 설치된 기구배수관의 교차점에 접속하여 입상하며, 그 양 기구의 트랩 봉수를 보호하기 위한 1개의 통기관을 말한다.

① 공용통기관
② 결합통기관
③ 각개통기관
④ 신정통기관
⑤ 도피통기관

24 유체의 흐름에 의한 마찰손실이 작으며 게이트밸브라고도 불리는 밸브는?

① 스톱밸브 ② 글로브밸브
③ 슬루스밸브 ④ 버터플라이밸브
⑤ 체크밸브

25 유량조절용으로 사용되며 유체의 흐름방향을 90도로 전환시킬 수 있는 밸브는?

① 볼밸브 ② 체크밸브
③ 앵글밸브 ④ 게이트밸브
⑤ 글로브밸브

정답 및 해설

22 ③ 제시된 지문은 <u>결합통기관</u>에 대한 설명이다.

23 ① 제시된 지문은 <u>공용통기관</u>에 대한 설명이다.

24 ③ ③ 슬루스밸브 또는 게이트밸브는 급수, 급탕배관에서 많이 사용되는 밸브로 마찰저항이 작다.
① 스톱밸브는 밸브 시트에 밀착할 수 있는 밸브 본체를 나사 봉에 설치하여, 이것에 핸들을 설치하고 밸브 본체의 상하 움직임이 가능하도록 해서 유체의 흐름을 완전하게 개폐하도록 한 밸브로 글로브밸브와 앵글밸브가 있다.
② 글로브밸브는 일명 스톱밸브, 구형밸브라고도 하며, 유체에 대한 마찰저항이 큰 것이 단점이다. 주로 유량조절이나 유로개폐용으로 사용한다.
④ 버터플라이밸브는 회전하는 원판으로 관로를 열고 닫음으로써 유량이나 유압을 조절하는 밸브로 나비밸브라고도 한다. 볼밸브와 마찬가지로 90도 회전으로 개폐되고, 주로 저압유체의 유량조절밸브로 사용되며, 구조가 단순하고, 밸브 전체의 크기가 작아 설치면적이 작다. 완전폐쇄가 곤란하다는 단점이 있다.
⑤ 체크밸브는 유체를 한쪽방향으로만 흐르게 하고 반대방향으로는 흐르지 못하게 하는 밸브로, 유량조절에는 부적합하다.

25 ③ 유량조절용으로 사용되며 유체의 흐름방향을 90도로 전환시킬 수 있는 밸브는 <u>앵글밸브</u>이다.

대표예제 47 | 밸브 ★★

밸브에 관한 설명이다. ( ) 안에 들어갈 내용으로만 바르게 짝지어진 것은?

> ㉠ ( )밸브는 유체를 한쪽방향으로만 흐르게 하고 반대방향으로는 흐르지 못하게 하는 밸브이다.
> ㉡ ( )밸브는 유체의 흐름을 직각으로 바꾸는 데 사용한다.
> ㉢ ( )밸브는 한 번 콕을 누르면 급수의 압력으로 일정량의 물이 나온 후 자동으로 잠긴다.

① ㉠ 체크 – ㉡ 앵글 – ㉢ 플러시
② ㉠ 게이트 – ㉡ 플러시 – ㉢ 앵글
③ ㉠ 스톱 – ㉡ 게이트 – ㉢ 감압
④ ㉠ 체크 – ㉡ 앵글 – ㉢ 슬루스
⑤ ㉠ 조정 – ㉡ 앵글 – ㉢ 스트레이너

해설| ㉠ 체크밸브: 유체의 흐름을 한쪽방향으로만 흐르게 하고, 역류를 방지하는 밸브
㉡ 앵글밸브: 유체의 흐름을 직각으로 바꿔주는 밸브
㉢ 플러시밸브: 한 번 콕을 누르면 일정량의 물이 나온 후 자동으로 잠기는 밸브

기본서 p.633   정답 ①

26 체크밸브에 관한 설명으로 옳지 않은 것은?

① 유체의 역류를 방지하기 위한 것이다.
② 스윙형 체크밸브를 수평배관에 사용할 수 있다.
③ 스윙형 체크밸브는 유수에 대한 마찰저항이 리프트형보다 크다.
④ 리프트형 체크밸브는 유체의 압력에 밸브 몸체가 밀어 올려져서 가이드부를 상하하는 것으로 배관의 수평부에만 사용된다.
⑤ 역류방지를 목적으로 설치하는 밸브로서, 호칭구경, 사용압력, 유수의 방향 등을 표시해야 한다.

27 하수도법상 개인하수처리시설의 관리에 관한 설명으로 옳지 않은 것은?

① 1일 처리용량이 50세제곱미터 이상 200세제곱미터 미만인 오수처리시설과 1일 처리대상 인원이 1천명 이상 2천명 미만인 정화조는 연 1회 이상 방류수 수질을 측정하여야 한다.
② 1일 처리용량이 200세제곱미터 이상인 오수처리시설과 1일 처리대상 인원이 2천명 이상인 정화조는 6개월마다 1회 이상 방류수 수질을 측정하여야 한다.
③ ①과 ②에 따른 결과를 기록하여 3년 동안 보관한다.
④ 개인하수처리시설의 소유자나 관리자는 개인하수처리시설을 운영할 때에 전기설비가 되어 있는 개인하수처리시설의 경우에 전원을 끄는 행위를 하여서는 아니 된다.
⑤ 1일 처리대상 인원이 1천명 이상인 정화조에서 배출되는 방류수는 염소 등으로 소독한다.

28 유입 BOD가 200ppm인 오수 방류시 유출 BOD가 10ppm인 경우 BOD제거율(%)은 얼마인가?

① 60% ② 80%
③ 85% ④ 90%
⑤ 95%

정답 및 해설

26 ③ 스윙형 체크밸브는 유수에 대한 마찰저항이 리프트형보다 작다.
27 ⑤ 1일 처리대상 인원이 500명 이상인 정화조에서 배출되는 방류수는 염소 등으로 소독한다.
28 ⑤ BOD제거율(%) = $\dfrac{200ppm - 10ppm}{200ppm} \times 100$
= 95%

29 평균 BOD 200ppm인 오수가 150m³/d 유입되는 오수정화조의 1일 유입 BOD 부하(kg/d)는 얼마인가?

① 0.3
② 3
③ 30
④ 300
⑤ 3,000

30 건축물의 설비기준 등에 관한 규칙상 온수온돌의 설치기준 내용으로 옳지 않은 것은? (단, 한국산업표준에 따른 조립식 온수온돌판을 사용하여 온수온돌을 시공하는 것은 제외한다)

① 바닥난방을 위한 열이 바탕층 아래 및 측벽으로 손실되는 것을 막을 수 있도록 단열재를 방열관과 바탕층 사이에 설치하는 것을 원칙으로 한다.
② 배관층과 바탕층 사이의 열저항은 녹색건축물 조성 지원법에 따라 국토교통부장관이 정하여 고시하는 기준에 적합해야 한다.
③ 바탕층이 지면에 접하는 경우에는 바탕층 아래와 주변 벽면에 높이 5센티미터 이상의 방수처리를 하여야 한다.
④ 배관층은 방열관에서 방출된 열이 마감층 부위로 최대한 균일하게 전달될 수 있는 높이와 구조를 갖추어야 한다.
⑤ 마감층은 수평이 되도록 설치하여야 하며, 바닥의 균열을 방지하기 위하여 충분히 양생하거나 건조시켜 마감재의 뒤틀림이나 변형이 없도록 하여야 한다.

대표예제 48 \ 급탕방식의 비교 ★★

중앙공급식 급탕방식 중 간접가열식에 관한 내용으로 옳지 않은 것은?

① 저탕조에 직접 상수도를 연결하여 가열하는 방식이다.
② 저탕조에 열교환기를 설치하여 가열하는 방식이다.
③ 직접가열식보다 효율이 낮다.
④ 증기나 온수를 저탕조에 있는 코일에 보내주면 저탕조에서 냉수를 온수로 바꿔주게 되므로 저탕조 또는 공급 규모와 관계없이 보일러의 압력 부담이 없다.
⑤ 주로 소규모 방식으로 이용된다.

해설 | 주로 대규모 방식으로 이용된다.

기본서 p.659   정답 ⑤

---

31 간접가열식 급탕방식에 관한 설명으로 옳지 않은 것은?

① 저압보일러를 사용할 수 있다.
② 직접가열식에 비해 열효율이 낮다.
③ 가열 보일러는 난방용 보일러와 겸용할 수 있다.
④ 직접가열식에 비해 보일러 내면에 스케일이 부착하기 쉽다.
⑤ 보일러 등에서 만들어진 증기 또는 온수를 1차측 회로의 열매체로 하여 2차 회로의 물을 따뜻하게 해서 급탕하는 방식이다.

정답 및 해설

29 ③ 유입 BOD 부하(m^3/d) = 평균 BOD(ppm) × 유입수량(m^3/d)
   = 200(ppm) × 150(m^3/d)
   = 200 × 1/1,000,000 × 150(m^3/d)
   = 0.0002 × 150(m^3/d)
   = 200(ppm) × 150(m^3/d)
   = 0.03(m^3/d)
   = 30(kg/d)

30 ③ 바탕층이 지면에 접하는 경우에는 바탕층 아래와 주변 벽면에 높이 10센티미터 이상의 방수처리를 하여야 한다.

31 ④ 직접가열식에 비해 보일러 내면에 스케일 부착이 적다.

32 복사난방에 관한 설명으로 옳지 않은 것은?

① 실내공기 유동이 적으므로 바닥면 먼지의 상승이 적다.
② 실내의 높이에 따른 상하 공기 온도차가 작기 때문에 쾌감도가 높다.
③ 방열기가 필요하다.
④ 방이 개방된 상태에서도 난방효과가 좋다.
⑤ 난방배관을 매설하게 되므로 시공·수리·방의 모양변경이 용이하지 않다.

33 급탕기기의 부속장치에 관한 설명으로 옳지 않은 것은?

① 안전밸브와 팽창탱크 및 배관 사이에는 차단밸브나 체크밸브를 설치하여서는 안 된다.
② 온수탱크 상단에는 진공방지밸브(vacuum relief valve)를 설치한다.
③ 온수탱크 하부에는 배수밸브(drain valve)를 설치한다.
④ 온수탱크의 보급수관에는 급수관의 압력변화에 의한 환탕의 유입을 방지하도록 역류방지밸브를 설치한다.
⑤ 밀폐형 가열장치에는 일정 압력 이상이면 압력을 도피시킬 수 있도록 도피밸브나 안전밸브를 설치하지 않아도 된다.

고난도

34 저탕조 용량이 1m³이고 급탕배관 내의 전체 수량이 2m³일 때 개방형 팽창탱크의 용량은 얼마인가? (단, 급수의 밀도가 1kg/L이고, 급탕의 밀도는 0.983kg/L이다)

① 0.052(m³)   ② 0.12(m³)
③ 0.178(m³) ④ 0.5(m³)
⑤ 0.95(m³)

| 대표예제 49 | 급탕소요전력량 ★★★ |

다음과 같은 조건에서 0.5m³/h의 급탕을 하는 건물에서 전기순간온수기를 사용했을 때 전기소비량은?

- 효율: 80%
- 급탕온도: 55℃, 급수온도: 20℃
- 물의 비열: 4.2kJ/kg · K

① 25.5kW ② 29.8kW
③ 32.8kW ④ 38.4kW
⑤ 40.0kW

해설 | 급탕소요전력량(kW)

$$= \frac{비열[c(4.2kJ/kg \cdot K)] \times 급탕량[m(kg/h)] \times \triangle t(K)}{3,600(kJ/h) \times 가열장치의\ 가열효율(\eta)}$$

$$= \frac{4.2(kJ/kg \cdot K) \times 500(kg/h) \times (55-20)(K)}{3,600(kJ/h) \times 0.8}$$

$$= 25.5(kW)$$

기본서 p.657   정답 ①

정답 및 해설

32 ③ 방열기가 필요하지 않다.

33 ⑤ 밀폐형 가열장치에는 일정 압력 이상이면 압력을 도피시킬 수 있도록 도피밸브나 안전밸브를 설치한다.

34 ①
$$V(m^3) = (\frac{1}{급탕의\ 밀도(kg/L)} - \frac{1}{물의\ 밀도(kg/L)}) \times 관내\ 저수량(m^3)$$

$$= (\frac{1}{0.983(kg/L)} - \frac{1}{1(kg/L)}) \times 3(m^3)$$

$$= 0.052(m^3)$$

35 다음 조건에 따라 계산된 전기급탕가열기의 용량(kW)은?

- 급수온도 20℃, 급탕온도 60℃, 급탕량 150(L/h)
- 물의 비중 1(kg/L), 물의 비열 4.2(kJ/kg · K), 가열기효율 80%
- 그 외의 조건은 고려하지 않는다.

① 0.7
② 4.25
③ 8.75
④ 11.3
⑤ 19.5

36 온도 20℃, 길이 200m인 강관에 탕이 흘러 60℃가 되었을 때, 강관의 팽창량은? (단, 강관의 선팽창계수는 1.0×10^{-5}/℃이다)

① 4mm
② 8mm
③ 4cm
④ 8cm
⑤ 4m

37 온도 15℃, 길이 100m인 동관에 탕이 흘러 55℃가 되었을 때, 이 동관의 팽창된 길이는? (단, 동관의 선팽창계수는 0.171×10^{-4}/℃이다)

① 13.42mm
② 26.84mm
③ 34.2mm
④ 68.4mm
⑤ 136.8mm

38 압축식 냉동기의 냉동사이클을 옳게 나타낸 것은?

① 압축 ⇨ 응축 ⇨ 팽창 ⇨ 증발
② 압축 ⇨ 팽창 ⇨ 응축 ⇨ 증발
③ 응축 ⇨ 증발 ⇨ 팽창 ⇨ 압축
④ 팽창 ⇨ 증발 ⇨ 응축 ⇨ 압축
⑤ 증발 ⇨ 팽창 ⇨ 응축 ⇨ 압축

39 공기조화시스템에서 냉매를 압축하여 온도와 압력을 상승시키는 기기로 옳은 것은?

① 팬코일유닛
② 히트펌프
③ 냉각탑
④ 컴프레서
⑤ 확장밸브

40 2중효용 흡수식 냉동기에 관한 설명으로 옳은 것은?

① 응축기가 저온, 고온 응축기로 나누어져 있다.
② 발생기가 저온, 고온 발생기로 나누어져 있다.
③ 흡수기가 저온, 고온 흡수기로 나누어져 있다.
④ 증발기가 저온, 고온 증발기로 나누어져 있다.
⑤ 압축기가 저온, 고온 압축기로 나누어져 있다.

정답 및 해설

35 ③ 급탕소요전력량(kW)

$$= \frac{비열[c(4.2kJ/kg \cdot K)] \times 급탕량[m(kg/h)] \times \Delta t(K)}{3,600(kJ/h) \times 가열장치의\ 가열효율(\eta)}$$

$$= \frac{4.2(kJ/kg \cdot K) \times 150(kg/h) \times (60-20)(K)}{3,600(kJ/h) \times 0.8}$$

$= 8.75(kW)$

36 ④ L(mm) = 1,000 × l(m) × C × △t
▶ l: 온도변화 전의 관의 길이(m), C: 관의 선팽창계수, △t: 온도차(℃)
L(mm) = 1,000 × 200 × 1.0 × 10⁻⁵ × 40
= 1,000 × 200 × 0.00001 × 40
= 80(mm) = 8cm

37 ④ 100m × 0.171 × 10⁻⁴/℃ × (55 − 15)℃ = 68.4mm

38 ① 압축식 냉동기의 냉동사이클은 '압축 ⇨ 응축 ⇨ 팽창 ⇨ 증발' 순이다.

39 ④ 공기조화시스템에서 냉매를 압축하여 온도와 압력을 상승시키는 기기는 컴프레서이다.

40 ② 2중효용 흡수식 냉동기는 발생기가 저온, 고온 발생기로 나누어져 있다.

> **대표예제 50** \ **히트펌프 ★★**
>
> 열펌프(heat pump)에 관한 설명으로 옳지 않은 것은?
>
> ① 공기조화에서 냉방 또는 난방기능을 수행한다.
> ② 냉동사이클에서 응축기의 방열량을 이용하기 위한 것이다.
> ③ 열을 저온부에서 고온부로 빨아올린다는 의미에서 열펌프라고 한다.
> ④ 냉동기를 냉각목적으로 할 경우의 성적계수보다 열펌프로 사용될 경우의 성적계수가 작다.
> ⑤ EHP(Electric Heat Pump)는 압축식 냉동기의 원리를 이용한 열펌프이다.
>
> **해설 |** 냉동기를 냉각목적으로 할 경우의 성적계수보다 열펌프로 사용될 경우의 <u>성적계수가 크다</u>.
>
> 기본서 p.692 정답 ④

41 난방시 히트펌프의 성적계수(COP)에 관한 설명으로 옳은 것은?

① 응축기의 방열량을 증발기의 흡수열량으로 나눈 값이다.
② 응축기의 방열량을 압축기의 압축일로 나눈 값이다.
③ 증발기의 흡수열량을 압축기의 압축일로 나눈 값이다.
④ 압축기의 압축일을 증발기의 흡수열량으로 나눈 값이다.
⑤ 증발기의 흡수열량을 응축기의 방열량으로 나눈 값이다.

대표예제 51 | 기계환기설비 설치기준 ★★★

건축물의 설비기준 등에 관한 규칙상 30세대 이상의 신축공동주택 등의 기계환기설비 설치기준에 관한 설명으로 옳은 것은?

① 기계환기설비의 환기기준은 시간당 실내공기 교환횟수(환기설비에 의한 최종 공기흡입구에서 세대의 실내로 공급되는 시간당 총체적 풍량을 말한다)로 표시하여야 한다.
② 세대의 환기량 조절을 위하여 환기설비의 정격풍량을 최소·적정·최대의 3단계 또는 그 이상으로 조절할 수 있는 체계를 갖추어야 하고, 적정단계의 필요환기량은 신축공동주택 등의 세대를 시간당 0.5회로 환기할 수 있는 풍량을 확보하여야 한다.
③ 바깥공기를 공급하는 공기공급체계 또는 바깥공기가 도입되는 공기흡입구의 공기여과기의 경우 한국산업표준(KS B 6141)에 따른 입자 포집률이 계수법으로 측정하여 40퍼센트 이상이어야 한다.
④ 외부에 면하는 공기흡입구와 배기구는 교차오염을 방지할 수 있도록 5미터 이상의 이격거리를 확보하거나, 공기흡입구와 배기구의 방향이 서로 90도 이상 되는 위치에 설치되어야 하고 화재 등 유사시 안전에 대비할 수 있는 구조와 성능이 확보되어야 한다.
⑤ 기계환기설비의 에너지 절약을 위하여 열회수형 환기장치를 설치하는 경우에는 한국산업표준(KS B 6879)에 따라 시험한 열회수형 환기장치의 유효환기량이 표시용량의 85퍼센트 이상이어야 하고, 열회수형 환기장치의 안과 밖은 물맺힘이 발생하는 것을 최소화할 수 있는 구조와 성능을 확보하도록 하여야 한다.

오답체크
① 기계환기설비의 환기기준은 시간당 실내공기 교환횟수(환기설비에 의한 최종 공기흡입구에서 세대의 실내로 공급되는 <u>시간당 총체적 풍량을 실내 총체적으로 나눈 환기횟수</u>를 말한다)로 표시하여야 한다.
③ 바깥공기를 공급하는 공기공급체계 또는 바깥공기가 도입되는 공기흡입구의 공기여과기의 경우 한국산업표준(KS B 6141)에 따른 입자 포집률이 계수법으로 측정하여 <u>60퍼센트 이상</u>이어야 한다.
④ 외부에 면하는 공기흡입구와 배기구는 교차오염을 방지할 수 있도록 <u>1.5미터 이상</u>의 이격거리를 확보하거나, 공기흡입구와 배기구의 방향이 서로 90도 이상 되는 위치에 설치되어야 하고 화재 등 유사시 안전에 대비할 수 있는 구조와 성능이 확보되어야 한다.
⑤ 기계환기설비의 에너지 절약을 위하여 열회수형 환기장치를 설치하는 경우에는 한국산업표준(KS B 6879)에 따라 시험한 열회수형 환기장치의 유효환기량이 표시용량의 <u>90퍼센트 이상</u>이어야 하고, 열회수형 환기장치의 안과 밖은 물맺힘이 발생하는 것을 최소화할 수 있는 구조와 성능을 확보하도록 하여야 한다.

기본서 p.703 정답 ②

정답 및 해설

41 ② 난방시 히트펌프의 성적계수는 <u>응축기의 방열량을 압축기의 압축일로 나눈 값</u>이다.

42 건축물의 설비기준 등에 관한 규칙상 신축공동주택 등의 기계환기설비의 설치기준의 내용으로 옳지 않은 것은?

① 기계환기설비의 환기기준은 시간당 실내공기 교환횟수(환기설비에 의한 최종 공기흡입구에서 세대의 실내로 공급되는 시간당 총체적 풍량을 실내 총체적으로 나눈 환기횟수를 말한다)로 표시하여야 한다.
② 세대의 환기량 조절을 위하여 환기설비의 정격풍량을 최소·적정·최대의 3단계 또는 그 이상으로 조절할 수 있는 체계를 갖추어야 하고, 적정단계의 필요환기량은 신축공동주택 등의 세대를 시간당 0.5회로 환기할 수 있는 풍량을 확보하여야 한다.
③ 공기여과기의 경우 한국산업표준(KS B 6141)에 따른 입자 포집률이 질량법으로 측정하여 60퍼센트 이상이어야 한다.
④ 기계환기설비는 주방 가스대 위의 공기배출장치, 화장실의 공기배출 송풍기 등 급속환기설비와 함께 설치할 수 없다.
⑤ 기계환기설비의 에너지 절약을 위하여 열회수형 환기장치를 설치하는 경우에는 한국산업표준(KS B 6879)에 따라 시험한 열회수형 환기장치의 유효환기량이 표시용량의 90퍼센트 이상이어야 하고, 열회수형 환기장치의 안과 밖은 물맺힘이 발생하는 것을 최소화할 수 있는 구조와 성능을 확보하도록 하여야 한다.

대표예제 52 | 환기횟수 ★★★

바닥면적이 100m²이고 천장고가 3m인 전기실의 발열량이 10kW일 때, 실내 설정온도를 유지하기 위해 필요한 시간당 환기횟수(회/h)는? (단, 실내 설정온도는 30°C, 외기온도는 20°C, 공기의 비중은 1.2kg/m³, 공기의 정압비열은 1.0kJ/kg·k로 한다)

① 0.5(회/h) ② 4(회/h)
③ 8(회/h)   ④ 9(회/h)
⑤ 10(회/h)

해설 | • 환기량 $Q(m^3/h)$

$$= \frac{\text{실내 발열량}(kJ/h)}{\text{공기밀도}(1.2kg/m^3) \times \text{공기정압비열}(1.0kJ/kg \cdot K) \times \text{온도차}(K)}$$

$$= \frac{10(kW)}{1.2(kg/m^3) \times 1.0(kJ/kg \cdot K) \times 10(K)}$$

여기서 $1(kW) = 3,600(kJ/h)$이므로

$$= \frac{10 \times 3,600(kJ/h)}{1.2(kg/m^3) \times 1.0(kJ/kg \cdot K) \times 10(K)} = 3,000(m^3/h)$$

• 실내 총체적 $V(m^3) = 100(m^2) \times 3(m) = 300(m^3)$

• 환기횟수(회/h) = $\frac{\text{환기량}(m^3/h)}{\text{실내 총체적}(m^3)} = \frac{3,000(m^3/h)}{300(m^3)} = 10(회/h)$

기본서 p.706　　　　　　　　　　　　　　　　　　　　　정답 ⑤

> 고난도

43 10m × 10m × 3.2m 크기의 강의실에 30명의 사람이 있을 때 실내의 이산화탄소 농도를 0.15%로 하기 위해 필요한 환기량은? (단, 1인당 CO_2 발생량은 $0.03m^3/h \cdot 인$이며, 외기의 CO_2 농도는 0.03%이다)

① $250m^3/h$
② $500m^3/h$
③ $750m^3/h$
④ $1,000m^3/h$
⑤ $1,500m^3/h$

정답 및 해설

42 ④ 기계환기설비는 주방 가스대 위의 공기배출장치, 화장실의 공기배출 송풍기 등 급속환기설비와 함께 설치할 수 있다.

43 ③ 환기량 $Q(m^3/h)$ = 외기 도입량 $Q(m^3/h)$
이산화탄소 발생량$(m^3/h) = 0.03[m^3/(h \cdot 인)] \times 30(인) = 0.9(m^3/h)$
농도차 = $(1,500 - 300)(ppm) = 1,200 \times 1/1,000,000 = 0.0012$
환기량 $Q(m^3/h) = \frac{0.9(m^3/h)}{0.0012} = 750 m^3/h$

44 주택건설기준 등에 관한 규칙에서 정하는 배기설비에 관한 설명으로 옳은 것은?

① 배기구는 반자 또는 반자 아래 80센티미터 이내의 높이에 설치하고, 항상 개방될 수 있는 구조로 할 것
② 배기통(배기구는 제외한다)은 외기의 기류에 의하여 배기에 지장이 생기지 아니하는 구조로 할 것
③ 배기통에는 그 최상부, 점검구 및 배기구를 제외하고는 개구부를 두지 아니할 것
④ 배기통의 최상부는 직접 외기에 개방되지 않도록 설비를 할 것
⑤ 부엌 및 화장실에 설치하는 배기구에는 전동환기설비를 설치할 것

45 소방시설 설치 및 관리에 관한 법률 시행령에서 정하는 소방시설 중 경보설비의 종류로 옳지 않은 것은?

① 자동화재탐지설비　　② 화재알림설비
③ 비상방송설비　　　　④ 통합감시시설
⑤ 무선통신보조설비

46 특정소방대상물의 소방시설 설치의 면제에 관한 기준 내용이다. (　) 안에 들어갈 알맞은 것은?

> (　) 또는 단독경보형 감지기를 설치하여야 하는 특정소방대상물에 자동화재탐지설비 또는 화재알림설비를 화재안전기준에 적합하게 설치한 경우에는 그 설비의 유효범위에서 설치가 면제된다.

① 비상방송설비　　　② 비상경보설비
③ 자동화재속보설비　④ 무선통신보조설비
⑤ 옥내소화전설비

47 소방시설 설치 및 관리에 관한 법령상 특정소방대상물의 소방시설 등의 자체점검에 대한 설명으로 옳지 않은 것은?

① 특정소방대상물의 관계인은 해당 특정소방대상물의 소방시설 등이 신설된 경우에는 건축법에 따라 건축물을 사용할 수 있게 된 날부터 60일 이내에 그 대상물에 설치되어 있는 소방시설 등이 이 법이나 이 법에 따른 명령 등에 적합하게 설치·관리되고 있는지에 대하여 정기적으로 점검(이하 '자체점검'이라 한다)하게 하여야 한다.

② 관리업자 또는 소방안전관리자로 선임된 소방시설관리사 및 소방기술사(이하 '관리업자 등'이라 한다)는 자체점검을 실시한 경우에는 그 점검이 끝난 날부터 10일 이내에 소방시설 등 자체점검 실시결과 보고서(전자문서로 된 보고서를 포함한다)에 소방청장이 정하여 고시하는 소방시설 등 점검표를 첨부하여 관계인에게 제출해야 한다.

③ ②에 따른 자체점검 실시결과 보고서를 제출받거나 스스로 자체점검을 실시한 관계인은 자체점검이 끝난 날부터 20일 이내에 소방시설 등 자체점검 실시결과 보고서(전자문서로 된 보고서를 포함한다)에 소방시설 등의 자체점검 결과 이행계획서 등을 첨부하여 소방본부장 또는 소방서장에게 서면이나 소방청장이 지정하는 전산망을 통하여 보고해야 한다.

④ 자체점검 실시결과의 보고기간에는 공휴일 및 토요일은 산입하지 않는다.

⑤ 소방본부장 또는 소방서장에게 자체점검 실시결과 보고를 마친 관계인은 소방시설 등 자체점검 실시결과 보고서(소방시설 등 점검표를 포함한다)를 점검이 끝난 날부터 2년간 자체 보관해야 한다.

정답 및 해설

44 ① ② 배기통 및 배기구는 외기의 기류에 의하여 배기에 지장이 생기지 아니하는 구조로 할 것
③ 배기통에는 그 최상부 및 배기구를 제외하고는 개구부를 두지 아니할 것
④ 배기통의 최상부는 직접 외기에 개방되게 하되, 빗물 등을 막을 수 있는 설비를 할 것
⑤ 부엌에 설치하는 배기구에는 전동환기설비를 설치할 것

45 ⑤ 무선통신보조설비는 소화활동설비로 분류된다.

46 ② 비상경보설비 또는 단독경보형 감지기를 설치하여야 하는 특정소방대상물에 자동화재탐지설비 또는 화재알림설비를 화재안전기준에 적합하게 설치한 경우에는 그 설비의 유효범위에서 설치가 면제된다.

47 ③ 자체점검 실시결과 보고서를 제출받거나 스스로 자체점검을 실시한 관계인은 자체점검이 끝난 날부터 15일 이내에 소방시설 등 자체점검 실시결과 보고서(전자문서로 된 보고서를 포함한다)에 소방시설 등의 자체점검 결과 이행계획서 등을 첨부하여 소방본부장 또는 소방서장에게 서면이나 소방청장이 지정하는 전산망을 통하여 보고해야 한다.

대표예제 53 | 소방시설 등 자체점검 ★★★

소방시설 설치 및 관리에 관한 법률 시행규칙 [별표 3]으로 정하는 소방시설 등 자체점검의 구분 및 대상, 점검자의 자격, 점검장비, 점검방법 및 횟수 등 자체점검시 준수해야 할 사항으로 옳은 것은?

① 종합점검 중 신규점검이란 소방시설이 새로 설치되는 경우 건축물을 사용할 수 있게 된 날부터 60일 이내에 점검하는 것을 말한다.
② 화재의 예방 및 안전관리에 관한 법률 시행령 [별표 4]의 특급, 1급 소방안전관리대상물은 작동점검 제외대상이다.
③ 작동점검대상의 종합점검은 작동점검을 받은 달부터 6개월이 되는 달에 종합점검을 실시한다.
④ 옥내소화전설비가 설치된 특정소방대상물은 종합점검대상이다.
⑤ 종합점검의 점검횟수는 연 1회 이상(화재의 예방 및 안전에 관한 법률 시행령 [별표 4]의 특급 소방안전관리대상물은 반기에 1회 이상) 실시한다.

오답체크
① 종합점검 중 <u>최초점검</u>이란 소방시설이 새로 설치되는 경우 건축물을 사용할 수 있게 된 날부터 60일 이내에 점검하는 것을 말한다.
② 화재의 예방 및 안전관리에 관한 법률 시행령 [별표 4]의 <u>특급 소방안전관리대상물</u>은 작동점검 제외대상이다.
③ <u>종합점검대상의 작동점검</u>은 종합점검을 받은 달부터 6개월이 되는 달에 <u>작동점검</u>을 실시한다.
④ <u>스프링클러설비</u>가 설치된 특정소방대상물은 종합점검대상이다.

기본서 p.738　　　　　　　　　　　　　　　　　　　　　　　　　　　　　　　　정답 ⑤

48 소방시설 설치 및 관리에 관한 법령상 소방시설 등의 자체점검에 관한 설명으로 옳지 않은 것은?

① 작동점검이란 소방시설 등을 인위적으로 조작하여 소방시설이 정상적으로 작동하는지를 소방청장이 정하여 고시하는 소방시설 등 작동점검표에 따라 점검하는 것을 말한다.
② 종합점검이란 소방시설 등의 작동점검을 포함하여 소방시설 등의 설비별 주요 구성부품의 구조기준이 화재안전기준과 건축법 등 관련 법령에서 정하는 기준에 적합한지 여부를 소방청장이 정하여 고시하는 소방시설 등 종합점검표에 따라 점검하는 것을 말하며, 최초점검과 그 밖의 종합점검으로 구분한다.
③ 작동점검은 6개월마다 1회 이상 실시한다.
④ 종합점검대상의 작동점검은 종합점검을 받은 달부터 6개월이 되는 달에 실시한다.
⑤ 종합점검 중 최초점검은 법에 따라 소방시설이 새로 설치되는 경우 건축법에 따라 건축물을 사용할 수 있게 된 날부터 60일 이내에 점검하는 것을 말한다.

49 소방시설 설치 및 관리에 관한 법령상 자체점검 결과 공개에 관한 설명으로 옳지 않은 것은?

① 소방본부장 또는 소방서장은 자체점검 결과를 공개하는 경우 30일 이상 전산시스템 또는 인터넷 홈페이지 등을 통해 공개해야 한다.
② 소방본부장 또는 소방서장은 자체점검 결과를 공개하려는 경우 공개기간, 공개내용 및 공개방법을 해당 특정소방대상물의 관계인에게 미리 알려야 한다.
③ 특정소방대상물의 관계인은 공개내용 등을 통보받은 날부터 30일 이내에 관할 소방본부장 또는 소방서장에게 이의신청을 할 수 있다.
④ 소방본부장 또는 소방서장은 이의신청을 받은 날부터 10일 이내에 심사·결정하여 그 결과를 지체 없이 신청인에게 알려야 한다.
⑤ 자체점검 결과의 공개가 제3자의 법익을 침해하는 경우에는 제3자와 관련된 사실을 제외하고 공개해야 한다.

정답 및 해설

48 ③ 작동점검은 연 1회 이상 실시한다.
49 ③ 특정소방대상물의 관계인은 공개내용 등을 통보받은 날부터 10일 이내에 관할 소방본부장 또는 소방서장에게 이의신청을 할 수 있다.

50 소방시설 설치 및 관리에 관한 법령에서 정하는 소방시설 등의 자체점검 결과의 조치 등에 대한 설명으로 옳지 않은 것은?

① 특정소방대상물의 관계인은 자체점검 결과 소화펌프 고장 등 대통령령으로 정하는 중대위반사항이 발견된 경우에는 지체 없이 수리 등 필요한 조치를 하여야 한다.
② 관리업자 등은 자체점검 결과 중대위반사항을 발견한 경우 즉시 관계인에게 알려야 한다. 이 경우 관계인은 지체 없이 수리 등 필요한 조치를 하여야 한다.
③ 특정소방대상물의 관계인은 자체점검을 한 경우에는 그 점검결과를 행정안전부령으로 정하는 바에 따라 소방시설 등에 대한 수리·교체·정비에 관한 이행계획(중대위반사항에 대한 조치사항을 포함한다)을 첨부하여 소방본부장 또는 소방서장에게 보고하여야 한다. 이 경우 소방본부장 또는 소방서장은 점검결과 및 이행계획이 적합하지 아니하다고 인정되는 경우에는 관계인에게 보완을 요구할 수 있다.
④ 소방시설 등의 자체점검 결과 이행계획서를 보고받은 소방본부장 또는 소방서장은 소방시설 등의 전부 또는 일부를 철거하고 새로 교체하는 경우에는 보고일부터 20일 이내의 이행계획의 완료기간을 정하여 관계인에게 통보하여야 한다.
⑤ 완료기간 내에 이행계획을 완료한 관계인은 이행을 완료한 날부터 20일 이내에 소방시설 등의 자체점검 결과 이행완료보고서(전자문서로 된 보고서를 포함한다)를 소방본부장 또는 소방서장에게 보고하여야 한다.

51 소방시설 설치 및 관리에 관한 법률 시행규칙에서 정하는 소방시설 등 자체점검의 구분 및 대상, 점검자의 자격, 점검장비, 점검방법 및 횟수 등 자체점검시 준수해야 할 사항에 관한 설명으로 옳은 것은?

① 종합점검이란 소방시설 등을 인위적으로 조작하여 소방시설이 정상적으로 작동하는지를 소방청장이 정하여 고시하는 소방시설 등 작동점검표에 따라 점검하는 것을 말한다.
② 종합점검의 최초점검은 법에 따라 소방시설이 새로 설치되는 경우 건축법에 따라 건축물을 사용할 수 있게 된 날부터 30일 이내에 점검하는 것을 말한다.
③ 화재의 예방 및 안전관리에 관한 법률 시행령 [별표 4]의 특급 소방안전관리대상물은 작동점검대상에서 제외된다.
④ 작동점검의 점검시기는 종합점검대상의 경우 종합점검을 받은 달부터 3개월이 되는 달에 실시한다.
⑤ 공동주택(아파트 등으로 한정한다) 세대별 점검은 원칙적으로 관리자(관리소장, 입주자대표회의 및 소방안전관리자를 포함한다) 및 입주민(세대 거주자를 말한다)은 3년 이내 모든 세대에 대하여 점검을 해야 한다.

52 소방시설 설치 및 관리에 관한 법률 시행령상 소화펌프 고장 등 대통령령으로 정하는 중대위반사항으로 옳지 않은 것은?

① 화재수신기의 고장으로 화재경보음이 자동으로 울리지 않거나 화재수신기와 연동된 소방시설의 작동이 불가능한 경우
② 소화배관 등이 폐쇄·차단되어 소화수(消火水) 또는 소화약제가 자동 방출되지 않는 경우
③ 소화용수설비 주변 불법 주정차로 인하여 화재를 진압하는 데 필요한 물을 공급하기 어려운 경우
④ 방화문 또는 자동방화셔터가 훼손되거나 철거되어 본래의 기능을 못하는 경우
⑤ 소화펌프(가압송수장치를 포함한다), 동력·감시 제어반 또는 소방시설용 전원(비상전원을 포함한다)의 고장으로 소방시설이 작동되지 않는 경우

정답 및 해설

50 ⑤ 완료기간 내에 이행계획을 완료한 관계인은 이행을 완료한 날부터 <u>10일 이내</u>에 소방시설 등의 자체점검 결과 이행완료보고서(전자문서로 된 보고서를 포함한다)를 소방본부장 또는 소방서장에게 보고하여야 한다.

51 ③ ① <u>작동점검</u>이란 소방시설 등을 인위적으로 조작하여 소방시설이 정상적으로 작동하는지를 소방청장이 정하여 고시하는 소방시설 등 작동점검표에 따라 점검하는 것을 말한다.
② 종합점검의 최초점검은 법에 따라 소방시설이 새로 설치되는 경우 건축법에 따라 건축물을 사용할 수 있게 된 날부터 <u>60일 이내</u>에 점검하는 것을 말한다.
④ 작동점검의 점검시기는 종합점검대상의 경우 종합점검을 받은 달부터 <u>6개월이 되는 달</u>에 실시한다.
⑤ 공동주택(아파트 등으로 한정한다) 세대별 점검은 원칙적으로 관리자(관리소장, 입주자대표회의 및 소방안전관리자를 포함한다) 및 입주민(세대 거주자를 말한다)은 <u>2년 이내</u> 모든 세대에 대하여 점검을 해야 한다.

52 ③ 소화용수설비 주변 불법 주정차로 인하여 화재를 진압하는 데 필요한 물을 공급하기 어려운 경우는 <u>중대위반사항에 해당하지 않는다</u>.

53 화재의 예방 및 안전관리에 관한 법령상 소방안전관리대상물 근무자 및 거주자 등에 대한 소방훈련 등에 관한 설명으로 옳지 않은 것은?

① 소방안전관리대상물의 관계인은 소방훈련과 교육을 연 1회 이상 실시해야 한다. 다만, 소방본부장 또는 소방서장이 화재예방을 위하여 필요하다고 인정하여 2회의 범위에서 추가로 실시할 것을 요청하는 경우에는 소방훈련과 교육을 추가로 실시해야 한다.
② 소방안전관리대상물 중 소방안전관리업무의 전담이 필요한 대통령령으로 정하는 소방안전관리대상물의 관계인은 소방훈련 및 교육을 한 날부터 30일 이내에 소방훈련 및 교육 결과를 행정안전부령으로 정하는 바에 따라 소방본부장 또는 소방서장에게 제출하여야 한다.
③ 소방본부장 또는 소방서장은 1급 및 2급 소방안전관리대상물의 관계인으로 하여금 소방훈련과 교육을 소방기관과 합동으로 실시하게 할 수 있다.
④ 소방본부장 또는 소방서장은 소방안전관리대상물 중 불특정다수인이 이용하는 대통령령으로 정하는 특정소방대상물의 근무자 등에게 불시에 소방훈련과 교육을 실시할 수 있다.
⑤ 소방안전관리대상물의 관계인은 소방훈련과 교육을 실시했을 때에는 그 실시결과를 [별지 제28호] 서식의 소방훈련·교육 실시결과 기록부에 기록하고, 이를 소방훈련 및 교육을 실시한 날부터 2년간 보관해야 한다.

대표예제 54   **소화기구 및 자동소화장치의 화재안전기준** ★★

화재안전성능기준(NFPC 101)상 소화기구 및 자동소화장치의 화재안전기준에 관한 내용으로 옳지 않은 것은?

① '소형소화기'란 능력단위가 1단위 이상이고 대형소화기의 능력단위 미만인 소화기를 말한다.
② '주거용 주방자동소화장치'란 주거용 주방에 설치된 열발생 조리기구의 사용으로 인한 화재 발생시 열원(전기 또는 가스)을 자동으로 차단하며 소화약제를 방출하는 소화장치를 말한다.
③ '일반화재(A급 화재)'란 나무, 섬유, 종이, 고무, 플라스틱류와 같은 일반 가연물이 타고 나서 재가 남는 화재를 말한다. 일반화재에 대한 소화기의 적응 화재별 표시는 'A'로 표시한다.
④ 소화기는 각 층마다 설치하되, 특정소방대상물의 각 부분으로부터 1개의 소화기까지의 보행거리가 소형소화기의 경우에는 20미터 이내, 대형소화기의 경우는 30미터 이내가 되도록 배치한다.

⑤ 소화기구(자동확산소화기를 제외한다)는 거주자 등이 손쉽게 사용할 수 있는 장소에 바닥으로부터 높이 1.5미터 이하의 곳에 비치한다.

해설 | 소화기는 각 층마다 설치하되, 특정소방대상물의 각 부분으로부터 1개의 소화기까지의 보행거리가 소형소화기의 경우에는 30미터 이내, 대형소화기의 경우는 20미터 이내가 되도록 배치한다.

기본서 p.74

정답 ④

54 옥내소화전설비의 화재안전성능기준(NFPC 102)에서 정하는 함 및 방수구 등에 관한 설명으로 옳지 않은 것은?

① 옥내소화전방수구는 바닥으로부터의 높이가 1.0미터 이하가 되도록 한다.
② 옥내소화전방수구 호스는 구경 40밀리미터(호스릴 옥내소화전설비의 경우에는 25밀리미터) 이상인 것으로서 특정소방대상물의 각 부분에 물이 유효하게 뿌려질 수 있는 길이로 설치한다.
③ 옥내소화전방수구는 특정소방대상물의 층마다 설치하되, 해당 특정소방대상물의 각 부분으로부터 하나의 옥내소화전방수구까지의 수평거리가 25미터 이하가 되도록 할 것. 다만, 복층형 구조의 공동주택의 경우에는 세대의 출입구가 설치된 층에만 설치할 수 있다.
④ 옥내소화전설비의 함에는 그 표면에 '소화전'이라는 표시를 하여야 한다.
⑤ 옥내소화전설비의 함 가까이 보기 쉬운 곳에 그 사용요령을 기재한 표지판을 붙여야 하며, 표지판을 함의 문에 붙이는 경우에는 문의 내부 및 외부 모두에 붙여야 한다. 이 경우 사용요령은 외국어와 시각적인 그림을 포함하여 작성하여야 한다.

정답 및 해설

53 ③ 소방본부장 또는 소방서장은 특급 및 1급 소방안전관리대상물의 관계인으로 하여금 소방훈련과 교육을 소방기관과 합동으로 실시하게 할 수 있다.
54 ① 옥내소화전방수구는 바닥으로부터의 높이가 1.5미터 이하가 되도록 한다.

55 스프링클러설비의 화재안전성능기준(NFPC 103) 중 가압송수장치 설치기준에 관한 설명으로 옳지 않은 것은?

① 펌프의 토출측에는 압력계를 설치하고, 흡입측에는 연성계 또는 진공계를 설치할 것
② 펌프의 성능은 체절운전시 정격토출압력의 140퍼센트를 초과하지 않고, 정격토출량의 150퍼센트로 운전시 정격토출압력의 165퍼센트 이상이 되어야 하며, 펌프의 성능을 시험할 수 있는 성능시험배관을 설치할 것
③ 가압송수장치에는 체절운전시 수온의 상승을 방지하기 위한 순환배관을 설치할 것
④ 수원의 수위가 펌프보다 낮은 위치에 있는 가압송수장치에는 물올림장치를 설치할 것
⑤ 가압송수장치의 송수량은 0.1메가파스칼의 방수압력 기준으로 분당 80리터 이상의 방수성능을 가진 기준개수의 모든 헤드로부터의 방수량을 충족시킬 수 있는 양 이상의 것으로 할 것

56 스프링클러설비의 화재안전성능기준(NFPC 103) 중 스프링클러설비에 대한 내용이다. ( ) 안에 들어갈 내용으로 옳은 것은?

> '(㉠) 스프링클러설비'란 (㉠) 유수검지장치 2차측에 압축공기 또는 질소 등의 기체로 충전된 배관에 (㉡) 스프링클러헤드가 부착된 스프링클러설비로서, (㉡) 스프링클러헤드가 개방되어 배관 내의 압축공기 등이 방출되면 (㉠) 유수검지장치 1차측의 수압에 의하여 (㉠) 유수검지장치가 작동하게 되는 스프링클러설비를 말한다.

① ㉠ 습식, ㉡ 폐쇄형
② ㉠ 습식, ㉡ 개방형
③ ㉠ 건식, ㉡ 개방형
④ ㉠ 건식, ㉡ 폐쇄형
⑤ ㉠ 준비작동식, ㉡ 개방형

| 대표예제 55 | 스프링클러설비의 화재안전기준 ★★★ |

스프링클러설비의 화재안전성능기준(NFPC 103) 중 배관사용 기준으로 옳지 않은 것은?

① 배관 내 사용압력이 1.2메가파스칼 이상일 경우에는 압력배관용 탄소강관(KS D 3562) 또는 배관용 아크용접 탄소강강관(KS D 3583)의 어느 하나에 해당하는 것
② ①에도 불구하고 화재 등의 재해로 인하여 배관의 성능에 영향을 받을 우려가 적은 장소에는 소방청장이 정하여 고시한 소방용 합성수지배관의 성능인증 및 제품검사의 기술기준에 적합한 소방용 합성수지배관으로 설치할 수 있다.
③ 성능시험배관에 설치하는 유량측정장치는 성능시험배관의 직관부에 설치하되, 펌프 정격 토출량의 175퍼센트 이상을 측정할 수 있는 것으로 해야 한다.
④ 가압송수장치의 체절운전시 수온의 상승을 방지하기 위하여 체크밸브와 펌프 사이에서 분기한 배관에 체절압력 미만에서 개방되는 릴리프밸브를 설치해야 한다.
⑤ 가지배관의 배열은 토너먼트(tournament)방식으로 할 것

해설 | 가지배관의 배열기준
   1. 토너먼트(tournament)방식이 아닐 것
   2. 교차배관에서 분기되는 지점을 기점으로 한쪽 가지배관에 설치되는 간이헤드의 개수(반자 아래와 반자 속의 헤드를 하나의 가지배관상에 병설하는 경우에는 반자 아래에 설치하는 헤드의 개수)는 8개 이하로 할 것
   3. 가지배관과 스프링클러헤드 사이의 배관을 신축배관으로 하는 경우에는 소방청장이 정하여 고시한 스프링클러설비 신축배관 성능인증 및 제품검사의 기술기준에 적합한 것으로 설치할 것

기본서 p.761   정답 ⑤

정답 및 해설

55 ② 펌프의 성능은 체절운전시 정격토출압력의 140퍼센트를 초과하지 않고, 정격토출량의 150퍼센트로 운전시 정격토출압력의 65퍼센트 이상이 되어야 하며, 펌프의 성능을 시험할 수 있는 성능시험배관을 설치할 것
56 ④ ㉠에는 '건식', ㉡에는 '폐쇄형'이 들어가야 한다.

57 자동화재탐지설비 및 시각경보장치의 화재안전성능기준(NFPC 203)에서 정하는 수신기에 관한 설명으로 옳지 않은 것은?

① 해당 특정소방대상물의 경계구역을 각각 표시할 수 있는 회선수 이상의 수신기를 설치할 것
② 화재·가스 전기 등에 대한 종합방재반을 설치한 경우에는 해당 조작반에 수신기의 작동과 연동하여 감지기, 중계기 또는 발신기가 작동하는 경계구역을 표시할 수 있는 것으로 할 것
③ 수신기의 조작스위치는 바닥으로부터의 높이가 0.8미터 이상 1.5미터 이하인 장소에 설치할 것
④ 하나의 특정소방대상물에 둘 이상의 수신기를 설치하는 경우에는 수신기가 상호간 연동하지 않고 각각 화재발생 상황을 수신기에 확인할 수 있도록 할 것
⑤ 화재로 인하여 하나의 층의 지구음향장치 배선이 단락되어도 다른 층의 화재통보에 지장이 없도록 각 층 배선상에 유효한 조치를 할 것

58 화재안전성능기준(NFPC 303)상 유도등 및 유도표지의 화재안전기준에 관한 설명으로 옳지 않은 것은?

① 복도통로유도등은 복도에 설치하며, 구부러진 모퉁이 및 보행거리 20미터마다 설치하여야 한다.
② 통로유도등은 피난통로를 안내하기 위한 유도등으로 복도통로유도등, 거실통로유도등, 계단통로유도등을 말한다.
③ 피난구유도등은 각 층의 경사로참 또는 계단참마다(1개 층에 경사로참 또는 계단참이 2 이상 있는 경우에는 2개의 계단참마다) 설치하며, 바닥으로부터 높이 1.5미터 이하의 위치에 설치하여야 한다.
④ 피난구유도등은 바닥면적이 1천제곱미터 미만인 층으로서 옥내로부터 직접 지상으로 통하는 출입구(외부의 식별이 용이한 경우에 한한다) 또는 거실 각 부분으로부터 쉽게 도달할 수 있는 출입구 등의 경우에는 피난구유도등을 설치하지 않을 수 있다.
⑤ 피난구유도표지는 출입구 상단에 설치하고, 통로유도표지는 바닥으로부터 높이 1.0미터 이하의 위치에 설치하여야 한다.

| 대표예제 56 | 공동주택의 화재안전성능기준 ★★★ |

공동주택의 화재안전성능기준(NFPC 608)상 소화기구 및 자동소화장치에 관한 내용이다. 옳지 않은 것은?

① 소화기는 바닥면적 85제곱미터마다 1단위 이상의 능력단위를 기준으로 설치해야 한다.
② 소화기는 아파트 등의 경우 각 세대 및 공용부(승강장, 복도 등)마다 설치해야 한다.
③ 소화기는 아파트 등의 세대 내에 설치된 보일러실이 방화구획되거나, 스프링클러설비·간이스프링클러설비·물분무 등 소화설비 중 하나가 설치된 경우에는 소화기구 및 자동소화장치의 화재안전성능기준(NFPC 101)을 적용하지 않을 수 있다.
④ 소화기는 아파트 등의 경우 소화기구 및 자동소화장치의 화재안전성능기준(NFPC 101)에 따른 소화기의 감소 규정을 적용하지 않는다.
⑤ 주거용 주방자동소화장치는 아파트 등의 주방에 열원(가스 또는 전기)의 종류에 적합한 것으로 설치하고, 열원을 차단할 수 있는 차단장치를 설치해야 한다.

해설 | 소화기는 바닥면적 <u>100제곱미터마다</u> 1단위 이상의 능력단위를 기준으로 설치해야 한다.

기본서 p.811   정답 ①

정답 및 해설

57 ④ 하나의 특정소방대상물에 둘 이상의 수신기를 설치하는 경우에는 <u>수신기를 상호간 연동하여 화재발생 상황</u>을 각 수신기마다 확인할 수 있도록 할 것

58 ③ 피난구유도등은 각 층의 경사로참 또는 계단참마다(1개 층에 경사로참 또는 계단참이 2 이상 있는 경우에는 2개의 계단참마다) 설치하며, 바닥으로부터 높이 <u>1.0미터 이하</u>의 위치에 설치하여야 한다.

고난도

59 공동주택의 화재안전기술기준(NFTC 608)의 내용 중 연결송수관설비의 내용으로 옳지 않은 것은?

① 층마다 설치할 것. 다만, 아파트 등의 1층과 2층(또는 피난층과 그 직상층)에는 설치하지 않을 수 있다.
② 아파트 등의 경우 계단의 출입구(계단의 부속실을 포함하며, 계단이 2 이상 있는 경우에는 그중 1개의 계단을 말한다)로부터 5미터 이내에 방수구를 설치하되, 그 방수구로부터 해당 층의 각 부분까지의 수평거리가 50미터를 초과하는 경우에는 방수구를 추가로 설치해야 한다.
③ 단구형으로 할 것. 다만, 아파트 등의 용도로 사용되는 층에는 쌍구형으로 설치할 수 있다.
④ 송수구는 동별로 설치하되, 소방차량의 접근 및 통행이 용이하고 잘 보이는 장소에 설치해야 한다.
⑤ 펌프의 토출량은 2,400L/min 이상(계단식 아파트의 경우에는 1,200L/min 이상)으로 하고, 방수구 개수가 3개를 초과(방수구가 5개 이상인 경우에는 5개)하는 경우에는 1개마다 800L/min(계단식 아파트의 경우에는 400L/min 이상)를 가산해야 한다.

60 공동주택의 화재안전기술기준(NFTC 608)의 내용 중 피난기구의 내용으로 옳지 않은 것은?

① 아파트 등의 경우 각 세대마다 설치해야 한다.
② 피난장애가 발생하지 않도록 하기 위하여 피난기구를 설치하는 개구부는 동일 직선상이 아닌 위치에 있을 것. 다만, 수직 피난방향으로 동일 직선상인 세대별 개구부에 피난기구를 엇갈리게 설치하여 피난장애가 발생하지 않는 경우에는 그렇지 않다.
③ 의무관리대상 공동주택의 경우에는 하나의 관리주체가 관리하는 공동주택 구역마다 공기안전매트 1개 이상을 추가로 설치할 것. 다만, 옥상으로 피난이 가능하거나 수평 또는 수직 방향의 인접세대로 피난할 수 있는 구조인 경우에는 추가로 설치하지 않을 수 있다.
④ 계단식 공동주택 또는 건축법 시행령에 해당하는 구조 또는 시설을 설치하여 수평 또는 수직 방향의 인접세대로 피난할 수 있는 아파트는 피난기구를 설치하지 않을 수 있다.
⑤ 승강식 피난기 및 하향식 피난구용 내림식 사다리가 건축물의 피난·방화구조 등의 기준에 관한 규칙에 따라 방화구획된 장소(세대 내부)에 설치될 경우에는 해당 방화구획된 장소를 대피실로 간주하고, 대피실의 면적규정과 외기에 접하는 구조로 대피실을 설치하는 규정을 적용하지 않을 수 있다.

61 도시가스사업법 시행규칙에서 정하는 가스사용시설의 시설·기술·검사기준의 내용 중 가스계량기 배치기준으로 옳지 않은 것은?

① 가스계량기와 입상관(그 시설 안에서 사용하는 자체화기는 제외한다) 사이에 유지하여야 하는 거리는 2미터 이상으로 할 것
② 건축법 시행령에 따른 공동주택의 대피공간, 방·거실 및 주방 등으로서 사람이 거처하는 곳 및 가스계량기에 나쁜 영향을 미칠 우려가 있는 장소에는 설치를 금지할 것
③ 가스계량기($30m^3$/hr 미만인 경우만을 말한다)의 설치높이는 바닥으로부터 1.6미터 이상 2미터 이내에 수직·수평으로 설치하고, 밴드·보호가대 등 고정장치로 고정시킬 것
④ 가스계량기와 전기계량기 및 전기개폐기와의 거리는 60센티미터 이상, 굴뚝(단열조치를 하지 아니한 경우만을 말한다)·전기점멸기 및 전기접속기와의 거리는 30센티미터 이상, 절연조치를 하지 아니한 전선과의 거리는 15센티미터 이상의 거리를 유지할 것
⑤ 입상관과 화기(그 시설 안에서 사용하는 자체화기는 제외한다) 사이에 유지해야 하는 거리는 우회거리 2미터 이상으로 하고, 환기가 양호한 장소에 설치해야 하며, 입상관의 밸브는 바닥으로부터 1.6미터 이상 2미터 이내에 설치할 것

정답 및 해설

59 ③ 쌍구형으로 할 것. 다만, 아파트 등의 용도로 사용되는 층에는 단구형으로 설치할 수 있다.
60 ④ 갓복도식 공동주택 또는 건축법 시행령에 해당하는 구조 또는 시설을 설치하여 수평 또는 수직 방향의 인접 세대로 피난할 수 있는 아파트는 피난기구를 설치하지 않을 수 있다.
61 ① 가스계량기와 화기(그 시설 안에서 사용하는 자체화기는 제외한다) 사이에 유지하여야 하는 거리는 2미터 이상이다.

> **대표예제 56**   자가용 전기설비의 정기검사 ★★

전기안전관리법령에서 정하는 정기검사의 대상·기준 및 절차 등에 관한 설명으로 옳지 않은 것은?

① 전기사업자 및 자가용 전기설비의 소유자 또는 점유자는 고압 이상의 수전설비 및 비상용 예비발전설비의 경우 3년마다 2개월 전후 산업통상자원부장관 또는 시·도지사로부터 정기적으로 검사를 받아야 한다.
② 비상용 예비발전설비는 이와 연계된 비상부하설비를 포함한다.
③ 전기사업자 또는 자가용 전기설비의 소유자 또는 점유자는 정기검사에 불합격한 경우 적합하지 않은 부분에 대해 검사완료일부터 3개월 이내에 재검사를 받아야 한다.
④ 정기검사를 받으려는 자는 정기검사 신청서에 전기안전관리자 선임신고증명서 사본 등의 서류를 첨부하여 검사를 받으려는 날의 7일 전까지 안전공사에 제출해야 한다.
⑤ 안전공사는 사용전검사 또는 정기검사를 한 경우 검사완료일부터 5일 이내에 검사확인증을 검사신청인에게 내주어야 한다. 다만, 검사결과 불합격인 경우에는 그 내용·사유 및 재검사기한을 통지해야 한다.

해설 | 안전공사는 사용전검사 또는 정기검사를 한 경우 검사완료일부터 <u>10일</u> 이내에 검사확인증을 검사신청인에게 내주어야 한다. 다만, 검사결과 불합격인 경우에는 그 내용·사유 및 재검사기한을 통지해야 한다.

기본서 p.844   정답 ⑤

[고난도]

62 전기안전관리법 시행규칙 [별표 16]에서 정하는 중대한 사고의 종류 및 통보의 방법에 관한 내용으로 옳지 않은 것은?

① 사망자가 1명 이상 발생하거나 부상자가 2명 이상 발생한 전기화재사고는 중대한 사고로 분류된다.
② 소방기본법에 따른 화재의 원인 및 피해 등의 추정가액이 1억원 이상인 전기화재사고는 중대한 사고로 분류된다.
③ 사망자가 1명 이상 발생하거나 부상자가 1명 이상 발생한 감전사고는 중대한 사고로 분류된다.
④ 500세대 이상 아파트 단지의 수전설비·배전설비에서 사고가 발생하여 1시간 이상 정전을 초래한 전기설비사고는 중대한 사고로 분류된다.
⑤ 중대한 사고발생시 사고발생 일시, 사고발생 장소 등의 사항을 사고발생 후 24시간 이내 전기안전종합정보시스템으로 통보하여야 한다.

63 합성 최대수요전력을 구하는 계수로서 각 부하의 최대수요전력 합계와 합성 최대수요전력과의 비율로 나타내는 것은?

① 수용률
② 유효율
③ 부하율
④ 부등률
⑤ 역률

> 고난도

64 건축물의 설비기준 등에 관한 규칙에서 정하는 피뢰설비 설치기준에 관한 설명으로 옳지 않은 것은?

① 돌침은 건축물의 맨 윗부분으로부터 25센티미터 이상 돌출시켜 설치하되, 건축물의 구조기준 등에 관한 규칙에 따른 설계하중에 견딜 수 있는 구조일 것
② 피뢰설비의 재료는 최소 단면적이 피복이 없는 동선(銅線)을 기준으로 수뢰부, 인하도선 및 접지극은 50제곱밀리미터 이상이거나 이와 동등 이상의 성능을 갖출 것
③ 피뢰설비의 인하도선을 대신하여 철골조의 철골구조물과 철근콘크리트조의 철근구조체 등을 사용하는 경우에는 전기적 연속성이 보장될 것. 이 경우 전기적 연속성이 있다고 판단되기 위하여는 건축물 금속구조체의 최상단부와 지표레벨 사이의 전기저항이 0.2옴(Ω) 이하이어야 한다.
④ 급수·급탕·난방·가스 등을 공급하기 위하여 건축물에 설치하는 금속배관 및 금속재 설비는 전위(電位)가 균등하게 이루어지도록 전기적으로 접속할 것
⑤ 전기설비의 접지계통과 건축물의 피뢰설비 및 통신설비 등의 접지극을 공용하는 통합접지공사를 하는 경우에는 낙뢰 등으로 인한 과전압으로부터 전기설비 등을 보호하기 위하여 한국산업표준에 적합한 서지보호장치[서지(surge: 전류·전압 등의 과도 파형을 말한다)로부터 각종 설비를 보호하기 위한 장치를 말한다]를 설치할 것

정답 및 해설

62 ④ 1천세대 이상 아파트 단지의 수전설비·배전설비에서 사고가 발생하여 1시간 이상 정전을 초래한 전기설비 사고는 중대한 사고로 분류된다.

63 ④ 합성 최대수요전력을 구하는 계수로서 각 부하의 최대수요전력 합계와 합성 최대수요전력과의 비율로 나타내는 것은 부등률이다.

64 ④ 급수·급탕·난방·가스 등을 공급하기 위하여 건축물에 설치하는 금속배관 및 금속재 설비는 전위(電位)가 불균등하게 이루어지도록 전기적으로 접속할 것

65 건축물의 설비기준 등에 관한 규칙상 피뢰설비에 대한 설명으로 옳지 않은 것은?

① 피뢰설비는 한국산업표준이 정하는 피뢰레벨 등급에 적합한 피뢰설비일 것. 다만, 위험물저장 및 처리시설에 설치하는 피뢰설비는 한국산업표준이 정하는 피뢰시스템레벨 Ⅱ 이상이어야 한다.
② 피뢰설비의 재료는 최소 단면적이 피복이 없는 동선을 기준으로 수뢰부, 인하도선 및 접지극은 50제곱밀리미터 이상이거나 이와 동등 이상의 성능을 갖추어야 한다.
③ 피뢰설비의 인하도선을 대신하여 철골조의 철골구조물과 철근콘크리트조의 철근구조체 등을 사용하는 경우에는 전기적 연속성이 보장될 것. 이 경우 전기적 연속성이 있다고 판단되기 위하여는 건축물 금속 구조체의 최상단부와 지표레벨 사이의 전기저항이 0.2옴 이하이어야 한다.
④ 전기설비의 접지계통과 건축물의 피뢰설비 및 통신설비 등의 접지극을 공용하는 통합접지공사를 하는 경우에는 낙뢰 등으로 인한 과전압으로부터 전기설비 등을 보호하기 위하여 한국산업표준에 적합한 서지보호장치를 설치하여야 한다.
⑤ 측면 낙뢰를 방지하기 위하여 높이가 50미터를 초과하는 건축물 등에는 지면에서 건축물 높이의 5분의 4가 되는 지점부터 최상단부분까지의 측면에 수뢰부를 설치하여야 한다.

66 지능형 홈네트워크설비 설치 및 기술기준에서 정하는 홈네트워크 필수설비 중 홈네트워크장비로 분류되지 않는 것은?

① 원격제어기기 ② 홈게이트웨이
③ 세대단말기 ④ 단지네트워크장비
⑤ 단지서버

67 지능형 홈네트워크설비 설치 및 기술기준에서 홈네트워크사용기기 설치기준에 관한 내용으로 옳지 않은 것은?

① 원격제어기기는 전원공급, 통신 등 이상상황에 대비하여 수동으로 조작할 수 있어야 한다.
② 원격검침시스템은 각 세대별 원격검침장치가 정전 등 운용시스템의 동작 불능시를 제외하고 계량이 가능해야 하며 데이터값을 보존할 수 있도록 구성하여야 한다.
③ 가스감지기는 LNG인 경우에는 천장쪽에, LPG인 경우에는 바닥쪽에 설치하여야 한다.
④ 영상정보처리기기의 영상은 필요시 거주자에게 제공될 수 있도록 관련 설비를 설치하여야 한다.
⑤ 차량출입시스템은 단지 주출입구에 설치하되, 차량의 진·출입에 지장이 없도록 하여야 한다.

정답 및 해설

65 ⑤ 측면 낙뢰를 방지하기 위하여 높이가 60미터를 초과하는 건축물 등에는 지면에서 건축물 높이의 5분의 4가 되는 지점부터 최상단부분까지의 측면에 수뢰부를 설치하여야 한다.

66 ① 원격제어기기는 홈네트워크망에 접속하여 주택 내부 및 외부에서 가스, 조명, 전기 및 난방, 출입 등을 원격으로 제어할 수 있는 기기로 홈네트워크사용기기로 분류된다.

67 ② 원격검침시스템은 각 세대별 원격검침장치가 정전 등 운용시스템의 동작 불능시에도 계량이 가능해야 하며 데이터값을 보존할 수 있도록 구성하여야 한다.

대표예제 58 | 홈네트워크설비 설치공간 ★★

지능형 홈네트워크설비 설치 및 기술기준의 홈네트워크설비 설치공간에 관한 설명으로 옳은 것은?

① 세대단자함은 별도의 구획된 장소나 노출된 장소로서 침수 및 결로 발생의 우려가 없는 장소에 설치하여야 하며, 500mm × 400mm × 800mm(깊이) 크기로 설치할 것을 권장한다.
② 통신배관실 내의 트레이(tray) 또는 배관, 덕트 등의 설치용 개구부는 화재시 층간 확대를 방지하도록 자동확산소화기를 설치하여야 한다.
③ 통신배관실의 출입문은 폭 0.7미터, 높이 1.6미터 이상(문틀의 내측 치수)이어야 하며, 잠금장치를 설치하고, 관계자 외 출입통제 표시를 부착하여야 한다.
④ 집중구내통신실은 외부의 청소 등에 의한 먼지, 물 등이 들어오지 않도록 50밀리미터 이상의 문턱을 설치하여야 한다. 다만, 차수판 또는 차수막을 설치하는 때에는 그러하지 아니하다.
⑤ 통신배관실은 적정온도의 유지를 위한 냉방시설 또는 흡배기용 환풍기를 설치하여야 한다.

오답 체크
① 세대단자함은 별도의 구획된 장소나 노출된 장소로서 침수 및 결로 발생의 우려가 없는 장소에 설치하여야 하며, 500mm × 400mm × 80mm(깊이) 크기로 설치할 것을 권장한다.
② 통신배관실 내의 트레이(tray) 또는 배관, 덕트 등의 설치용 개구부는 화재시 층간 확대를 방지하도록 방화처리제를 사용하여야 한다.
③ 통신배관실의 출입문은 폭 0.7미터, 높이 1.8미터 이상(문틀의 내측 치수)이어야 하며, 잠금장치를 설치하고, 관계자 외 출입통제 표시를 부착하여야 한다.
④ 통신배관실은 외부의 청소 등에 의한 먼지, 물 등이 들어오지 않도록 50밀리미터 이상의 문턱을 설치하여야 한다. 다만, 차수판 또는 차수막을 설치하는 때에는 그러하지 아니하다.

기본서 p.877   정답 ⑤

대표예제 59 | 승강기 설치기준 ★★

주택건설기준 등에 관한 규정상 공동주택의 승강기 설치에 관한 설명으로 옳지 않은 것은?

① 6층 이상인 공동주택에는 국토교통부령이 정하는 기준에 따라 대당 6인승 이상인 승용 승강기를 설치하여야 한다.
② 10층 이상인 공동주택의 경우에는 ①의 승용 승강기를 비상용 승강기의 구조로 하여야 한다.
③ 10층 이상인 공동주택에는 이삿짐 등을 운반할 수 있는 화물용 승강기를 설치하여야 하고, 복도형인 공동주택의 경우에는 100세대까지 1대를 설치하되, 100세대를 넘는 경우에는 100세대마다 1대를 추가로 설치한다.
④ 승용 승강기를 계단실형인 공동주택에 설치하는 경우 계단실마다 1대(한 층에 3세대 이상이 조합된 계단실형 공동주택이 22층 이상인 경우에는 2대) 이상을 설치한다.
⑤ 승용 승강기를 복도형인 공동주택에 설치하는 경우 1대에 100세대를 넘는 100세대마다 1대를 더한 대수 이상을 설치한다.

해설 | 승용 승강기를 복도형인 공동주택에 설치하는 경우 1대에 100세대를 넘는 <u>80세대마다</u> 1대를 더한 대수 이상을 설치한다.

기본서 p.888

정답 ⑤

| 대표예제 60 | 승강기안전관리법령상 점검 및 검사 ★★★ |

승강기 안전관리법령에 관한 설명으로 옳지 않은 것은?

① 관리주체는 자체점검 결과 승강기에 결함이 있다는 사실을 알았을 경우에는 즉시 보수하여야 하며, 보수가 끝날 때까지 해당 승강기의 운행을 중지하여야 한다.
② 정기검사의 검사기간은 정기검사의 검사주기 도래일 전후 각각 30일 이내로 한다. 이 경우 해당 검사기간 이내에 검사에 합격한 경우에는 정기검사의 검사주기 도래일에 정기검사를 받은 것으로 본다.
③ 승강기의 결함으로 중대한 사고 또는 중대한 고장이 발생한 후 2년이 지나지 않은 승강기는 6개월마다 정기적으로 정기검사를 받아야 한다.
④ 관리주체는 승강기 안전관리자(관리주체가 직접 승강기를 관리하는 경우에는 그 관리주체를 말한다)를 선임하였을 때에는 행정안전부령으로 정하는 바에 따라 3개월 이내에 행정안전부장관에게 그 사실을 통보하여야 한다.
⑤ 승강기에 사고가 발생하여 수리한 경우(승강기의 결함으로 중대한 사고 또는 중대한 고장이 발생한 경우는 제외한다) 수시검사를 받아야 한다.

해설 | 승강기에 사고가 발생하여 수리한 경우(승강기의 결함으로 중대한 사고 또는 중대한 고장이 발생한 경우는 제외한다) 정밀안전검사를 받아야 한다.

기본서 p.893　　　　　　　　　　　　　　　　　　　　　　　　　　　　　　　　정답 ⑤

68 승강기 안전관리법령상 정기검사의 주기 등에 관한 설명으로 옳지 않은 것은?

① 정기검사는 설치검사 후 정기적으로 하는 검사로서 검사주기는 2년 이하로 한다.
② 설치검사를 받은 날부터 15년이 지난 승강기의 정기검사 검사주기는 6개월로 한다.
③ 승강기의 결함으로 중대한 사고 또는 중대한 고장이 발생한 후 2년이 지나지 않은 승강기는 직전 정기검사를 받은 날부터 6개월에 정기검사를 받아야 한다.
④ 정기검사의 검사기간은 정기검사의 검사주기 도래일 전후 각각 30일 이내로 한다. 이 경우 해당 검사기간 이내에 검사에 합격한 경우에는 정기검사의 검사주기 도래일에 정기검사를 받은 것으로 본다.
⑤ 정기검사의 검사주기 도래일 전에 수시검사 또는 정밀안전검사를 받은 경우 해당 정기검사의 검사주기는 수시검사 또는 정밀안전검사를 받은 날부터 계산한다.

69 승강기 안전관리법령에서 정하는 승강기의 안전검사 중 정밀안전검사의 요건으로 옳지 않은 것은?

① 정기검사 결과 결함의 원인이 불명확하여 사고예방과 안전성 확보를 위하여 행정안전부장관이 정밀안전검사가 필요하다고 인정하는 경우
② 수시검사 결과 결함의 원인이 불명확하여 사고예방과 안전성 확보를 위하여 행정안전부장관이 정밀안전검사가 필요하다고 인정하는 경우
③ 승강기의 결함으로 중대한 사고가 발생한 경우
④ 승강기의 결함으로 중대한 고장이 발생한 경우
⑤ 정기검사를 받은 날부터 15년이 지난 경우

70 승강기 안전관리법 시행규칙에서 정하는 승강기 안전관리자가 [별표 10]에 따른 해당 승강기 관리교육을 받은 경우 승강기 안전관리자의 직무범위에 관한 설명으로 옳지 않은 것은?

① 승강기 운행 및 관리에 관한 규정 작성
② 승강기 사고 또는 고장 발생에 대비한 비상연락망의 작성 및 관리
③ 해당 승강기의 정기검사
④ 중대한 사고 또는 중대한 고장의 통보
⑤ 승강기 내에 갇힌 이용자의 신속한 구출을 위한 승강기 조작

정답 및 해설

68 ② 설치검사를 받은 날부터 <u>25년이 지난 승강기</u>의 정기검사 검사주기는 6개월로 한다.
69 ⑤ 승강기 안전관리법령에서 정하는 승강기의 안전검사 중 정밀안전검사의 요건은 <u>설치검사</u>를 받은 날부터 15년이 지난 경우이다.
70 ③ 해당 승강기의 정기검사는 행정안전부장관이 실시하는 안전검사 중 하나로 <u>관리주체가 신청하는 직무</u>이다.

71 엘리베이터의 안전장치 중 엘리베이터가 미리 설정된 속도에 도달할 때 엘리베이터를 정지시키도록 하고, 필요한 경우에는 추락방지 안전장치를 작동시키는 장치는?

① 스토핑스위치
② 리미트스위치
③ 완충기
④ 전자브레이크
⑤ 과속조절기

72 다음 설명에 맞는 승강기의 안전장치는?

> 상하 최종단에 설치하여 스토핑스위치(종점스위치)가 작동하지 않을 경우 작동하여 카를 정지시키는 장치이다.

① 과속조절기
② 완충기
③ 리미트스위치
④ 전자브레이크
⑤ 스토핑스위치

정답 및 해설

71 ⑤ 과속조절기(overspeed governor)는 엘리베이터가 미리 설정된 속도에 도달할 때 엘리베이터를 정지시키도록 하고, 필요한 경우에는 추락방지 안전장치를 작동시키는 장치를 말한다.

72 ③ ① 과속조절기(overspeed governor): 엘리베이터가 미리 설정된 속도에 도달할 때 엘리베이터를 정지시키도록 하고, 필요한 경우에는 추락방지 안전장치를 작동시키는 장치이다.
② 완충기: 승강기가 사고로 인하여 하강할 경우 승강로 바닥과의 충격을 완화하기 위하여 설치한다.
④ 전자브레이크: 전동기가 회전을 정지하였을 경우 스프링의 힘으로 브레이크 드럼을 눌러 엘리베이터를 정지시켜 주는 장치이다.
⑤ 스토핑스위치: 최상층 및 최하층에서 승강기를 자동으로 정지시킨다.

제4장 주관식 기입형 문제

01 건축설비 설치의 원칙에 관한 기준 내용이다. (　) 안에 들어갈 용어를 쓰시오.

> 건축물에 설치하는 급수·배수·냉방·난방·환기·피뢰 등 건축설비의 설치에 관한 기술적 기준은 (㉠)으로 정하되, (㉡)이용 합리화와 관련한 건축설비의 기술적 기준에 관하여는 (㉢)과 협의하여 정한다.

02 유체의 흐름에 있어 층류와 난류현상을 기술하는 데 사용하는 용어이다. (　) 안에 들어갈 용어를 쓰시오.

> 레이놀즈 수는 다양한 유체현상을 기술하는 데에 있어 유체의 흐름을 예측하는 데 사용하는 숫자이며, 관성에 의한 힘과 (　)에 의한 힘의 비로 나타낸다. 레이놀즈 수는 유체 동역학에서 가장 중요한 무차원 수 중 하나이다.

03 수도법 시행규칙상 저수조 설치기준에 관한 내용이다. (　) 안에 들어갈 아라비아 숫자를 쓰시오.

> 각 변의 길이가 (㉠)센티미터 이상인 사각형 맨홀 또는 지름이 (㉠)센티미터 이상인 원형 맨홀을 1개 이상 설치하여 청소를 위한 사람이나 장비의 출입이 원활하도록 하여야 하고, 맨홀을 통하여 먼지나 그 밖의 이물질이 들어가지 않도록 할 것. 다만, (㉡)세제곱미터 이하의 소규모 저수조의 맨홀은 각 변 또는 지름을 60센티미터 이상으로 할 수 있다.

정답 및 해설

01 ㉠ 국토교통부령, ㉡ 에너지, ㉢ 산업통상자원부장관
02 점성
03 ㉠ 90, ㉡ 5

04 수도법상 저수조 설치기준에 관한 설명이다. ( ) 안에 들어갈 아라비아 숫자와 용어를 쓰시오.

> 1. (㉠)세제곱미터를 초과하는 저수조는 청소·(㉡) 및 보수 등 유지관리를 위하여 1개의 저수조를 2 이상의 부분으로 구획하거나 저수조를 2개 이상 설치하여야 하며, 1개의 저수조를 둘 이상의 부분으로 구획할 경우에는 한쪽의 물을 비웠을 때 수압에 견딜 수 있는 구조일 것
> 2. 건축물 또는 시설 외부의 땅 밑에 저수조를 설치하는 경우에는 분뇨·쓰레기 등의 유해물질로부터 (㉢)미터 이상 띄워서 설치하여야 한다.

05 수도법령상 대형건축물 등의 소유자 등이 하여야 하는 소독 등 위생조치 등에 관한 내용이다. ( ) 안에 들어갈 아라비아 숫자를 쓰시오.

> 청소를 하는 경우, 청소에 사용된 약품으로 인하여 먹는물 수질기준 및 검사 등에 관한 규칙 [별표 1]에 따른 먹는물의 수질기준이 초과되지 않도록 하여야 하며, 청소 후에는 저수조에 물을 채운 다음, 다음의 기준을 충족하는지 여부를 점검하여야 한다.
> 1. 잔류염소: 리터당 0.1밀리그램 이상 (㉠)밀리그램 이하
> 2. 수소이온농도(pH): 5.8 이상 (㉡) 이하
> 3. 탁도: (㉢)NTU(네펠로메트릭 탁도 단위, Nephelometric Turbidity Unit) 이하

06 주택건설기준 등에 관한 규정에 관한 내용이다. ( ) 안에 들어갈 용어와 아라비아 숫자를 쓰시오.

> 주택의 화장실에 설치하는 배수용 배관은 층상배관공법 또는 (㉠)으로 설치할 수 있으며, (㉠)으로 설치하는 경우에는 일반용 경질(단단한 재질) 염화비닐관을 설치하는 경우보다 같은 측정조건에서 (㉡)데시벨 이상 소음 차단성능이 있는 저소음형 배관을 사용할 것

07
배수통기설비공사(KCS 31 30 25)의 내용 중 배수수평관의 기울기에 관한 내용이다. ( ) 안에 들어갈 아라비아 숫자를 쓰시오.

관지름(mm)	최소 기울기
65 이하	50분의 1
80~150	100분의 1
200 이상	(　　)분의 1

08
펌프의 이상현상에 관한 내용이다. ( ) 안에 공통으로 들어갈 용어를 쓰시오.

( )은 빠른 속도로 액체가 운동할 때 액체의 압력이 증기압 이하로 낮아져서 액체 내에 증기 기포가 발생하는 현상이다. 증기 기포가 벽에 닿으면 부식이나 소음 등이 발생하므로 설계자는 ( )을 피하도록 설계해야 한다. ( )이란 문자 그대로 이해하면 물속에 빈 곳이 생긴다는 뜻이다. 이렇게 부르는 것은 물과 수증기의 밀도의 비가 약 1000:1인 것을 감안할 때 공동의 내부는 역학적 관점에서 상대적으로 빈곳이라고 부를 수 있기 때문이다.

09
다음 ( ) 안에 들어갈 아라비아 숫자를 쓰시오.

양수펌프의 회전수를 원래보다 10퍼센트 증가시켰을 경우 양수량의 변화는 원래보다 ( ) 퍼센트 증가한다.

정답 및 해설

04 ㉠ 5, ㉡ 위생점검, ㉢ 5
05 ㉠ 4.0, ㉡ 8.5, ㉢ 0.5
06 ㉠ 층하배관공법, ㉡ 5
07 200
08 공동현상 또는 캐비테이션(cavitation)
09 10

10 주택건설기준 등에 관한 규정상 중앙집중난방방식의 난방용 배관에 대한 설명이다. ( ) 안에 들어갈 아라비아 숫자를 쓰시오.

> 공동주택의 난방설비를 중앙집중난방방식으로 하는 경우에는 난방열이 각 세대에 균등하게 공급될 수 있도록 (㉠)층 이상 10층 이하의 건축물인 경우에는 (㉡)개소 이상, 10층을 넘는 건축물인 경우에는 10층을 넘는 (㉢)개 층마다 1개소를 더한 수 이상의 난방구획으로 구분하여 각 난방구획마다 따로 난방용 배관을 하여야 한다.

11 건축물의 설비기준 등에 관한 규칙상 온돌의 설치기준에 대한 내용이다. ( ) 안에 들어갈 용어를 쓰시오.

> 온수온돌은 '바탕층 ⇨ 단열층 ⇨ 채움층 ⇨ ( )(방열관을 포함한다) ⇨ 마감층' 등으로 구성된다.

12 상당방열면적과 관련된 내용이다. ( ) 안에 들어갈 용어와 아라비아 숫자를 쓰시오.

> (㉠)의 기준이 되는 방열면적의 크기를 표시하는 것으로 기호로는 EDR을 사용하며, 단위는 'm²'이다. 표준방열량(W/m²)을 정하여 이것을 기준 단위로 하고 있는데, 증기의 경우 (㉡)W/m², 온수의 경우 (㉢)W/m²이다.

[고난도]

13 온도 10°C, 길이 400m의 강관에 70°C의 급탕이 흐를 때 강관의 신축량은 몇 m인지 쓰시오. (단, 강관의 선팽창계수는 1.1×10^{-5}/°C이다)

14 건축물의 설비기준 등에 관한 규칙상 공동주택의 환기설비기준 등과 관련된 내용이다. ( ) 안에 들어갈 아라비아 숫자를 쓰시오.

> 신축 또는 리모델링하는 다음의 어느 하나에 해당하는 주택 또는 건축물은 시간당 (㉠)회 이상의 환기가 이루어질 수 있도록 자연환기설비 또는 기계환기설비를 설치해야 한다.
> 1. (㉡)세대 이상의 공동주택
> 2. 주택을 주택 외의 시설과 동일건축물로 건축하는 경우로서 주택이 (㉡)세대 이상인 건축물

15 건축물의 설비기준 등에 관한 규칙상 환기설비에 관한 규정이다. ( ) 안에 들어갈 아라비아 숫자를 쓰시오.

> 기계환기설비에서 발생하는 소음의 측정은 한국산업표준에 따르는 것을 원칙으로 한다. 측정위치는 대표길이 (㉠)미터에서 측정하여 소음이 (㉡)데시벨 이하가 되어야 하며, 암소음은 보정하여야 한다. 다만, 환기설비 본체(소음원)가 거주공간 외부에 설치될 경우에는 대표길이 (㉠)미터에서 측정하여 (㉢)데시벨 이하가 되거나, 거주공간 내부의 중앙부 바닥으로부터 1.0~1.2미터 높이에서 측정하여 (㉡)데시벨 이하가 되어야 한다.

정답 및 해설

10 ㉠ 4, ㉡ 2, ㉢ 5

11 배관층

12 ㉠ 방열기, ㉡ 756, ㉢ 523

13 0.264(m)
L(mm) = 1,000 × l(m) × C × △t
     = 1,000 × 400 × 1.1 × 10⁻⁵ × 60
     = 1,000 × 400 × 0.000011 × 60
     = 264(mm)

14 ㉠ 0.5, ㉡ 30

15 ㉠ 1, ㉡ 40, ㉢ 50

16 신축공동주택 등의 기계환기설비의 설치기준에 관한 내용이다. (   ) 안에 들어갈 용어와 아라비아 숫자를 쓰시오.

> 신축공동주택 등의 환기횟수를 확보하기 위하여 설치되는 기계환기설비의 설계·시공 및 성능평가방법은 다음 각 호의 기준에 적합하여야 한다.
> 1.~6. 〈생략〉
> 7. 기계환기설비는 다음 각 목의 어느 하나에 해당되는 체계를 갖추어야 한다.
>   가. 바깥공기를 공급하는 송풍기와 실내공기를 배출하는 송풍기가 결합된 환기체계
>   나. 바깥공기를 공급하는 송풍기와 실내공기가 배출되는 배기구가 결합된 환기체계
>   다. 바깥공기가 도입되는 공기흡입구와 실내공기를 배출하는 송풍기가 결합된 환기체계
> 8. 바깥공기를 공급하는 공기공급체계 또는 바깥공기가 도입되는 공기흡입구는 다음 각 목의 요건을 모두 갖춘 (㉠) 또는 집진기 등을 갖추어야 한다. 다만, 제7호 다목에 따른 환기체계를 갖춘 경우에는 [별표 1의4] 제5호를 따른다.
>   가. 입자형·가스형 오염물질을 제거 또는 여과하는 성능이 일정 수준 이상일 것
>   나. 여과장치 등의 청소 및 교환 등 유지관리가 쉬운 구조일 것
>   다. 공기여과기의 경우 한국산업표준(KS B 6141)에 따른 입자 포집률이 (㉡)법으로 측정하여 (㉢)퍼센트 이상일 것
> 9.~18. 〈생략〉

17 건축물의 설비기준 등에 관한 규정상 신축공동주택 등의 기계환기설비의 설치기준에 관한 설명이다. (   ) 안에 들어갈 아라비아 숫자를 쓰시오.

> 1. 기계환기설비의 에너지 절약을 위하여 열회수형 환기장치를 설치하는 경우에는 한국산업규격(KS B 6879)에 따라 시험한 열회수형 환기장치의 유효환기량이 표시용량의 (㉠)퍼센트 이상이어야 하고, 열회수형 환기장치의 안과 밖은 물맺힘이 발생하는 것을 최소화할 수 있는 구조와 성능을 확보하도록 하여야 한다.
> 2. 외부에 면하는 공기흡입구와 배기구는 교차오염을 방지할 수 있도록 (㉡)미터 이상의 이격거리를 확보하거나, 공기흡입구와 배기구의 방향이 서로 (㉢)도 이상 되는 위치에 설치되어야 하고 화재 등 유사시 안전에 대비할 수 있는 구조와 성능이 확보되어야 한다.

18 건축물의 설비기준 등에 관한 규칙상 배연설비에 관한 내용이다. ( ) 안에 들어갈 아라비아 숫자를 쓰시오.

> 건축물이 방화구획으로 구획된 경우에는 그 구획마다 1개소 이상의 배연창을 설치하되, 배연창의 상변과 천장 또는 반자로부터 수직거리가 (㉠)미터 이내일 것. 다만, 반자높이가 바닥으로부터 3미터 이상인 경우에는 배연창의 하변이 바닥으로부터 (㉡)미터 이상의 위치에 놓이도록 설치하여야 한다.

19 건축물의 설비기준 등에 관한 규칙에서 배연설비에 관한 규정이다. ( ) 안에 들어갈 아라비아 숫자를 쓰시오.

> 제14조【배연설비】① 법 제49조 제2항에 따라 배연설비를 설치하여야 하는 건축물에는 다음 각 호의 기준에 적합하게 배연설비를 설치해야 한다. 다만, 피난층인 경우에는 그렇지 않다.
> 1. 〈생략〉
> 2. 배연창의 유효면적은 [별표 2]의 산정기준에 의하여 산정된 면적이 1제곱미터 이상으로서 그 면적의 합계가 당해 건축물의 바닥면적(영 제46조 제1항 또는 제3항의 규정에 의하여 방화구획이 설치된 경우에는 그 구획된 부분의 바닥면적을 말한다)의 (㉠)분의 1 이상일 것. 이 경우 바닥면적의 산정에 있어서 거실바닥면적의 (㉡)분의 1 이상으로 환기창을 설치한 거실의 면적은 이에 산입하지 아니한다.
> 3. 배연구는 연기감지기 또는 열감지기에 의하여 자동으로 열 수 있는 구조로 하되, 손으로도 열고 닫을 수 있도록 할 것
> 4. 배연구는 예비전원에 의하여 열 수 있도록 할 것
> 5. 기계식 배연설비를 하는 경우에는 제1호 내지 제4호의 규정에 불구하고 소방관계법령의 규정에 적합하도록 할 것

정답 및 해설

16 ㉠ 공기여과기, ㉡ 계수, ㉢ 60
17 ㉠ 90, ㉡ 1.5, ㉢ 90
18 ㉠ 0.9, ㉡ 2.1
19 ㉠ 100, ㉡ 20

20 주택건설기준 등에 관한 규칙에서 냉방설비 배기장치 설치공간의 기준에 관한 설명이다. ( ) 안에 들어갈 아라비아 숫자를 쓰시오.

> 배기장치의 설치·유지 및 관리에 필요한 여유공간은 다음의 구분에 따른다.
> 1. 배기장치 설치공간을 외부 공기에 직접 닿는 곳에 마련하는 경우로서 냉방설비 배기장치 설치공간에 출입문을 설치하고, 출입문을 연 상태에서 배기장치를 설치할 수 있는 경우: 가로 (㉠)미터 이상
> 2. 그 밖의 경우: 가로 (㉠)미터 이상 및 세로 (㉡)미터 이상

21 소방시설 설치 및 관리에 관한 법률 시행규칙 [별표 3]에서 정하는 소방시설 등 자체점검의 구분 및 대상, 점검자의 자격, 점검장비, 점검방법 및 횟수 등 자체점검시 준수해야 할 사항에 관한 내용이다. ( ) 안에 들어갈 용어와 아라비아 숫자를 쓰시오.

> 공동주택(아파트 등으로 한정한다) 세대별 점검방법은 다음과 같다.
> 1. 관리자[관리소장, (㉠) 및 소방안전관리자를 포함한다] 및 입주민(세대 거주자를 말한다)은 2년 이내 모든 세대에 대하여 점검을 해야 한다.
> 2. 1.에도 불구하고 아날로그감지기 등 특수감지기가 설치되어 있는 경우에는 수신기에서 원격점검할 수 있으며, 점검할 때마다 모든 세대를 점검해야 한다. 다만, 자동화재탐지설비의 선로 단선이 확인되는 때에는 단선이 난 세대 또는 그 경계구역에 대하여 현장점검을 해야 한다.
> 3. 관리자는 수신기에서 원격점검이 불가능한 경우 매년 작동점검만 실시하는 공동주택은 1회 점검시마다 전체 세대수의 (㉡)퍼센트 이상, 종합점검을 실시하는 공동주택은 1회 점검시마다 전체 세대수의 (㉢)퍼센트 이상 점검하도록 자체점검계획을 수립·시행해야 한다.

22 소방시설 설치 및 관리에 관한 법률 시행령 [별표 1]에서 정하는 소방시설 중 경보설비에 대한 내용이다. (　) 안에 들어갈 용어를 쓰시오.

> 2. 경보설비: 화재발생 사실을 통보하는 기계·기구 또는 설비로서 다음 각 목의 것
>   가. 단독경보형 감지기
>   나. (　　)
>   1) 비상벨설비
>   2) 자동식 사이렌설비
>   다. 자동화재탐지설비
>   라. 시각경보기
>   마. 화재알림설비
>   바. 비상방송설비
>   사. 자동화재속보설비
>   아. 통합감시시설
>   자. 누전경보기
>   차. 가스누설경보기

23 소방시설 설치 및 관리에 관한 법률 시행령 [별표 4]에서 정하는 특정소방대상물의 관계인이 특정소방대상물에 설치·관리해야 하는 소방시설의 종류 중 피난구조설비에 대한 내용이다. (　) 안에 들어갈 아라비아 숫자를 쓰시오.

> 피난기구는 특정소방대상물의 모든 층에 화재안전기준에 적합한 것으로 설치해야 한다. 다만, 피난층, 지상 1층, 지상 2층(노유자시설 중 피난층이 아닌 지상 1층과 피난층이 아닌 지상 2층은 제외한다), 층수가 (　　) 이상인 층과 위험물 저장 및 처리시설 중 가스시설, 지하가 중 터널 및 지하구의 경우에는 그렇지 않다.

정답 및 해설

20 ㉠ 0.5, ㉡ 0.7
21 ㉠ 입주자대표회의, ㉡ 50, ㉢ 30
22 비상경보설비
23 11

24 소방시설 설치 및 관리에 관한 법률 시행령상 특정소방대상물의 관계인이 특정소방대상물에 설치·관리해야 하는 소방시설의 종류와 관련된 내용이다. (   ) 안에 들어갈 용어와 아라비아 숫자를 쓰시오.

> (㉠)를 설치해야 하는 특정소방대상물은 다음의 어느 하나에 해당하는 것으로 한다.
> 1. 공동주택 중 (㉡)·기숙사 및 숙박시설의 경우에는 모든 층
> 2. 층수가 (㉢)층 이상인 건축물의 경우에는 모든 층
> 3. ~14. 〈생략〉

25 소방시설 설치 및 관리에 관한 법률 시행규칙 [별표]에서 정하는 소방시설 등 자체점검의 구분 및 대상, 점검자의 자격, 점검장비, 점검방법 및 횟수 등 자체점검시 준수해야 할 사항에 대한 내용이다. (   ) 안에 들어갈 용어와 아라비아 숫자를 쓰시오.

> 나. 종합점검: 소방시설 등의 (㉠)점검을 포함하여 소방시설 등의 설비별 주요 구성부품의 구조기준이 화재안전기준과 건축법 등 관련 법령에서 정하는 기준에 적합한지 여부를 소방청장이 정하여 고시하는 소방시설 등 종합점검표에 따라 점검하는 것을 말하며, 다음과 같이 구분한다.
>   1) 최초점검: 법 제22조 제1항 제1호에 따라 소방시설이 새로 설치되는 경우 건축법 제22조에 따라 건축물을 사용할 수 있게 된 날부터 (㉡)일 이내 점검하는 것을 말한다.
>   2) 그 밖의 종합점검: 최초점검을 제외한 종합점검을 말한다.

26 소방시설 설치 및 관리에 관한 법률 시행규칙 [별표 4]에서 정하는 소방시설 등의 자체점검시 점검인력 배치기준에 대한 내용이다. (   ) 안에 들어갈 아라비아 숫자를 쓰시오.

> 아파트 등(공용시설, 부대시설 또는 복리시설은 포함하고, 아파트 등이 포함된 복합건축물의 아파트 등 외의 부분은 제외한다)을 점검할 때에는 다음의 기준에 따른다.
> 1. 점검인력 1단위가 하루 동안 점검할 수 있는 아파트 등의 세대수(이하 '점검한도 세대수'라 한다)는 종합점검 및 작동점검에 관계없이 (㉠)세대로 한다.
> 2. 점검인력 1단위에 보조 기술인력을 1명씩 추가할 때마다 (㉡)세대씩을 점검한도 세대수에 더한다.

27 다음은 옥내소화전설비의 화재안전기술기준(NFTC 102) 중 펌프의 성능시험배관의 내용이다. ( ) 안에 들어갈 용어와 아라비아 숫자를 쓰시오.

> 유량측정장치는 펌프의 (㉠)량의 (㉡)퍼센트 이상까지 측정할 수 있는 성능이 있을 것

28 스프링클러설비의 화재안전성능기준(NFPC 103)상 용어에 관한 내용이다. ( ) 안에 들어갈 용어를 쓰시오.

> 준비작동식 스프링클러설비란 가압송수장치에서 준비작동식 (㉠) 1차측까지 배관 내에 항상 물이 가압되어 있고, 2차측에서 폐쇄형 스프링클러헤드까지 (㉡) 또는 저압으로 있다가 화재발생시 (㉢)의 작동으로 준비작동식 (㉠)가 작동하여 폐쇄형 스프링클러헤드까지 소화용수가 송수되어 폐쇄형 스프링클러헤드가 열에 따라 개방되는 방식의 스프링클러설비를 말한다.

정답 및 해설

24 ㉠ 자동화재탐지설비, ㉡ 아파트 등, ㉢ 6
25 ㉠ 작동, ㉡ 60
26 ㉠ 250, ㉡ 60
27 ㉠ 정격토출, ㉡ 175
28 ㉠ 유수검지장치, ㉡ 대기압, ㉢ 감지기

29 유도등 및 유도표지의 화재안전성능기준(NFPC 303)상 복도통로유도등에 관한 내용이다. ( ) 안에 들어갈 용어와 아라비아 숫자를 쓰시오.

> 복도통로유도등은 다음의 기준에 따라 설치할 것
> 1. (㉠)에 설치할 것
> 2. 구부러진 모퉁이 및 보행거리 (㉡)미터마다 설치할 것
> 3. 바닥으로부터 높이 (㉢)미터 이하의 위치에 설치할 것

30 다음은 연결송수관설비의 화재안전성능기준(NFPC 502) 중 송수구의 내용의 일부이다. ( ) 안에 들어갈 아라비아 숫자와 용어를 쓰시오.

> 제4조【송수구】 연결송수관설비의 송수구는 다음 각 호의 기준에 따라 설치하여야 한다.
> 1. 지면으로부터 높이가 0.5미터 이상 (㉠)미터 이하의 위치에 설치할 것
> 2. 구경 (㉡)밀리미터의 (㉢)형으로 할 것

31 연결송수관설비의 화재안전기술기준(NFTC 502)에서 정하는 송수구 등에 관한 설명이다. ( ) 안에 들어갈 아라비아 숫자를 쓰시오.

> 연결송수관설비의 송수구는 다음의 기준에 따라 설치해야 한다.
> 1. 소방차가 쉽게 접근할 수 있고 잘 보이는 장소에 설치할 것
> 2. 지면으로부터 높이가 (㉠)미터 이상 (㉡)미터 이하의 위치에 설치할 것
> 3. 송수구는 화재층으로부터 지면으로 떨어지는 유리창 등이 송수 및 그 밖의 소화작업에 지장을 주지 않는 장소에 설치할 것

32 비상콘센트설비의 화재안전성능기준(NFPC 504)상 전원 및 콘센트 등에 관한 내용이다. ( ) 안에 들어갈 아라비아 숫자를 쓰시오.

> 비상콘센트는 다음 각 호의 기준에 따라 설치해야 한다.
> 1. 바닥으로부터 높이 (㉠)미터 이상 1.5미터 이하의 위치에 설치할 것
> 2. 비상콘센트의 배치는 바닥면적이 1천제곱미터 미만인 층은 계단의 출입구(계단의 부속실을 포함하며 계단이 2 이상 있는 경우에는 그중 1개의 계단을 말한다)로부터 (㉡)미터 이내에, 바닥면적 1천제곱미터 이상인 층은 각 계단의 출입구 또는 계단부속실의 출입구(계단의 부속실을 포함하며, 계단이 세 개 이상 있는 층의 경우에는 그중 두 개의 계단을 말한다)로부터 (㉢)미터 이내에 설치하되, 그 비상콘센트로부터 그 층의 각 부분까지의 거리가 다음 각 목의 기준을 초과하는 경우에는 그 기준 이하가 되도록 비상콘센트를 추가하여 설치할 것
>   가. 지하상가 또는 지하층의 바닥면적의 합계가 3천제곱미터 이상인 것은 수평거리 25미터
>   나. 가목에 해당하지 않는 것은 수평거리 50미터

33 연결송수관설비의 화재안전성능기준(NFPC 502)상 배관 등에 관한 내용이다. ( ) 안에 들어갈 용어와 아라비아 숫자를 쓰시오.

> 제5조【배관 등】① 연결송수관설비의 배관은 다음 각 호의 기준에 따라 설치해야 한다.
> 1. 주배관은 구경 100밀리미터 이상의 전용배관으로 할 것. 다만, 주배관의 구경이 100밀리미터 이상인 (㉠)설비의 배관과는 겸용할 수 있다.
> 2. 지면으로부터의 높이가 31미터 이상인 특정소방대상물 또는 지상 (㉡)층 이상인 특정소방대상물에 있어서는 습식 설비로 할 것

정답 및 해설

29 ㉠ 복도, ㉡ 20, ㉢ 1
30 ㉠ 1, ㉡ 65, ㉢ 쌍구
31 ㉠ 0.5, ㉡ 1
32 ㉠ 0.8, ㉡ 5, ㉢ 5
33 ㉠ 옥내소화전, ㉡ 11

34 공동주택의 화재안전성능기준(NFPC 608)에서 정하는 스프링클러설비에 관한 설명이다. ( ) 안에 들어갈 아라비아 숫자를 쓰시오.

> 제7조【스프링클러설비】스프링클러설비는 다음 각 호의 기준에 따라 설치해야 한다.
> 1. 폐쇄형 스프링클러헤드를 사용하는 아파트 등은 기준개수 (㉠)개(스프링클러헤드의 설치개수가 가장 많은 세대에 설치된 스프링클러헤드의 개수가 기준개수보다 작은 경우에는 그 설치개수를 말한다)에 1.6세제곱미터를 곱한 양 이상의 수원이 확보되도록 할 것. 다만, 아파트 등의 각 동이 주차장으로 서로 연결된 구조인 경우 해당 주차장 부분의 기준개수는 (㉡)개로 할 것
> 2. 아파트 등의 경우 화장실 반자 내부에는 소방용 합성수지배관의 성능인증 및 제품검사의 기술기준에 적합한 소방용 합성수지배관으로 배관을 설치할 수 있다. 다만, 소방용 합성수지배관 내부에 항상 소화수가 채워진 상태를 유지할 것
> 3. 하나의 방호구역은 2개 층에 미치지 아니하도록 할 것. 다만, 복층형 구조의 공동주택에는 (㉢)개 층 이내로 할 수 있다.
> 4.~9. 〈생략〉

35 공동주택의 화재안전성능기준(NFPC 608)상 비상방송설비에 관한 설명이다. ( ) 안에 들어갈 용어와 아리비아 숫자를 쓰시오.

> 제12조【비상방송설비】비상방송설비는 다음 각 호의 기준에 따라 설치해야 한다.
> 1. (㉠)는 각 세대마다 설치할 것
> 2. 아파트 등의 경우 실내에 설치하는 확성기 음성입력은 (㉡)와트 이상일 것

36 도시가스사업법 시행규칙상 가스사용시설의 시설·기술·검사기준에 관한 내용이다. ( ) 안에 들어갈 아라비아 숫자와 용어를 쓰시오.

> 가스계량기와 전기계량기 및 전기개폐기와의 거리는 (㉠)센티미터 이상, 굴뚝(단열조치를 하지 아니한 경우만을 말한다)·전기점멸기 및 (㉡)와의 거리는 60센티미터 이상, 절연조치를 하지 아니한 전선과의 거리는 (㉢)센티미터 이상의 거리를 유지할 것

37 도시가스사업법령상 가스사용시설의 시설·기술·검사기준 중 배관의 도색 및 표시에 관한 설명이다. ( ) 안에 들어갈 용어와 아라비아 숫자를 쓰시오.

> 배관은 안전을 확보하기 위하여 배관임을 명확하게 알아볼 수 있도록 다음 기준에 따라 도색 및 표시를 할 것
> 1. 〈생략〉
> 2. 지상배관은 부식방지도장 후 표면색상을 황색으로 도색하고, 지하매설배관은 최고사용압력이 저압인 배관은 황색으로, 중압 이상인 배관은 (㉠)으로 할 것. 다만, 지상배관의 경우 건축물의 내·외벽에 노출된 것으로서 바닥(2층 이상의 건물의 경우에는 각 층의 바닥을 말한다)에서 1미터의 높이에 폭 (㉡)센티미터의 황색띠를 (㉢)중으로 표시한 경우에는 표면색상을 황색으로 하지 아니할 수 있다.

38 전기안전관리법 시행규칙에서 정하는 공동주택 등의 안전점검에 대한 시기에 관한 기준이다. ( ) 안에 들어갈 아라비아 숫자와 용어를 쓰시오.

> 제20조【공동주택 등의 안전점검에 대한 시기 및 절차 등】① 안전공사는 법 제14조 제1항 각 호의 시설에 설치된 자가용 전기설비에 대한 안전점검을 다음 각 호의 구분에 따른 날이 속하는 달의 전후 2개월 이내에 실시해야 한다.
> 1. 법 제14조 제1항 제1호에 따른 공동주택[용량 (㉠)킬로와트 미만의 전기수용설비가 설치된 공동주택으로 한정한다]의 세대: (㉡)를 한 후 (㉢)년이 되는 날부터 3년 이내에 안전점검을 실시한 후, 그 안전점검을 한 날부터 매 3년이 되는 날
> 2. 법 제14조 제1항 제2호에 따른 전통시장 점포: 〈생략〉

정답 및 해설

34 ㉠ 10, ㉡ 30, ㉢ 3
35 ㉠ 확성기, ㉡ 2
36 ㉠ 60, ㉡ 전기접속기, ㉢ 15
37 ㉠ 붉은색, ㉡ 3, ㉢ 2
38 ㉠ 1천, ㉡ 사용전검사, ㉢ 25

39 다음 설명에 알맞은 전기설비 관련 용어를 쓰시오.

> 최대수요전력을 구하기 위한 것으로, 최대수요전력의 총부하설비용량에 대한 비율이다.

40 지능형 홈네트워크설비 설치 및 기술기준상 용어에 관한 설명이다. (   ) 안에 들어갈 용어를 쓰시오.

> '홈네트워크망'이란 홈네트워크장비 및 홈네트워크사용기기를 연결하는 것을 말하며, 다음으로 구분한다.
> 1. (㉠)망: (㉡)에서 세대까지를 연결하는 망
> 2. 세대망: 전유부분(각 세대 내)을 연결하는 망

41 지능형 홈네트워크설비 설치 및 기술기준상 용어에 관한 설명이다. (   ) 안에 들어갈 용어를 쓰시오.

> '홈네트워크장비'란 (㉠)을 통해 접속하는 장치를 말하며, 다음으로 구분한다.
> 1. 〈생략〉
> 2. (㉡): 세대 및 공용부의 다양한 설비의 기능 및 성능을 제어하고 확인할 수 있는 기기로 사용자인터페이스를 제공하는 장치
> 3. (㉢): 세대 내 홈게이트웨이와 단지서버간의 통신 및 보안을 수행하는 장비로서 백본(Back-Bone), 방화벽(Fire Wall), 워크그룹스위치 등 단지망을 구성하는 장비
> 4. 〈생략〉

42 지능형 홈네트워크설비 설치 및 기술기준에 관한 설명이다. ( ) 안에 들어갈 용어를 쓰시오.

> 1. 단지네트워크장비는 집중구내통신실 또는 (㉠)에 설치하여야 한다.
> 2. 단지서버는 집중구내통신실 또는 (㉡)에 설치할 수 있다. 다만, 단지서버가 설치되는 공간에는 보안을 고려하여 영상정보처리기기 등을 설치하되, 관리자가 확인할 수 있도록 하여야 한다.

43 주택건설기준 등에 관한 규칙상 승강기에 대한 내용이다. ( ) 안에 들어갈 아라비아 숫자를 쓰시오.

> 제4조 【승강기】 영 제15조 제1항 본문에 따라 6층 이상인 공동주택에 설치하는 승용 승강기의 설치기준은 다음 각 호와 같다.
> 1. 계단실형인 공동주택에는 계단실마다 1대(한 층에 3세대 이상이 조합된 계단실형 공동주택이 22층 이상인 경우에는 2대) 이상을 설치하되, 그 탑승인원수는 동일한 계단실을 사용하는 4층 이상인 층의 세대당 (㉠)명(독신자용 주택의 경우에는 0.15명)의 비율로 산정한 인원수(1명 이하의 단수는 1명으로 본다. 이하 이 조에서 같다) 이상일 것
> 2. 복도형인 공동주택에는 1대에 100세대를 넘는 (㉡)세대마다 1대를 더한 대수 이상을 설치하되, 그 탑승인원수는 4층 이상인 층의 세대당 (㉢)명(독신자용 주택의 경우에는 0.1명)의 비율로 산정한 인원수 이상일 것

정답 및 해설

39 수용률
40 ㉠ 단지, ㉡ 집중구내통신실
41 ㉠ 홈네트워크망, ㉡ 세대단말기, ㉢ 단지네트워크장비
42 ㉠ 통신배관실, ㉡ 방재실
43 ㉠ 0.3, ㉡ 80, ㉢ 0.2

44 승강기 안전관리법 시행령상 승강기의 자체점검에 관한 내용이다. (   ) 안에 들어갈 용어와 아라비아 숫자를 쓰시오.

> 제29조【승강기의 자체점검】① 〈생략〉
> ② 자체점검을 담당하는 사람은 자체점검을 마치면 지체 없이 자체점검 결과를 양호, (㉠) 또는 긴급수리로 구분하여 관리주체에 통보해야 하며, 관리주체는 자체점검 결과를 자체점검 후 (㉡)일 이내에 (㉢)에 입력해야 한다.

45 승강기 안전관리법상 정기검사의 검사주기 등에 관한 설명이다. (   ) 안에 들어갈 아라비아 숫자를 쓰시오.

> 다음의 어느 하나에 해당하는 승강기의 경우에는 정기검사의 검사주기를 직전 정기검사를 받은 날부터 다음의 구분에 따른 기간으로 한다.
> 1. 설치검사를 받은 날부터 (㉠)년이 지난 승강기: 6개월
> 2. 승강기의 결함으로 중대한 사고 또는 중대한 고장이 발생한 후 (㉡)년이 지나지 않은 승강기: 6개월

정답 및 해설

44 ㉠ 주의관찰, ㉡ 10, ㉢ 승강기안전종합정보망
45 ㉠ 25, ㉡ 2

제5장 환경관리

대표예제 61 　소독의무대상 및 소독의 실시 ★

감염병의 예방 및 관리에 관한 법령상 소독의무 및 소독의 실시 등에 관한 설명으로 옳지 않은 것은?

① 특별자치도지사 또는 시장·군수·구청장은 감염병을 예방하기 위하여 청소나 소독을 실시하거나 쥐, 위생해충 등의 구제조치를 하여야 한다. 이 경우 소독은 사람의 건강과 자연에 유해한 영향을 최소화하여 안전하게 실시하여야 한다.
② 공동주택, 숙박업소 등 여러 사람이 거주하거나 이용하는 시설 중 대통령령으로 정하는 시설을 관리·운영하는 자는 보건복지부령으로 정하는 바에 따라 감염병 예방에 필요한 소독을 하여야 한다.
③ 소독을 하여야 하는 시설의 관리·운영자는 소독업의 신고를 한 자에게 소독하게 하여야 한다. 다만, 주택관리업자가 소독장비를 갖추었을 때에는 그가 관리하는 공동주택은 직접 소독할 수 있다.
④ 주택법에 따른 공동주택(150세대 이상인 경우만 해당한다)의 경우 4월부터 9월까지 3개월에 1회 이상 실시하여야 한다.
⑤ 소독업자는 소독실시대장에 소독에 관한 사항을 기록하고, 이를 2년간 보존하여야 한다.

해설 | 주택법에 따른 공동주택(300세대 이상인 경우만 해당한다)의 경우 4월부터 9월까지 3개월에 1회 이상 실시하여야 한다.

기본서 p.908　　　　　　　　　　　　　　　　　　　　　　　　　　　　　　　정답 ④

01 신에너지 및 재생에너지 개발·이용·보급 촉진법에서 정하는 용어의 뜻 중 신에너지에 해당하는 것으로 옳은 것은?

① 풍력
② 해양에너지
③ 수소에너지
④ 지열에너지
⑤ 태양에너지

대표예제 62   신축공동주택의 실내공기질 관리 ★★

실내공기질 관리법령에서 정하는 신축공동주택의 실내공기질 관리에 관한 내용으로 옳지 않은 것은?

① 신축되는 공동주택의 시공자는 환경부령으로 정하는 바에 따라 선정된 입주예정자의 입회 하에 시공이 완료된 공동주택의 실내공기질을 스스로 측정하거나 환경부령으로 정하는 자로 하여금 측정하도록 하여 그 측정결과를 특별자치시장·특별자치도지사·시장·군수·구청장에게 제출하고, 입주 개시 전에 입주민들이 잘 볼 수 있는 장소에 공고하여야 한다.
② 특별자치시장·특별자치도지사·시장·군수·구청장은 ①에 따라 제출된 측정결과를 환경부장관에게 보고하여야 하며, 공보 또는 인터넷 홈페이지 등을 통하여 공개할 수 있다.
③ ①에 따른 실내공기질의 측정항목·방법, 측정결과의 제출·공고시기·장소 등에 관하여 필요한 사항은 환경부령으로 정한다.
④ 신축공동주택의 쾌적한 공기질 유지를 위한 실내공기질 유지기준은 환경부령으로 정한다.
⑤ 환경부장관은 신축공동주택의 소유자 등이 실내공기질을 알맞게 유지·관리함으로써 쾌적한 실내환경에서 생활할 수 있도록 하기 위하여 공동주택의 실내공기질 관리지침을 개발하여 보급할 수 있다.

해설 | 신축공동주택의 쾌적한 공기질 유지를 위한 실내공기질 권고기준은 환경부령으로 정한다.

기본서 p.911   정답 ④

대표예제 63 │ 실내공기질 권고기준 ★★★

실내공기질 관리법령상 신축공동주택의 실내공기질 권고기준으로 옳은 것을 모두 고른 것은?

㉠ 폼알데하이드: 120㎍/m³ 이하	㉡ 벤젠: 30㎍/m³ 이하
㉢ 자일렌: 1,000㎍/m³ 이하	㉣ 스티렌: 330㎍/m³ 이하
㉤ 톨루엔: 1,100㎍/m³ 이하	㉥ 에틸벤젠: 360㎍/m³ 이하
㉦ 라돈: 140Bq/m³ 이하	

① ㉠, ㉡
② ㉠, ㉢
③ ㉡, ㉢
④ ㉡, ㉥
⑤ ㉣, ㉤

해설 | ㉠ 폼알데하이드: 210㎍/m³ 이하
㉡ 벤젠: 30㎍/m³ 이하
㉢ 자일렌: 700㎍/m³ 이하
㉣ 스티렌: 300㎍/m³ 이하
㉤ 톨루엔: 1,000㎍/m³ 이하
㉥ 에틸벤젠: 360㎍/m³ 이하
㉦ 라돈: 148Bq/m³ 이하

기본서 p.912 정답 ④

정답 및 해설

01 ③ 1. 신에너지: 기존의 화석연료를 변환시켜 이용하거나 수소·산소 등의 화학반응을 통하여 전기 또는 열을 이용하는 에너지로서, 다음의 어느 하나에 해당하는 것을 말한다.
  - 수소에너지
  - 연료전지
  - 석탄을 액화·가스화한 에너지 및 중질잔사유(重質殘渣油)를 가스화한 에너지로서 대통령령으로 정하는 기준 및 범위에 해당하는 에너지
  - 그 밖에 석유·석탄·원자력 또는 천연가스가 아닌 에너지로서 대통령령으로 정하는 에너지

2. 재생에너지: 햇빛·물·지열(地熱)·강수(降水)·생물유기체 등을 포함하는 재생 가능한 에너지를 변환시켜 이용하는 에너지로서, 다음의 어느 하나에 해당하는 것을 말한다.
  - 태양에너지
  - 풍력
  - 수력
  - 해양에너지
  - 지열에너지
  - 생물자원을 변환시켜 이용하는 바이오에너지로서 대통령령으로 정하는 기준 및 범위에 해당하는 에너지
  - 폐기물에너지(비재생폐기물로부터 생산된 것은 제외한다)로서 대통령령으로 정하는 기준 및 범위에 해당하는 에너지
  - 그 밖에 석유·석탄·원자력 또는 천연가스가 아닌 에너지로서 대통령령으로 정하는 에너지

02 실내공기질 관리법 시행규칙에서 정하는 신축공동주택의 실내공기질 권고기준으로 옳지 않은 것은?

① 폼알데하이드 210㎍/m³ 이하
② 벤젠 300㎍/m³ 이하
③ 에틸벤젠 360㎍/m³ 이하
④ 자일렌 700㎍/m³ 이하
⑤ 라돈 148Bq/m³ 이하

대표예제 64 | 층간소음의 범위와 기준 ★★★

공동주택 층간소음의 범위와 기준에 관한 규칙상 층간소음에 대한 설명으로 옳지 않은 것은?

① 직접충격소음은 1분간 등가소음도(Leq) 및 최고소음도(Lmax)로 평가하고, 공기전달소음은 5분간 등가소음도(Leq)로 평가한다.
② 층간소음의 측정방법은 환경분야 시험·검사 등에 관한 법률에 따른 소음·진동 분야의 공정시험기준에 따른다.
③ 1분간 등가소음도(Leq) 및 5분간 등가소음도(Leq)는 ②에 따라 측정한 값 중 가장 높은 값으로 한다.
④ 최고소음도(Lmax)는 1시간에 3회 이상 초과할 경우 그 기준을 초과한 것으로 본다.
⑤ 공동주택 층간소음의 범위는 입주자 또는 사용자의 활동으로 인하여 발생하는 소음으로서 다른 입주자 또는 사용자에게 피해를 주는 직접충격소음과 공기전달소음으로 한다. 다만, 욕실, 화장실 및 다용도실 등에서 급수·배수로 인하여 발생하는 소음은 제외한다.

해설 | 최고소음도(Lmax)는 1시간에 2회 이상 초과할 경우 그 기준을 초과한 것으로 본다.

기본서 p.917 정답 ④

03 먹는물의 수질기준에 관한 설명으로 옳지 않은 것은?

① 색도는 5도를 넘지 아니할 것
② 수은은 0.001mg/L를 넘지 아니할 것
③ 시안은 0.01mg/L를 넘지 아니할 것
④ 수돗물의 경우 경도는 300mg/L를 넘지 아니할 것
⑤ 대장균·분원성 대장균군은 1mL에서 검출되지 아니할 것. 다만, 샘물·먹는샘물, 염지하수·먹는염지하수 및 먹는해양심층수의 경우에는 적용하지 아니한다.

정답 및 해설

02 ② 벤젠은 30μg/m³ 이하이다.
03 ⑤ 대장균·분원성 대장균군은 100mL에서 검출되지 아니할 것. 다만, 샘물·먹는샘물, 염지하수·먹는염지하수 및 먹는해양심층수의 경우에는 적용하지 아니한다.

| 대표예제 65 | 건축물 에너지절약설계기준 용어 ★★ |

건축물의 에너지절약설계기준에서 정하는 용어의 정의에 대한 설명으로 옳은 것은?

① '태양열취득률(SHGC)'이라 함은 입사된 태양열에 대하여 실내로 유입된 태양열취득의 비율을 말한다.
② '일사조절장치'라 함은 태양열의 실내유입을 조절하기 위한 차양, 구조체 또는 태양열취득률이 높은 유리를 말한다. 이 경우 차양은 설치위치에 따라 외부차양과 내부차양 그리고 유리간 차양으로 구분하며, 가동 여부에 따라 고정형과 가동형으로 나눌 수 있다.
③ '이코노마이저시스템'이라 함은 중간기 또는 동계에 발생하는 냉방부하를 실내 엔탈피보다 낮은 도입 외기에 의하여 증대시키는 시스템을 말한다.
④ 'TAB'라 함은 효율적인 건축기계설비 시스템의 성능확보를 위해 설계단계부터 공사완료에 이르기까지 전 과정에 걸쳐 건축주의 요구에 부합되도록 모든 시스템의 계획, 설계, 시공, 성능시험 등을 확인하고 최종 유지관리자에게 제공하여 입주 후 건축주의 요구를 충족할 수 있도록 운전성능 유지 여부를 검증하고 문서화하는 과정을 말한다.
⑤ '변압기 대수제어'라 함은 변압기를 한 대 설치하여 부하상태에 따라 필요한 운전형태를 자동 또는 수동으로 제어하는 방식을 말한다.

오답 체크
② '일사조절장치'라 함은 태양열의 실내유입을 조절하기 위한 차양, 구조체 또는 태양열취득률이 <u>낮은 유리</u>를 말한다.
③ '이코노마이저시스템'이라 함은 중간기 또는 동계에 발생하는 냉방부하를 실내 엔탈피보다 낮은 도입 외기에 의하여 <u>제거 또는 감소시키는 시스템</u>을 말한다.
④ '<u>커미셔닝</u>'이라 함은 효율적 건축기계설비 시스템의 성능확보를 위해 설계단계부터 공사완료에 이르기까지 전 과정에 걸쳐 건축주의 요구에 부합되도록 모든 시스템의 계획, 설계, 시공, 성능시험 등을 확인하고 최종 유지관리자에게 제공하여 입주 후 건축주의 요구를 충족할 수 있도록 운전성능 유지 여부를 검증하고 문서화하는 과정을 말한다.
⑤ '변압기 대수제어'라 함은 변압기를 <u>여러 대 설치</u>하여 부하상태에 따라 필요한 <u>운전대수</u>를 자동 또는 수동으로 제어하는 방식을 말한다.

기본서 p.928   정답 ①

04 건축물의 에너지절약설계기준 및 녹색건축물 조성 지원법상 용어의 정의에 관한 내용이다. 옳지 않은 것은?

① '위험률'이라 함은 냉(난)방기간 동안 또는 연간 총시간에 대한 온도출현분포 중에서 가장 높은(낮은) 온도쪽으로부터 총시간의 일정 비율에 해당하는 온도를 제외시키는 비율을 말한다.
② '효율'이라 함은 설비기기에 공급된 에너지에 대하여 출력된 유효에너지의 비를 말한다.
③ '이코노마이저시스템'이라 함은 중간기 또는 동계에 발생하는 냉방부하를 실내 엔탈피보다 낮은 도입 외기에 의하여 제거 또는 감소시키는 시스템을 말한다.
④ 'TAB'라 함은 Testing(시험), Adjusting(조정), Balancing(평가)의 약어로 건물 내의 모든 설비시스템이 설계에서 의도한 기능을 발휘하도록 점검 및 조정하는 것을 말한다.
⑤ 'BEMS(Building Energy Management System)'라 함은 효율적인 건축기계설비시스템의 성능확보를 위해 설계단계부터 공사완료에 이르기까지 전 과정에 걸쳐 건축주의 요구에 부합되도록 모든 시스템의 계획, 설계, 시공, 성능시험 등을 확인하고 최종 유지관리자에게 제공하여 입주 후 건축주의 요구를 충족할 수 있도록 운전성능 유지 여부를 검증하고 문서화하는 과정을 말한다.

정답 및 해설

04 ⑤ 효율적인 건축기계설비 시스템의 성능확보를 위해 설계단계부터 공사완료에 이르기까지 전 과정에 걸쳐 건축주의 요구에 부합되도록 모든 시스템의 계획, 설계, 시공, 성능시험 등을 확인하고 최종 유지관리자에게 제공하여 입주 후 건축주의 요구를 충족할 수 있도록 운전성능 유지 여부를 검증하고 문서화하는 과정을 '커미셔닝'이라 한다.
녹색건축물 조성 지원법상 'BEMS(Building Energy Management System)'란 건축물의 쾌적한 실내환경 유지와 효율적인 에너지 관리를 위하여 에너지 사용내역을 모니터링하여 최적화된 건축물에너지 관리방안을 제공하는 계측·제어·관리·운영 등이 통합된 시스템을 말한다.

05 다음은 건축물의 에너지절약설계기준에 따른 용어 정의 내용이다. (   ) 안에 들어갈 알맞은 것은?

> '방습층'이라 함은 습한 공기가 구조체에 침투하여 결로발생의 위험이 높아지는 것을 방지하기 위하여 설치하는 투습도가 24시간당 30g/m² 이하 또는 투습계수 (   )g/m²·h·mmHg 이하의 투습저항을 가진 층을 말한다.

① 0.18
② 0.2
③ 0.28
④ 0.3
⑤ 0.38

06 건축물의 에너지절약설계기준에 따른 기계부문의 권장사항으로 옳지 않은 것은?

① 열원설비는 부분부하 및 전부하 운전효율이 좋은 것을 선정한다.
② 냉방설비의 용량계산을 위한 설계기준 실내온도는 26℃를 기준으로 한다.
③ 난방설비의 용량계산을 위한 설계기준 실내온도는 20℃를 기준으로 한다.
④ 폐열회수를 위한 열회수설비를 설치할 때에는 중간기에 대비한 바이패스(by-pass) 설비를 설치한다.
⑤ 펌프 등은 부하조건에 따라 최고의 성능을 유지할 수 있도록 대수분할 또는 비례제어 운전이 되도록 한다.

07 건축물의 에너지절약설계기준상 건축부문 용어의 정의에 관한 내용으로 옳지 않은 것은?

① '거실'이라 함은 건축물 안에서 거주(단위세대 내 욕실·화장실·현관을 포함한다)·집무·작업·집회·오락 기타 이와 유사한 목적을 위하여 사용되는 방을 말한다. 따라서 이 기준에서는 거실이 아닌 냉방 또는 난방공간 또한 거실에서 제외된다.

② '외기에 직접 면하는 부위'라 함은 외기가 직접 통하지 아니하는 비난방 공간(지붕 또는 반자, 벽체, 바닥 구조의 일부로 구성되는 내부 공기층은 제외한다)에 접한 부위, 외기가 직접 통하는 구조나 실내공기의 배기를 목적으로 설치하는 샤프트 등에 면한 부위, 지면 또는 토양에 면한 부위를 말한다.

③ '방풍구조'라 함은 출입구에서 실내외 공기 교환에 의한 열출입을 방지할 목적으로 설치하는 방풍실 또는 회전문 등을 설치한 방식을 말한다.

④ '기밀성 창', '기밀성 문'이라 함은 창 및 문으로서 한국산업규격(KS) F 2292 규정에 의하여 기밀성 등급에 따른 기밀성이 1~5등급(통기량 5$m^3/h \cdot m^2$ 미만)인 것을 말한다.

⑤ '방습층'이라 함은 습한 공기가 구조체에 침투하여 결로발생의 위험이 높아지는 것을 방지하기 위해 설치하는 투습도가 24시간당 30g/m^2 이하 또는 투습계수 0.28$g/m^2 \cdot h \cdot mmHg$ 이하의 투습저항을 가진 층을 말한다(시험방법은 한국산업규격 KS T 1305 방습포장재료의 투습도 시험방법 또는 KS F 2607 건축재료의 투습성 측정방법에서 정하는 바에 따른다). 다만, 단열재 또는 단열재의 내측에 사용되는 마감재가 방습층으로서 요구되는 성능을 가지는 경우에는 그 재료를 방습층으로 볼 수 있다.

정답 및 해설

05 ③ 투습계수 0.28$g/m^2 \cdot h \cdot mmHg$ 이하의 투습저항을 가진 층을 말한다.
06 ② 냉방설비의 용량계산을 위한 설계기준 실내온도는 28℃를 기준으로 한다.
07 ① '거실'은 건축물 안에서 거주(단위세대 내 욕실·화장실·현관을 포함한다)·집무·작업·집회·오락 기타 이와 유사한 목적을 위하여 사용되는 방을 말하나, 특별히 이 기준에서는 거실이 아닌 냉방 또는 난방공간 또한 거실에 포함한다.

08 건축물의 에너지절약설계기준에 대한 설명 중 기밀 및 결로방지 등을 위한 조치로 옳지 않은 것은?

① 벽체 내표면 및 내부에서의 결로를 방지하고 단열재의 성능 저하를 방지하기 위하여 단열조치를 하여야 하는 부위(창 및 문과 난방공간 사이의 층간바닥 제외)에는 방습층을 단열재의 실내측에 설치하여야 한다.
② 단열재의 이음부는 최대한 밀착하여 시공하거나, 2장을 엇갈리게 시공하여 이음부를 통한 단열성능 저하가 최소화될 수 있도록 조치할 것
③ 건축물 외피 단열부위의 접합부, 틈 등은 밀폐될 수 있도록 코킹과 가스켓 등을 사용하여 기밀하게 처리하여야 한다.
④ 바닥면적 300제곱미터 이하의 개별 점포의 출입문이 외기에 직접 면하고 1층 또는 지상으로 연결된 출입문은 방풍구조로 하여야 한다.
⑤ 방풍구조를 설치하여야 하는 출입문에서 회전문과 일반문이 같이 설치된 경우, 일반문 부위는 방풍실 구조의 이중문을 설치하여야 한다.

정답 및 해설

08 ④ 외기에 직접 면하고 1층 또는 지상으로 연결된 출입문은 방풍구조로 하여야 한다. 다만, 다음에 해당하는 경우에는 그러하지 않을 수 있다.
1. 바닥면적 300제곱미터 이하의 개별 점포의 출입문
2. 주택의 출입문(단, 기숙사는 제외)
3. 사람의 통행을 주목적으로 하지 않는 출입문
4. 너비 1.2미터 이하의 출입문

제5장 주관식 기입형 문제

01 감염병의 예방 및 관리에 관한 법령상 소독에 관한 내용이다. (   ) 안에 들어갈 아라비아 숫자를 쓰시오.

> 끓는 물 소독은 소독할 물건을 (㉠)분 이상 섭씨 (㉡)도 이상의 물속에 넣어 살균해야 한다.

02 신에너지 및 재생에너지 개발·이용·보급 촉진법령상 용어의 정의이다. (   ) 안에 들어갈 용어를 쓰시오.

> '(㉠)에너지'란 재생 가능한 에너지를 변환시켜 이용하는 에너지이다. 그 종류에는 태양에너지, 풍력, 수력, 해양에너지, 지열에너지, 생물자원을 변환시켜 이용하는 (㉡)에너지로서 대통령령으로 정하는 기준 및 범위에 해당하는 에너지, 폐기물에너지(비재생폐기물로부터 생산된 것은 제외한다)로서 대통령령으로 정하는 기준 및 범위에 해당하는 에너지, 그 밖에 석유·석탄·원자력 또는 (㉢)가 아닌 에너지로서 대통령령으로 정하는 에너지가 있다.

정답 및 해설

01 ㉠ 30, ㉡ 100
02 ㉠ 재생, ㉡ 바이오, ㉢ 천연가스

03 실내공기질 관리법 시행규칙에서 정하는 실내 라돈 농도의 권고기준에 관한 내용이다. ( ) 안에 들어갈 아라비아 숫자를 쓰시오.

> 다중이용시설 또는 공동주택의 소유자 등에게 권고하는 실내 라돈 농도의 기준은 다음 각 호의 구분에 따른다.
> 1. 〈생략〉
> 2. 공동주택의 소유자 등: (㉠)세제곱미터당 (㉡)베크렐 이하

04 실내공기질 관리법령상 건축자재의 오염물질 방출기준에 관한 내용 중 일부이다. ( ) 안에 들어갈 아라비아 숫자를 쓰시오.

구분 \ 오염물질 종류	폼알데하이드	톨루엔	총휘발성 유기화합물
접착제	(㉠) 이하	0.08 이하	2.0 이하
페인트			(㉡) 이하
실란트			(㉢) 이하
퍼티			20.0 이하

05 공동주택 층간소음의 범위와 기준에 관한 규칙에 대한 내용이다. ( ) 안에 들어갈 아라비아 숫자를 쓰시오.

층간소음의 구분		층간소음의 기준[단위: dB(A)]	
		주간 (06:00~22:00)	야간 (22:00~06:00)
직접충격소음	1분간 등가소음도 (Leq)	(㉠)	34
	최고소음도 (Lmax)	(㉡)	52
공기전달소음	5분간 등가소음도 (Leq)	(㉢)	40

06 공동주택 층간소음의 범위와 기준에 관한 규칙에 대한 내용이다. (   ) 안에 들어갈 용어와 아라비아 숫자를 쓰시오.

> (㉠)소음은 1분간 등가소음도(Leq) 및 최고소음도(Lmax)로 평가하고, 공기전달소음은 (㉡)분간 등가소음도(Leq)로 평가한다.

07 건축물의 에너지절약설계기준에 따른 용어의 정의 중 건축부문의 내용이다. (   ) 안에 들어갈 용어와 아라비아 숫자를 쓰시오.

> '(㉠)층'이라 함은 습한 공기가 구조체에 침투하여 결로발생의 위험이 높아지는 것을 방지하기 위해 설치하는 투습도가 24시간당 (㉡)g/m² 이하 또는 투습계수 (㉢)g/m²·h·mmHg 이하의 투습저항을 가진 층을 말한다. 다만, 단열재 또는 단열재의 내측에 사용되는 마감재가 (㉠)층으로서 요구되는 성능을 가지는 경우에는 그 재료를 (㉠)층으로 볼 수 있다.

정답 및 해설

03 ㉠ 1, ㉡ 148
04 ㉠ 0.02, ㉡ 2.5, ㉢ 1.5
05 ㉠ 39, ㉡ 57, ㉢ 45
06 ㉠ 직접충격, ㉡ 5
07 ㉠ 방습, ㉡ 30, ㉢ 0.28

08 건축물의 에너지절약설계기준상 기계설비부문 용어의 정의이다. (   ) 안에 들어갈 용어를 쓰시오.

> - '(㉠)'(이)라 함은 Testing(시험), Adjusting(조정), Balancing(평가)의 약어로 건물 내의 모든 설비시스템이 설계에서 의도한 기능을 발휘하도록 점검 및 조정하는 것을 말한다.
> - '(㉡)'(이)라 함은 효율적인 건축기계설비 시스템의 성능확보를 위해 설계단계부터 공사 완료에 이르기까지 전 과정에 걸쳐 건축주의 요구에 부합되도록 모든 시스템의 계획·설계·시공·성능시험 등을 확인하고 최종 유지관리자에게 제공하여 입주 후 건축주의 요구를 충족할 수 있도록 운전성능 유지 여부를 검증하고 문서화하는 과정을 말한다.

09 건축물의 에너지절약설계기준 중 기계설비부문에 관한 용어의 정의이다. 기준에서 명시하고 있는 (   ) 안에 들어갈 용어를 쓰시오.

> (   )형 환기장치라 함은 난방 또는 냉방을 하는 장소의 환기장치로, 실내의 공기를 배출할 때 급기되는 공기와 열교환하는 구조를 가진 것을 말한다.

10 건축물의 에너지절약설계기준상 기계부문의 권장사항 중 공조설비의 일부이다. (   ) 안에 들어갈 용어를 쓰시오.

> (㉠) 등에 외기도입에 의하여 냉방부하를 감소시키는 경우에는 실내공기질을 저하시키지 않는 범위 내에서 (㉡) 등 외기냉방시스템을 적용한다. 다만, 외기냉방시스템의 적용이 건축물의 총에너지비용을 감소시킬 수 없는 경우에는 그러하지 아니한다.

11 건축물의 에너지절약설계기준상 용어의 정의 일부이다. (   ) 안에 들어갈 용어를 쓰시오.

> '(㉠)장치'라 함은 승강기가 (㉡)보다 무거운 상태로 하강(또는 반대의 경우)할 때 모터는 순간적으로 발전기로 동작하게 되며, 이때 생산되는 전력을 다른 회로에서 전원으로 활용하는 방식으로 전력소비를 절감하는 장치를 말한다.

12 건축물의 에너지절약설계기준상 용어의 정의이다. (   ) 안에 들어갈 용어를 쓰시오.

> 1. '(㉠)'라 함은 인입전압(또는 변압기 2차전압)과 부하측 전압과의 차를 말하며, (㉡)이나 인덕턴스에 흐르는 전류에 의하여 강하하는 전압을 말한다.
> 2. '(㉢)'이란 에너지요구량을 만족시키기 위하여 건축물의 냉방, 난방, 급탕, 조명, 환기부문의 설비기기에 사용되는 에너지량을 말한다.

13 건축물의 에너지절약설계기준상 투광부에 관한 내용이다. (   ) 안에 들어갈 아라비아 숫자를 쓰시오.

> '투광부'라 함은 창, 문면적의 (   )퍼센트 이상이 투과체로 구성된 문, 유리블럭, 플라스틱패널 등과 같이 투과재료로 구성되며, 외기에 접하여 채광이 가능한 부위를 말한다.

14 건축물의 에너지절약설계기준에 따른 기계설비부문의 권장사항 중 공조설비에 관한 내용이다. (   ) 안에 들어갈 용어를 쓰시오.

> (㉠) 팬은 부하변동에 따른 (㉡)가 가능하도록 가변익축류방식, 흡입베인제어방식, 가변속제어방식 등 에너지절약적 제어방식을 채택한다.

정답 및 해설

08 ㉠ TAB, ㉡ 커미셔닝
09 열회수
10 ㉠ 중간기, ㉡ 이코노마이저시스템
11 ㉠ 회생제동, ㉡ 균형추
12 ㉠ 전압강하, ㉡ 저항, ㉢ 에너지소요량
13 50
14 ㉠ 공기조화기, ㉡ 풍량제어

15 건축물의 에너지절약설계기준에서 정하는 기계부문의 의무사항에 관한 규정이다. (   ) 안에 들어갈 용어와 아라비아 숫자를 쓰시오.

> 제8조【기계부문의 의무사항】에너지절약계획서 제출대상 건축물의 건축주와 설계자 등은 다음 각 호에서 정하는 기계부문의 설계기준을 따라야 한다.
> 1. 설계용 외기조건
>   난방 및 냉방설비의 용량계산을 위한 외기조건은 각 지역별로 (㉠) (㉡)퍼센트(냉방기 및 난방기를 분리한 온도출현분포를 사용할 경우) 또는 (㉢)퍼센트(연간 총시간에 대한 온도출현분포를 사용할 경우)로 하거나 [별표 7]에서 정한 외기온·습도를 사용한다. [별표 7] 이외의 지역인 경우에는 상기 위험률을 기준으로 하여 가장 유사한 기후조건을 갖는 지역의 값을 사용한다. 다만, 지역난방공급방식을 채택할 경우에는 산업통상자원부 고시 집단에너지시설의 기술기준에 의하여 용량계산을 할 수 있다.
> 2.~4. 〈생략〉

정답 및 해설

15 ㉠ 위험률, ㉡ 2.5, ㉢ 1

제6장 안전관리

> **대표예제 66**   시설의 안전관리에 관한 기준 및 진단사항 ★★

공동주택관리법령상 공동주택의 안전관리진단 대상시설물과 점검횟수의 연결이 옳지 않은 것은?

① 우물 및 비상저수시설의 해빙기진단: 연 1회(2월 또는 3월)
② 담장 및 하수도의 우기진단: 연 1회(6월)
③ 맨홀(정화조의 뚜껑을 포함한다)의 안전진단: 매 분기 1회 이상
④ 지능형 홈네트워크설비의 안전진단: 매 분기 1회 이상
⑤ 우물 및 어린이놀이터의 위생진단: 연 2회 이상

해설 | 지능형 홈네트워크설비의 안전진단은 월 1회 이상 점검한다.
보충 | 시설의 안전관리에 관한 기준 및 진단사항(제11조 제2항 관련)

구분	대상시설	점검횟수
해빙기진단	석축, 옹벽, 법면, 교량, 우물 및 비상저수시설	연 1회(2월 또는 3월)
우기진단	석축, 옹벽, 법면, 담장, 하수도 및 주차장	연 1회(6월)
월동기진단	연탄가스배출기, 중앙집중식 난방시설, 노출배관의 동파방지 및 수목보온	연 1회(9월 또는 10월)
안전진단	변전실, 고압가스시설, 도시가스시설, 액화석유가스시설, 소방시설, 맨홀(정화조의 뚜껑을 포함한다), 유류저장시설, 펌프실, 인양기, 전기실, 기계실, 어린이놀이터, 주민운동시설 및 주민휴게시설	매 분기 1회 이상
	승강기	승강기 안전관리법에서 정하는 바에 따른다.
	지능형 홈네트워크설비	매월 1회 이상
위생진단	저수시설, 우물 및 어린이놀이터	연 2회 이상

▶ 비고
안전관리진단사항의 세부내용은 시·도지사가 정하여 고시한다.

기본서 p.960   정답 ④

> 종합

01 공동주택관리법령상 의무관리대상 공동주택의 안전점검에 관한 설명으로 옳지 않은 것은?

① 관리주체는 그 공동주택의 기능유지와 안전성 확보로 입주자등을 재해 및 재난 등으로부터 보호하기 위하여 시설물의 안전 및 유지관리에 관한 특별법에 따른 지침에서 정하는 안전점검의 실시 방법 및 절차 등에 따라 공동주택의 안전점검을 실시하여야 한다.

② 안전점검은 반기마다 하여야 한다.

③ 관리주체는 안전점검의 결과 건축물의 구조·설비의 안전도가 매우 낮아 재해 및 재난 등이 발생할 우려가 있는 경우에는 지체 없이 입주자대표회의에 그 사실을 통보한 후 대통령령으로 정하는 바에 따라 시장·군수·구청장에게 그 사실을 보고하고, 해당 건축물의 이용 제한 또는 보수 등 필요한 조치를 하여야 한다.

④ 입주자대표회의 및 관리주체는 건축물과 공중의 안전확보를 위하여 건축물의 안전점검과 재난예방에 필요한 예산을 매년 확보하여야 한다.

⑤ 15층 이하의 공동주택으로서 사용검사일부터 30년이 경과한 공동주택의 안전점검은 주택관리사 등이 된 후 국토교통부령으로 정하는 교육기관에서 시설물의 안전관리에 관한 특별법 시행령에 따른 정기안전점검교육을 이수한 자 중 관리사무소장으로 배치된 자 또는 해당 공동주택단지의 관리직원인 자가 할 수 없다.

대표예제 67 │ 안전점검 ★★

공동주택관리법령상 안전점검에 관한 설명으로 옳지 않은 것은?

① 의무관리대상 공동주택의 관리주체는 그 공동주택의 기능유지와 안전성 확보로 입주자등을 재해 및 재난 등으로부터 보호하기 위하여 시설물의 안전 및 유지관리에 관한 특별법에 따른 지침에서 정하는 안전점검의 실시 방법 및 절차 등에 따라 공동주택의 안전점검을 실시하여야 한다.
② 의무관리대상 공동주택의 입주자대표회의 및 관리주체는 건축물과 공중의 안전확보를 위하여 건축물의 안전점검과 재난예방에 필요한 예산을 매년 확보하여야 한다.
③ ①에 따른 안전점검은 반기마다 하여야 한다.
④ 안전점검교육을 실시한 기관은 지체 없이 그 교육이수자 명단을 주택관리사단체에 통보하여야 한다.
⑤ 관리주체는 안전점검의 결과 건축물의 구조·설비의 안전도가 매우 낮아 재해 및 재난 등이 발생할 우려가 있는 경우에는 지체 없이 입주자대표회의(임대주택은 임대사업자를 말한다)에 그 사실을 통보한 후 대통령령으로 정하는 바에 따라 시·도지사에게 그 사실을 보고하고, 해당 건축물의 이용 제한 또는 보수 등 필요한 조치를 하여야 한다.

해설 | 관리주체는 안전점검의 결과 건축물의 구조·설비의 안전도가 매우 낮아 재해 및 재난 등이 발생할 우려가 있는 경우에는 지체 없이 입주자대표회의(임대주택은 임대사업자를 말한다)에 그 사실을 통보한 후 대통령령으로 정하는 바에 따라 <u>시장·군수·구청장</u>에게 그 사실을 보고하고, 해당 건축물의 이용 제한 또는 보수 등 필요한 조치를 하여야 한다

기본서 p.961   정답 ⑤

정답 및 해설

01 ⑤ 15층 이하의 공동주택으로서 사용검사일부터 30년이 경과한 공동주택의 <u>안전점검은 다음의 어느 하나에 해당하는 자가 실시하여야 한다.</u>
  1. 시설물의 안전 및 유지관리에 관한 특별법 시행령에 따른 책임기술자로서 해당 공동주택단지의 관리직원인 자
  2. <u>주택관리사 등이 된 후 국토교통부령으로 정하는</u> 교육기관에서 시설물의 안전관리에 관한 특별법 시행령에 따른 정기안전점검교육을 이수한 자 중 관리사무소장으로 배치된 자 또는 해당 공동주택단지의 관리직원인 자
  3. 시설물의 안전 및 유지관리에 관한 특별법에 따라 등록한 안전진단전문기관
  4. 건설산업기본법에 따라 국토교통부장관에게 등록한 유지관리업자

02 시설물의 안전 및 유지관리에 관한 특별법령상 안전점검 실시시기에 관한 내용으로 옳지 않은 것은?

① 준공 또는 사용승인 후부터 최초 안전등급이 지정되기 전까지의 기간에 실시하는 정밀안전진단은 반기에 1회 이상 실시한다.

② 제1종 및 제2종 시설물 중 D·E등급 시설물의 정기안전점검은 해빙기·우기·동절기 전 각각 1회 이상 실시한다. 이 경우 해빙기 전 점검시기는 2월·3월로, 우기 전 점검시기는 5월·6월로, 동절기 전 점검시기는 11월·12월로 한다.

③ 공동주택의 정기안전점검은 공동주택관리법에 따른 안전점검(지방자치단체의 장이 의무관리대상이 아닌 공동주택에 대하여 안전점검을 실시한 경우에는 이를 포함한다)으로 갈음한다.

④ 최초로 실시하는 정밀안전점검은 시설물의 준공일 또는 사용승인일(구조형태의 변경으로 시설물로 된 경우에는 구조형태의 변경에 따른 준공일 또는 사용승인일을 말한다)을 기준으로 3년 이내(건축물은 4년 이내)에 실시한다. 다만, 임시사용승인을 받은 경우에는 임시사용승인일을 기준으로 한다.

⑤ ④에도 불구하고 정기안전점검 결과 안전등급이 D등급(미흡) 또는 E등급(불량)으로 지정된 제3종 시설물의 최초 정밀안전점검은 해당 정기안전점검을 완료한 날부터 1년 이내에 실시한다. 다만, 이 기간 내 정밀안전진단을 실시한 경우에는 해당 정밀안전점검을 생략할 수 있다.

대표예제 68) 용어의 정의 ★★★

어린이놀이시설 안전관리법령상 용어의 정의에 관한 설명으로 옳지 않은 것은?

① '설치검사'라 함은 어린이놀이시설의 안전성 유지를 위하여 행정안전부장관이 정하여 고시하는 어린이놀이시설의 시설기준 및 기술기준에 따라 설치한 후에 안전검사기관으로부터 받아야 하는 검사를 말한다.
② '정기시설검사'란 설치검사를 받은 어린이놀이시설이 행정안전부장관이 정하여 고시하는 시설기준 및 기술기준에 따른 적합성을 유지하고 있는지를 확인하기 위하여 안전검사기관으로부터 받아야 하는 검사를 말한다.
③ '관리주체'라 함은 어린이놀이시설의 소유자로서 관리책임이 있는 자, 다른 법령에 의하여 어린이놀이시설의 관리자로 규정된 자 또는 그 밖에 계약에 의하여 어린이놀이시설의 관리책임을 진 자를 말한다.
④ '유지관리'라 함은 설치된 어린이놀이시설이 기능 및 안전성을 유지할 수 있도록 정비·보수 및 개량 등을 행하는 것을 말한다.
⑤ '안전점검'이라 함은 안전검사기관이 어린이놀이시설에 대하여 조사·측정·안전성 평가 등을 하여 해당 어린이놀이시설의 물리적·기능적 결함을 발견하고 그에 대한 신속하고 적절한 조치를 하기 위하여 수리·개선 등의 방법을 제시하는 행위를 말한다.

해설 | '안전점검'이라 함은 어린이놀이시설의 관리주체 또는 관리주체로부터 어린이놀이시설의 안전관리를 위임받은 자가 육안 또는 점검기구 등에 의하여 검사를 하여 어린이놀이시설의 위험요인을 조사하는 행위를 말하며, '안전진단'이라 함은 안전검사기관이 어린이놀이시설에 대하여 조사·측정·안전성 평가 등을 하여 해당 어린이놀이시설의 물리적·기능적 결함을 발견하고 그에 대한 신속하고 적절한 조치를 하기 위하여 수리·개선 등의 방법을 제시하는 행위를 말한다.

기본서 p.973   정답 ⑤

정답 및 해설

02 ① 준공 또는 사용승인 후부터 최초 안전등급이 지정되기 전까지의 기간에 실시하는 정기안전점검은 반기에 1회 이상 실시한다.

제6장 주관식 기입형 문제

01 공동주택관리법 시행규칙에서 정하는 안전관리계획에 포함되어야 하는 시설의 안전관리에 관한 기준 및 진단사항에 관한 내용이다. ( ) 안에 들어갈 용어를 순서대로 쓰시오.

구분	대상시설	점검횟수
해빙기진단	석축, 옹벽, 법면, 교량, 우물 및 비상저수시설	연 1회(2월 또는 3월)
우기진단	석축, 옹벽, 법면, 담장, 하수도 및 (㉠)	연 1회(6월)
월동기진단	연탄가스배출기, 중앙집중식 난방시설, 노출배관의 동파방지 및 수목보온	연 1회(9월 또는 10월)
안전진단	변전실, 고압가스시설, 도시가스시설, 액화석유가스시설, 소방시설, 맨홀(정화조의 뚜껑을 포함한다), 유류저장시설, 펌프실, 인양기, 전기실, 기계실, 어린이놀이터, 주민운동시설 및 (㉡)	매 분기 1회 이상
안전진단	승강기	승강기 안전관리법에서 정하는 바에 따른다.
안전진단	지능형 홈네트워크설비	매월 1회 이상
위생진단	저수시설, 우물 및 (㉢)	연 2회 이상

02 공동주택관리법령상 공동주택의 안전점검과 관련된 내용이다. ( ) 안에 들어갈 용어와 아라비아 숫자를 쓰시오.

- 법 제33조 제1항에 따른 안전점검은 (㉠)마다 하여야 한다.
- 법 제33조 제1항 단서에서 '대통령령으로 정하는 (㉡)층 이하의 공동주택'이란 (㉡)층 이하의 공동주택으로서 다음 각 호의 어느 하나에 해당하는 것을 말한다.
  1. 사용검사일부터 (㉢)년이 경과한 공동주택
  2. 재난 및 안전관리 기본법 시행령 제34조의2 제1항에 따른 안전등급이 C등급, D등급 또는 E등급에 해당하는 공동주택

03 공동주택관리법령상 공동주택의 안전점검에 관한 내용이다. ( ) 안에 들어갈 용어를 쓰시오.

> 제34조【공동주택의 안전점검】①~② 〈생략〉
> ③ 법 제33조 제1항 단서에서 '대통령령으로 정하는 자'란 다음 각 호의 어느 하나에 해당하는 자를 말한다.
> 1. 시설물의 안전 및 유지관리에 관한 특별법 시행령 제9조에 따른 (㉠)로서 해당 공동주택단지의 관리직원인 자
> 2. 주택관리사 등이 된 후 국토교통부령으로 정하는 교육기관에서 시설물의 안전 및 유지관리에 관한 특별법 시행령 [별표 5]에 따른 (㉡)교육을 이수한 자 중 관리사무소장으로 배치된 자 또는 해당 공동주택단지의 관리직원인 자
> 3. 시설물의 안전 및 유지관리에 관한 특별법 제28조에 따라 등록한 안전진단전문기관
> 4. 건설산업기본법 제9조에 따라 국토교통부장관에게 등록한 (㉢)

04 공동주택관리법 시행규칙에서 정하는 방범교육 및 안전교육에 관한 내용이다. ( ) 안에 들어갈 용어와 아라비아 숫자를 쓰시오.

> • 다음 각 호의 사람은 국토교통부령으로 정하는 바에 따라 공동주택단지의 각종 안전사고의 예방과 방범을 위하여 시장·군수·구청장이 실시하는 방범교육 및 안전교육을 받아야 한다(공동주택관리법 제32조 제2항).
> 1. 경비업무에 종사하는 사람
> 2. 제1항의 (㉠)에 따라 시설물 안전관리자 및 안전관리책임자로 선정된 사람
> • 법 제32조 제2항에 따른 방범교육 및 안전교육은 다음 각 호의 기준에 따른다.
> 1. 이수의무 교육시간: 연 (㉡)회 이내에서 시장·군수·구청장이 실시하는 횟수, 매회별 (㉢)시간
> 2.~3. 〈생략〉

정답 및 해설

01 ㉠ 주차장, ㉡ 주민휴게시설, ㉢ 어린이놀이터
02 ㉠ 반기, ㉡ 15, ㉢ 30
03 ㉠ 책임기술자, ㉡ 정기안전점검, ㉢ 유지관리업자
04 ㉠ 안전관리계획, ㉡ 2, ㉢ 4

05 공동주택관리법 시행규칙상 방범교육 및 안전교육에 관한 내용이다. (   ) 안에 들어갈 용어를 쓰시오.

> 방범교육 및 안전교육은 다음의 기준에 따른다.
> 1. 이수의무 교육시간: 〈생략〉
> 2. 대상자
>   • 방범교육: 경비책임자
>   • 소방에 관한 안전교육: 시설물 (㉠)
>   • 시설물에 관한 안전교육: 시설물 (㉡)

06 시설물의 안전 및 유지관리에 관한 특별법령상 안전점검 실시시기에 관한 규정이다. (   ) 안에 들어갈 용어를 쓰시오.

> 공동주택의 (㉠)은 공동주택관리법에 따른 (㉡)으로 갈음한다.

07 시설물의 안전 및 유지관리에 관한 특별법령상 안전점검의 구분에 관한 내용이다. (   ) 안에 들어갈 용어를 쓰시오.

> 1. (㉠)안전점검: 시설물의 상태를 판단하고 시설물이 점검 당시의 사용요건을 만족시키고 있는지 확인할 수 있는 수준의 외관조사를 실시하는 안전점검
> 2. (㉡)안전점검: 시설물의 상태를 판단하고 시설물이 점검 당시의 사용요건을 만족시키고 있는지 확인하며 시설물 주요 부재의 상태를 확인할 수 있는 수준의 외관조사 및 측정·시험장비를 이용한 조사를 실시하는 안전점검

08 어린이놀이시설 안전관리법에서 정하는 어린이놀이시설의 검사 등에 관한 내용이다. ( ) 안에 들어갈 용어와 아라비아 숫자를 쓰시오.

> 1. 설치자는 설치한 어린이놀이시설을 관리주체에게 인도하기 전에 대통령령이 정하는 방법 및 절차에 따라 안전검사기관으로부터 (㉠)검사를 받아야 한다.
> 2. 관리주체는 1.에 따라 (㉠)검사를 받은 어린이놀이시설에 대하여 대통령령으로 정하는 방법 및 절차에 따라 안전검사기관으로부터 (㉡)년에 1회 이상 (㉢)검사를 받아야 한다.

09 어린이놀이시설 안전관리법령상 중대한 사고에 관한 내용이다. ( ) 안에 들어갈 아라비아 숫자를 쓰시오.

> '대통령령이 정하는 중대한 사고'란 어린이놀이시설로 인하여 이용자가 다음의 피해를 입은 사고를 말한다.
> 1. (㉠)도 이상의 화상
> 2. 하나의 사고로 인한 (㉡)명 이상의 부상
> 3. 사고발생일로부터 (㉢)일 이내에 48시간 이상의 입원치료가 필요한 부상
> 4.~9. 〈생략〉

정답 및 해설

05 ㉠ 안전관리책임자, ㉡ 안전관리책임자
06 ㉠ 정기안전점검, ㉡ 안전점검
07 ㉠ 정기, ㉡ 정밀
08 ㉠ 설치, ㉡ 2, ㉢ 정기시설
09 ㉠ 2, ㉡ 3, ㉢ 7

해커스 주택관리사

주택관리사 1위 해커스
한경비즈니스 선정 2020 한국품질만족도 교육(온·오프라인 주택관리사) 부문 1위 해커스

해커스 합격 선배들의
생생한 합격 후기!

전국 최고 점수로 8개월 초단기합격
해커스 커리큘럼을 똑같이 따라가면 자동으로 반복학습을 하게 되는데요. 그러면서 자신의 **부족함을 캐치하고 보완**할 수 있었습니다. 또한 해커스 무료 **모의고사로 실전 경험을 쌓는** 것이 많은 도움이 되었습니다.

전국 수석합격생
최*석 님

해커스는 교재가 **단원별로 핵심 요약정리**가 참 잘되어 있습니다. 또한 커리큘럼도 매우 좋았고, 교수님들의 강의가 제가 생각할 때는 **국보급 강의**였습니다. 교수님들이 시키는 대로, 강의가 진행되는 대로만 공부했더니 고득점이 나왔습니다. 한 2~3개월 정도만 들어보면, 여러분들도 충분히 고득점을 맞을 수 있는 실력을 갖추게 될 거라고 판단됩니다.

해커스 합격생
권*섭 님

해커스는 주택관리사 커리큘럼이 되게 잘 되어있습니다. 저같이 처음 공부하시는 분들도 입문과정, 기본과정, 심화과정, 모의고사, 마무리 특강까지 이렇게 최소 5회독 반복하시면 처음에 몰랐던 것도 알 수 있을 것입니다. 모의고사와 기출문제 풀이가 도움이 많이 되었는데, **실전 모의고사를 실제 시험 보듯이 시간을 맞춰 연습**하니 실전에서 도움이 많이 되었습니다.

해커스 합격생
전*미 님

해커스 주택관리사가 **기본 강의와 교재가 매우 잘되어 있다고 생각**했습니다. 가장 좋았던 점은 가장 기본인 기본서를 뽑고 싶습니다. 다른 학원의 기본서는 너무 어렵고 복잡했는데, 그런 부분을 다 빼고 **엑기스만 들어있어 좋았고** 교수님의 강의를 충실히 따라가니 공부하는 데 큰 어려움이 없었습니다.

해커스 합격생
김*수 님

1588.2332

house.Hackers.com

해커스 주택관리사

주택관리사 1위 해커스
한경비즈니스 선정 2020 한국품질만족도 교육(온·오프라인 주택관리사) 부문 1위 해커스

해커스 주택관리사
100% 환급 + 평생수강반

합격할 때까지 최신강의 평생 무제한 수강!

2025년까지 합격하면 수강료 100% 환급

* 미션 달성시/제세공과금 본인부담/
교재비 환급대상 제외

최신인강 평생 무제한 수강

* 불합격 인증 시/유의사항 확인

최신 교재 14권 모두 제공!

저는 해커스를 통해 공인중개사와 주택관리사 모두 합격했습니다.
해커스 환급반을 통해 공인중개사 합격 후 환급받았고,
환급받은 돈으로 해커스 주택관리사 공부를 시작해서
또 한번 합격할 수 있었습니다.

해커스 합격생 박*후 님

지금 등록 시
수강료 파격 지원

최신 교재 받고
합격할 때까지 최신인강
평생 무제한 수강 ▶

*상품 구성 및 혜택은 추후 변동 가능성 있습니다. 상품에 대한 자세한 정보는 이벤트 페이지에서 확인하실 수 있습니다.

1588.2332　　　　　　　　　　　　　　　　　　　　　　　**house.Hackers.com**